費用対効果が23%アップする

刺さる広告

コミュニケーション最適化のマーケティング戦略

What Sticks

Why most advertising fails and how to guarantee yours succeeds

著＝レックス・ブリッグス
グレッグ・スチュアート

監訳＝慶應義塾大学大学院経営管理研究科教授 井上哲浩
CMOワールドワイド（株）代表取締役社長 加茂 純

訳＝CMOワールドワイド（株） 髙橋 至

ダイヤモンド社

What Sticks
by
Rex Briggs and Greg Stuart

推薦文

シカゴ大学経済学教授、『ヤバい経済学』著者　スティーヴン・D・レヴィット

ビジネスには二種類の問題が存在する。厄介な問題と手際よく対処できる問題だ。たとえば、在庫予測。これは後者だ。朝、倉庫に行って数を数え、夕方にもう一度数えて足りない分を補充し、在庫とデータのモデルを作り、効率を高める。在庫管理を最適化するツールを作り上げるのは、もちろんたやすい仕事ではないが、少なくともこの問題は非常にわかりやすく、すべてを数値で簡単に判断することができる。

ところで、私が好きな類いの問題はといえば、厄介なほうだ。答えを出そうにも問題設定さえままならぬ、ややこしい問題だ。たとえ、正しい問題設定ができたとしても簡単に答えは出ない。この種の問題に直面すると、人はえてしてビジネスの常道や慣例に立ち戻る傾向にあるが、厄介な問題こそビジネスの常道ではまず解決できない問題なのだ。

マーケティングはこの厄介なカテゴリーに入る。激しい広告合戦、予測不能な需要変動、複雑に絡み合うメディア。そして、柔軟なマーケティング予算を組みにくいという現状。たとえば、大手電子機器メーカーはクリスマス商戦を前に広告活動に力を入れる。だが、広告に力を入れるからこ

の時期の売上が伸びるのか、この時期に売上が伸びるから広告に力を入れるのか、本当のところはわからない。

マーケティングは厄介な問題だが、解決不能な問題ではない。とりわけ、本書の著者たちがわかりやすく説明しているように、マーケティングに対する投資の評価と管理という困難な問題を解決する鍵は、その有効性を明らかにする実験にある。古くから科学研究分野における究極の判断基準だった無作為化（ランダム化）には、広告とマーケティングの複雑な難問を解きほぐし解決する力がある。

本書は、こうしたツール——読み進めればじつに簡単なことがわかる——を使って、読者のマーケティング・キャンペーンに有効なものとそうでないものを見分ける方法を教えてくれるはずだ。そして、マーケターがどこで何十億ドルもの無駄遣いをしているか、さらに、マーケティングに携わる人なら誰でも投資収益率（ＲＯＩ）の大幅な改善につながるプロセスと評価方法を導入できることを教えてくれる。

本書の内容は、推測や不確かな情報ではなく、データに基づいている。この意味で本書はマーケティングおよび広告分野としては、ヤバいくらいの良書と言えるだろう。既存のマーケティングの常道に根底から挑戦する本書は、さまざまな論争を呼び、ますます厄介な事態を招くかもしれない。それこそ私の望むところだ。

監訳者まえがき

本書は、二〇〇六年にアメリカでベストセラーとなった“*What Sticks*”の邦訳である（そのため、本書に登場する人々の肩書は二〇〇六年当時のものである）。原書はマーケティングを成功に導くための手引書として広く読まれた。

著者の一人レックス・ブリッグス氏は、世界二〇カ国以上でビジネス展開をする市場調査コンサルタント会社「マーケティング・エボリューション社（本社カルフォルニア州サクラメント）」の創設者でありＣＥＯ（最高経営責任者）である。マーケティング分野で一五年以上におよぶ経験を持つ彼を『インダストリー・スタンダード』誌は「神童」と呼び、『アドウィーク』誌は「メディアおよびテクノロジー界におけるベスト・アンド・ブライテスト一二人」の一人として、また『ブランドウィーク』誌は「注目して学ぶべき人々」の一人として挙げた。

本書は、こうした著者の過去の経験に基づいた、マーケティング活動を成功に導く「すばらしいアイディア」の発想法を述べたものではない。むしろ、当たるか当たらないかわからない「すばらしいアイディア」に賭けるやり方を否定している。一つの「すばらしいアイディア」を実行し、効果がなければまた次の「すばらしいアイディア」に賭ける。そこには、事前の活動から得られた知見が反映されているとは言い難いことも多い。

そこで彼がたどり着いたのは、「すばらしいアイディア」に頼るのではなく、緻密かつ客観的にマーケティング活動を分析し、問題点を抽出し課題解決を行ないながら、より良い活動の実施につなげようというものだ。

ネット広告の登場により、マーケティング活動は以前に比べれば分析が可能になってきている。だが、それでもやはり、分析に取り組んでいない企業が多いのではないだろうか。そもそも、マーケティング活動をきちんと分析しようとする企業自体が少ないのかもしれない。

ただ、現在ではマーケティング・アカウンタビリティ（説明責任）の明確化が主流になりつつある。経験と直感のみに頼るやり方を改め、常に緻密な分析を行ない、分析結果に基づいてさらに改善を進めることが求められているのだ。

レックス・ブリッグス氏はそれらのもとになった考え方として、日本企業が得意とする「カイゼン」を挙げている。彼にしてみれば、企業のさまざまな活動で効果をあげている「カイゼン」が、マーケティングにおいても有効であるという確信があったのだろう。むしろ、なぜそれがマーケティングに応用されていないのかと不思議に感じていたのかもしれない。

本書で彼が実践している「カイゼン」や「実験計画法」は、日本でもさまざまな分野で効果が実証されている。「カイゼン」を通じてマーケティング投資の費用対効果を高めることが、彼がこの本を通じて伝えたいメッセージなのである。なお、本書で述べられている「コミュニケーション最適化プロセス（ＣＯＰ）」を含むＲＯＭＯ（Return on Marketing Objectives）という手法は、欧米の一流企業に採用され、企業の目標に対する効果を平均で二三％も向上させたという実績がある。

その意味で、本書は、マーケティング、広告、宣伝、広報、ＩＲの担当者や商品のブランドや販売に関わる事業部および販売部の担当者、またこれからマーケティングに携わりたいと思っている学生や企業関係者の方々に是非お読みいただきたい。さらには、マーケティング活動を監視する役割を持つ財務部門、マーケティングの費用対効果が気になっている経営陣、常日頃マーケティングの戦略構築に関わるＣＭＯ（マーケティング最高責任者）や経営企画部の皆さまにもお薦めしたい。そして、お読みいただいた方々の今後の活動において、本書が重要な指針となることを願ってやまない。

最後に、この場を借りて、忙しい日常業務の合間を縫って本書出版に向けて協力してくれた、ＣＭＯワールドワイドの六角マリ氏とジャスティン・リー氏に感謝の意を表明したい。また、本書の編集を担当していただいたダイヤモンド社の今泉憲志氏、および翻訳に際してご協力いただいた中川治子氏にも御礼を申し上げたい。

監訳者一同

二〇〇八年九月

Introduction はじめに

マーケティング、広告を成功させたい企業の皆様へ

率直に言って、今日のマーケティングは機能していない――そのことに、CEO（最高経営責任者）たちは気づいていて、トップ・マーケターたちも十分承知しており、我々のリサーチ結果もそれを裏づけている。厳しい状況だ。しかし我々のこれまでの経験と調査をもってすれば、この状況に歯止めがかけられる。

我々は五年にわたって、フォード、ＥＳＰＮ、プロクター・アンド・ギャンブル（Ｐ＆Ｇ）、コルゲート、クラフト、ベリサイン、ジョンソン・エンド・ジョンソン、フォルクスワーゲン、フィリップスといった、三〇社を超える大企業を対象に大規模なリサーチ活動を行なってきた。こうした企業は、一〇億ドル以上も注ぎこんだ広告費の効果を測るために我々を雇い、我々は画期的なやり方で、非常に深刻な問題やより効果的なマーケティングを実行する余地を浮かび上がらせること

に成功した。

いわゆるマーケティング・リサーチなどというものに懐疑的な向きには、我々のやり方が正確かつ客観的な独自の見解を導くものであることを明記しておきたい。我々はそのために、独自のチェック項目を設けた。具体的に言うと、広告の調査結果の公開を承諾していただいた企業に、リサーチに先立って次の四つの条件に合意してもらったのだ。

①広告主を特定できること。人々が広告やブランドを評価できるように、広告は入手可能であり人目に触れるものでなければならない。

②キャンペーンやデータ収集を行なう前に、米国広告調査財団（ARF：Advertising Research Foundation）が広告主を特定できるようにすること。これは、ARFが独自にマーケティング・エボリューション社の分析を審査し、パブリック・データがすべて公表されていることを確認できるようにするためだ。

③データ、広告媒体費および本モデルへのその他の関連投資は、ARFに対して完全に公開すること。

④ARFは、クライアントよりも先に報告書および分析結果を検討する。これによって、公開版に正確な分析結果が反映されていることをARFが確約することができる。

ARFは本調査での重要なパートナーだった。ARFの主要な任務は、より効果的なマーケティングと広告を目指して、広告、マーケティング、メディア・リサーチ業務を改善することにある。一九三六年に全米広告主協会（ＡＮＡ：Association of National Advertisers）と米国広告業協会（ＡＡＡＡ：American Association of Advertising Agencies）が設立したＡＲＦは、以来、マーケティングや広告効果の向上、収益成長へのリサーチ貢献度を高めるべく主要業界のラーニング戦略を主導してきた。(＊1)

我々が公開した調査結果はすべて、ＡＲＦが事前に検証したものだ。また、三〇社を超える企業やその広告代理店は、リサーチへの出資を承諾するにあたって、我々が用いた基本的なリサーチ方法について徹底的に精査した。この方法論はヨーロッパ世論市場調査協会（ＥＳＯＭＡＲ）から国際的な賞を授与され、最優秀賞にもノミネートされ、コーポレート・エグゼクティブ・ボードやフォレスター・リサーチといった独立系調査機関からも最良の方法論と絶賛された。

リサーチを実施するプロセスで、我々は実験計画法（design of experiments）に基づくマーケティング・エボリューション社の方法論を用い、一〇〇万人を超える消費者の購買行動と態度を分析した。この数字は明らかにデータとして十分なものである。

そして、我々のリサーチから驚くべき事実が判明した。アメリカ一国で一年間に費やされる広告費約三〇〇〇億ドル(＊2)のうち、一一二〇億ドルが無駄になっているという事実だ。

これは恐るべき話だ。自分が注ぎこんだ金が無駄になっているという事実を突きつけられて喜ぶ人などいない。我々の目標は、マーケティングを成功させようと必死で取り組んでいる広告業界やマーケティング業界、あるいは、特定の企業や担当者を非難することではない。本書に登場するリサーチを承諾したマーケターたちは、いずれもマーケティングの投資収益率（ＲＯＩ）の改善を目指す英雄たちと言えるだろう。

我々の目標は、新しいアプローチ、新しい考え方、ある種の科学的手法、そして、我々がフォーチュン二〇〇社の一流のマーケティング部門とのリサーチから学んだことから編み出したさまざまなアイディアを駆使して、マーケティングや広告の専門家がマーケティングの生産性を理解し、改善するのを手助けすることにある。

本書は、自社のマーケティングや広告予算が無駄になっている、あるいは最大限の見返りが期待できるやり方で使われていないと思っている人にこそ読んでもらいたい。製品であろうとサービスであろうと、消費者の心に「本当に刺さる」マーケティングや広告を目指すなら、自社のマーケティングや広告を将来性と競争力のある武器に転じたいと思うなら、ぜひ本書をお読みいただきたい。

著者について

なぜこのようなリサーチが可能だったのか疑問に思う人のために、少し我々著者の経歴について触れておこう。

レックス・ブリッグスは一五年以上のキャリアを持つマーケティング・リサーチの専門家であ

る。この分野に初めて足を踏み入れたのは、戦略市場調査コンサルティング会社、ヤンケロヴィッチ・パートナーズだった。同社の主要なクライアントは、マッキンゼー・アンド・カンパニー、IBM、トヨタ、日産、AT&T、ハースト・マガジンズ、フォックス・スタジオ、ディズニー、マイクロソフトなどだった。そして、まだ三〇歳前にして、彼のマーケティング理論はハーバード大学の講座で論じられ、何冊もの本が出版された。(*3)『インダストリー・スタンダード』誌は彼をマーケティングの「神童」と呼んだ。また、『アドウィーク』誌が選ぶ、メディアとテクノロジーの分野における一二人の「ベスト・アンド・ブライテスト」のひとりに挙げられ、『ブランドウィーク』誌の「注目して学ぶべき人々」にも選出された。さらに、ダイレクト・マーケティングにおける業績を認められアティクス賞を受賞し、ブランディングへの多大な貢献からテナグラ賞を、CRM分野での業績を評価されフェルナンダ・モンティ賞を贈られている。

レックスはテレビ、雑誌、ラジオ、インタラクティブ広告、CRM、イベント・マーケティング、ウェブサイトの効果を追跡するクロスメディア・マーケティングの測定方法を編み出したパイオニアであり、ニューヨークとカリフォルニアに事務所を置き、世界二〇カ国以上にクライアントを持つマーケティング調査コンサルティング会社「マーケティング・エボリューション社」の創設者でもある。同社は、クライアントが自社のマーケティングを測定して、広告効果を改善し、ROIを向上させる、言い換えれば、同じ投資額でより利益を得るための手助けをしている。

グレッグ・スチュアートは、広告マーケティング分野でかれこれ二五年の経験を積んできた。最初の一〇年は、老舗の広告会社、ウェルズ・リッチ・グリーン、グレイのLHV&B、ヤング・アンド・ルビカムのWCJで働き、P&G（ゼスト、バウンティ、スピック・アンド・スパン、セーフガードなどのブランド）、アメリカン・エキスプレス、AT&T、クェーカー・オーツ（ゲータレード）、ペプシのフリトレー、パナソニック、イーサン・アレンの家具、シアーズといったさまざまな企業のブランド広告やダイレクト・マーケティング活動を手助けした。次の一〇年には、インターネット広告会社の設立に協力し、その後、それぞれの分野でトップ企業となったり、ナスダックに上場した企業も多い。ソニー・オンライン・ベンチャーズのザ・ステーション、ヤング・アンド・ルビカムのWCJインタラクティブ・コミュニケーションズ・グループ、フライキャスト・ネットワーク、デルタ・クリック、新聞業界のカーズ・ドットコムなどだ。

現在、グレッグはインタラクティブ広告協議会（IAB：Interactive Advertising Bureau）のCEOを務めているが、彼の就任期間中にアメリカ国内のインタラクティブ広告業界は六〇億ドルから一六〇億ドルにまで成長した。IABとはインタラクティブ広告・マーケティング業界を牽引する国際的な業界団体（世界中に二五を超えるIABがある）で、AOL、CNET、ディズニー、フォーブス・ドットコム、グーグル、MSN、ニューヨーク・タイムズ・ドットコム、ヤフーなど、二七五社を超える主だったインタラクティブ企業が加入している。

この五年間、我々は広告やメディアの画期的な変化を目の当たりにし、「広告の半分が無駄になっているのは知っている。わからないのは、どの半分なのかということだ」というお馴染みの言い回しの実態を探るために、多少の調査をしてみたいと思ってきた。とはいえ〝多少の調査〟という言い方はあくまでも謙遜にすぎない。では実際に我々がどのようなリサーチを行なってきたか、説明しよう。

●——本書で実施したリサーチの背景説明

すでに述べたように、我々は三〇社を超す一流企業と一緒にリサーチを行なってきた。次に挙げるのは、調査に参加した一流企業十数社(*4)と、我々が広告やマーケティングを測定、分析、評価した、具体的なブランドである。

①アストラゼネカ（ネキシウム：胸やけ用の小さな紫の錠剤）
②コルゲート（トータル歯磨き：アメリカでトップの歯磨き）
③フォード（F150トラック：アメリカで最も売れている車）
④INGファイナンシャル・サービス
⑤ジョンソン・エンド・ジョンソン（ニュートロジーナ）
⑥キンバリー・クラーク（クリネックス）
⑦クラフト（ジェロ：ゼリー菓子）
⑧マクドナルド
⑨フィリップス（ノレルコ：電気シェーバー）

⑩ネスレ（コーヒーメイト）
⑪P&G（オレイ：スキンケア用品）
⑫ユニリーバ（ダヴ石鹸）
⑬ユニバーサル・スタジオ・ホームビデオ（映画『E・T.』）
⑭ベリサイン
⑮フォルクスワーゲン（ジェッタ）

我々がこうした企業のために行なったリサーチは、おそらく広告の真の効果を解明するものとしては最大規模だろう。このリサーチでは、実証済みのマーケティング・リサーチ手法を、かつてないやり方で適用した。実験計画法（design of experiments）と継続的追跡法（continuous tracking）を組み合わせたこのアプローチは、マーケティング・エボリューション社独自の手法である。

継続的追跡法は、今日のマーケターの三分の二が採用しており、広告に対する消費者のブランド態度の変遷などを測定するものである。実験計画法はマーケティング手法としてはまだ新しいが、基本的には政府が製薬会社に課している手法で、ある集団（実験群）には薬を、一方の類似した集団（コントロール群）にはプラシーボ（偽薬）を与えて新薬の効果を試すものである。我々はほぼ完璧な実験群とコントロール群を作ることができた。その結果、広告がない場合と広告がある場合の違いや、クリエイティブな広告、メディア・ミックス、予算レベルなど、数多くの組み合わせが及ぼす効果を詳細に調べることができた。

我々はマーケティング史上初めて、今後投資する広告費の額や、広告メディアやその組み合わせ、あるいは対象となる消費者セグメントによってどのような成果がもたらされるかを実際に突き止めることに成功した。五〇万ドルの広告キャンペーンと二億ドルの広告キャンペーンの成果の違い、ある週末だけを狙った広告と六カ月間にわたる広告の効果の対比を数値で表すことができた。

一緒にリサーチした三〇を超えるブランドは、我々の測定結果の妥当性を認めている。協力してもらった三〇社以上の広告代理店、二〇名を超えるメディア企業リサーチャー、ARF、多くの博士号取得者たちも同様の見解を示してくれている。だが、なにより重要なのは、すべてのマーケター、CFO（最高財務責任者）、CEO（最高経営責任者）、株主、さらには消費者が我々の調査結果に関心を持つだろうということだ。

本書の有益性について

本書の主眼は、まず規範となること、そして、大手企業と協力しながら広告効果の発揮に尽力してきた経験をわかりやすく説明することにある。広告やメディアの世界は複雑化の一途を辿っており、本書はまさにタイムリーな一冊と言えるかもしれない。逆の言い方をすれば、メディア分野の急激な変化と、経営側のマーケティング・アカウンタビリティ（説明責任）に対する厳しい圧力が相まって、成功を遂げることはますます難しくなってきていると言えよう。

かつて広告主は、三大テレビネットワークの時間枠や『ライフ』の誌面を買いさえすれば、当然大多数の消費者に届くはずだと考えていた。だが今日では、ほとんどの家庭のテレビは一〇〇以上のチャンネルを受信できるうえに、一世帯に複数のテレビがあり、リモコン、インターネット上のテレビオプション、携帯できるビデオｉＰｏｄも登場した。

また、消費者は、無線ブロードバンドのラップトップで、家中どこでもインターネットに接続でき、オンラインでニュース、情報、買い物、娯楽を手に入れ、さらには友達づきあいまでできるようになっている。この傾向はますます加速し、インターネットは携帯電話にまで拡大し、ブロードバンドｗｉｆｉの普及もそれほど遠い話ではない。

他のメディアも現状に甘んじているわけではない。出版の世界では、ありとあらゆるニッチ向けの雑誌が誕生し、毎年数百もの新しい雑誌が刊行されている。ラジオは衛星ラジオやデジタル・ラジオとなり、ショッピングセンターには映像広告やポスターが登場し、携帯の新機種やゲームなどの新しいネットワーク化されたメディア・チャンネルも出現した。

だが、一番気がかりなのは、消費者がメディアに料金を支払ってまでも、積極的に広告を排除しようとしていることだ。マーケターが消費者の「心に刺さるもの」を知るにはどうすればいいのか？　そして、これまた大事なことだが、我々が「心に刺さるもの」を知っていることを企業の経営陣に信じてもらうにはどうすればいいのだろう？

第一に、あなたに成功を確約できるのか、考えてみよう。この点は、本書で提唱することを始めれば、広告効果を改善できると保証しよう。我々がこれまで一緒にやってきた三〇を超すブランドは、いずれも同じ予算で成果を上げることができた。そのなかにはマーケティング力では世界有数の企業も含まれていたが、広告効果や販売実績で八％から一〇〇％を超える伸びを見せた。

第二に、我々のアプローチは必要に応じて、単純にも精巧にも作りかえることができる。部分的に適用することもできるし、すべてを駆使して、あらゆるコミュニケーション・プラットフォームをきわめて科学的な方法で真に最適化・最大化することもできる。ただし、ひとつ警告しておきたい。マーケティングＲＯＩを高めるにはアクションが必要だ。ジムに入会するのと同じで、自分自身やブランド・マーケティングの改善を推し進めるほど、強くなってゆくものだ。

第三に、本書を読めば、ＣＦＯからマーケティング予算を引き出しやすくなるはずだ。これからはマーケティング予算獲得のために「とにかく信じてください、マーケティングは機能しています」といった、曖昧でまわりくどい議論をしなくてもすむ。我々の戦略を用いれば、根拠のあるＲＯＩ議論ができるようになり、ＣＦＯ（さらにはＣＥＯやＣＭＯ［マーケティング最高責任者］）たちも夜ぐっすりと眠れるようになるはずだ。

第四に、おそらくこれは最良の効用だと思うが、我々は本書で、広告が本当に機能することを示すとっておきの知識、今日の事業に適用できる知識を披露する。本書は、「たしかな」洞察を提供している。そしてこれは、マーケティング分野にありがちな多くの書籍のような、行き当たりばったりの意見を述べたものではなく、真のブランドのための、現状に根ざしたリアルなデータに基づく洞察である。

第五に、読者の皆さんはまさに明日（あるいは、遅くとも第Ⅰ部と第Ⅱ部を読み終えた翌日）からさっそく着手できる。長い一日の終わりに、マーケターとその広告代理店はいったい何が消費者の心に刺さるのかと途方に暮れる。だが、知識を体系的に収集し、それを利用してマーケティングの効果を向上させるプロセスやシステムを持っている人はほとんどいない。我々の編み出した「コミュニケーション最適化プロセス（COP：Communication Optimization Process）」と「マーケティングの４Ｍ（モチベーション、メッセージ、メディア、マキシマイゼーション〔最大化〕）」を採用すれば、明日からでもマーケティング・アプローチや収益実績の改善に役立てることができる。

だからこそ、我々は読者諸兄に、業界、マーケティング、ビジネス、さらにはキャリアの変革に加わるように勧めたい。

刺さる広告◉目次

第Ⅱ部 広告を再生する
――今すぐ始めるマーケティングと広告のカイゼン

第III部 広告の費用対効果を向上させる
——広告費一〇億ドル分の事例に学ぶ実践戦略

第 I 部

マーケティングはすでに死んでいる
——だが、再生は可能だ

What Sticks

Why most advertising fails and how to guarantee yours succeeds

第1章 消費者の心に刺さる新しいマーケティング

今日のマーケティングは機能していない――この厳しい現実に、CEOたちは気づいていて、トップ・マーケターたちも十分承知しており、我々のリサーチ結果もそれを裏づけている。企業はアメリカ一国で年間三〇〇〇億ドル近くを広告に費やしている。(*1) そして、世界の一〇億ドルを超える広告費を分析した我々のリサーチによれば、このうちおよそ一一二〇億ドルが無駄になっていることが判明した。

本書の目的は、広告およびマーケティング業界を非難することではない。それでは最高のマーケターたちが示してくれたよいお手本を手にする機会をみすみす逃すことになるからだ。我々の目的は、マーケティングや広告の専門家が停滞するマーケティングの現状を認識する一助となり、新しいアプローチ、考え方、ある種の信頼できるデータ、そして、我々がフォーチュン二〇〇社の一流マーケティング部門と行なったリサーチから学んだ教訓に基づいた多くのアイディアを活かして、問題点を解決することにある。

本章では、マーケティングが直面している問題をインサイダーの視点から捉え、解決の道筋を示していく。

●──マーケティングが直面する問題とビジネスに与える壊滅的な影響

一流のマーケターたちは昔ながらの手法が機能していないことに気づいている。それは彼らの言動にも表れているが、その一例を挙げておこう。

①世界で最も評価の高いコンサルティング会社のひとつ、マッキンゼー・アンド・カンパニーの言い分はこうだ。「今日のマーケティング最高責任者（CMO）たちは痛ましい現実に直面している。彼らの伝統的なマーケティング・モデルは暗礁に乗り上げており、彼らはこのモデルが機能しなくなる日が来るのがわかっている（*2）」

②世界的な評価を得ているマーケターのひとり、P&GのCMOジム・ステンゲルはこう断言する。「今日のマーケティング・モデルは崩壊している。我々は新しい可能性のある世界に時代遅れの考え方や業務システムを適用しているのだ（*3）」

③二〇〇五年に全米広告主協会（ANA）が行なった、上級レベルのマーケターを対象とした調査で、大多数（七三％）が自分たちのマーケティング活動の売上への効果を疑問視しているこ

とが明らかになった。また、投資収益率（ROI）を明らかにし、数値で表し、何らかのアクションを起こすことが重要だと考える人は約六〇％に達するが、自分たちにその能力があると答えたのは約二〇％にすぎなかった。(*4)

「今日のマーケティング・モデルは崩壊している。我々は新しい可能性のある世界に時代遅れの考え方や業務システムを適用しているのだ」（P&GのCMO、ジム・ステンゲル）

ANAの上席副会長バーバラ・バッチ・ミークは、かつて辛辣なプレゼンテーションのなかで、断酒会の一二段階プログラムになぞらえて、マーケティング・アカウンタビリティを追求するプログラムを提示した。(*5)彼女は、マーケターたちはこの問題の深刻さについて認めようとしないと指摘した。つまり、マーケターにとっての改善に向けた第一段階は、自分たちの現在の手法がマーケティングを無力化しており、現行のツールではマーケティングを成功に導くことなどできないと認めることだと主張した。

これは知力や努力が足りないといった類いの問題ではない（マーケターや代理店はじつに聡明で、可能な限り最高の仕事をしようと懸命に働いている）。問題は、急激に変化し、昔ながらのアプローチやリサーチ・ツールを廃れさせたマーケティングの世界にある。新しいアプローチが必要なことは明白だ。

広告費が浪費される最大要因は、マーケティングの複雑性に対応できる確固たる業務プロセスの欠如、そして、広告キャンペーンの成果を客観的に測定する方法の欠如、予測手段の欠如などだ。

つまり、何が機能するか、あるいは「何が消費者の心に刺さるか」を本当の意味で知らないということだ。業界ではこれを「アカウンタビリティの欠如」と呼ぶ。アカウンタビリティの欠如とは、「予算を合理的に使えずROIを測定できない、その結果、無駄を生み出す」という意味だ。

浪費はマーケティング部門が抱える慢性的な問題である。アカウンタビリティの欠如は、コミュニケーション・プランニング、プロジェクト・マネジメント、そしてマーケティング部門、広告代理店、メディア・サプライヤー間のチームワーク作りに対する時代遅れのアプローチから生まれる。こうした古めかしい手法が市場変化への対応力や、変化し続ける消費者の態度、行動、メディア慣習への対応を阻害する。

現在ほとんどの企業が採用している旧態依然としたマーケティング評価方法は、何十年も前に今とは異なる状況下で開発されたものだ。こうした評価システムでは今日の複雑なメディアを評価できないし、困ったことに、結果が出るのは広告キャンペーンがとっくに終わってしまってからというケースも多い。こんなシステムが役に立つはずはない。

三〇社を超す一流企業をリサーチ

本書の基盤となっているのは、我々が五年にわたって行なってきた、専門家も認めた最も信頼できるリサーチである。リサーチの対象となったのは、マクドナルド、フォード、P&G、ユニリーバ、クラフト、ジョンソン・エンド・ジョンソン、グラクソ・スミスクライン（GSK）、コルゲート、フィリップス、フォルクスワーゲン、ESPN、モトローラ、カールスバーグなど、アメリカ、ヨーロッパ、アジアの三〇社を超す超一流企業だ。

我々は一〇億ドル以上の広告費を調査し、一〇〇万人を超える消費者の購買行動や意識変化を分析した。本書に登場するマーケターたちは、結果の良し悪しにかかわらず結果を公開することを承諾し、公開調査の一環としてこのリサーチを行なった。これは、自社のマーケティングを改善し、マーケティング業界のナレッジベース構築に貢献しようとしたからだ。

リサーチ対象となった三〇を超えるブランド、三〇社以上の広告代理店、二五名のメディア企業リサーチャー、米国広告調査財団（ARF）、ヨーロッパ世論市場調査協会（ESOMAR）、多くの博士号取得者たちが、我々の測定結果の妥当性を認めている。あらゆるマーケター、CFO、CEO、株主、そして、消費者がこの結果に関心を持つに違いない。この結果は、何が消費者の心に刺さるかという問題に貴重な洞察を提供している。

●──マーケティングの非論理的な世界

マーケティングの非論理的な世界へようこそ。今回のリサーチは、いたずらにその効用を妄信する古いマーケティング手法と、科学的プロセスを重視した手法の違いを際立たせた。我々のリサーチは、ＲＯＩ改善のために自社のマーケティング文化とプロセスを変革しつつある企業と、もはや用をなさない過去のマーケティング錬金術師の神話や伝説にしがみついている企業との差が広がっていることを示している。

では、非論理的な世界のマーケターたちは、自分たちが置かれている状況をどう考えているのだろう？

たとえば、彼らの予算の立て方を見てみよう。デトロイトで金遣いの荒い企業といえば、モータウンで「ビッグ・スリー」と呼ばれるゼネラルモーターズ（ＧＭ）、フォード、クライスラーだ。ビッグ・スリーのひとつを担当したデトロイトのある有力な広告代理店のメディア部長の話では、その会社はテレビ広告の予算を決めるのに、聞こえてくるライバル企業の予算数字を基にしていた。ライバル企業なら予算を割り出す魔法の方程式を持っているだろうと憶測したからだ。

数年後、彼はそのライバル企業を担当することになり、当時の担当者にテレビ予算をどうやって決めたのかと尋ねた。すると、まさかと思うだろうが、他のビッグ・スリーの予算を調べて同じぐらいに設定したというのだ！　まるで無知が無知を導くようなもので、根拠のない言説に何十億ドルも費やされていたわけだ。そんなバカな、と彼は思った。ビッグ・スリー自身も冗談じゃないと思うはずだ。となれば、成功はもちろんのこと、生き残るためには新たな道を見つけるしかない。

広告代理店は、代金を支払ってもらっているマーケターに、マーケティング・キャンペーンの成功についてどのように話しているのだろう？　広告マンからテレビの司会者に転身したドニー・ドイチュ(*6)は最近、マーケター五〇〇人にこう語った。

我々はスーパーボウルで……三菱ギャランのすばらしい……コマーシャルを流した……最後に「seewhathappens.comへどうぞ」というやつだ。これに対して約六〇万のクリックがあった。はたしてこの数字が多いと言えるのかどうかわからないが、結局、我々がクライアントにすごい成果だと伝えたことで、すごいということになった(嘲笑気味の笑い(*7))。

聴衆のマーケターたちが自虐的な笑いを浮かべたのは、おそらく、何が成功なのか自身も明確にわかっていないことに気づいていたからだろう。マーケターはえてして、成功を明確に定義せずに(それを測定する手段もないまま)キャンペーンを開始し、始まってから、良い成果をほのめかす何らかの数値にしがみつくものだ。成功の正確な定義がなければ、生まれてくるのは頭痛だけで、ROI向上やマーケティングの継続的改善策ではない。

次に、広告代理店とクライアントの利害衝突について考えてみよう。最近の『ウォールストリート・ジャーナル』紙の二つの記事によると、ROIと広告の成果を注視するようマーケターからの圧力が高まっているという。三大広告代理店持ち株会社は、メディアを買う代理店に広告効果とメディア選択を評価する分析グループを設置したという。しかし、はたしてこの種の分析が客観的と言えるだろうか(*8)。

何億ドルもの業績を上げる広告代理店の実績を、代理店みずからに評価させるのは、あまりにも問題が多い。ある代理店のＣＥＯはこの利害衝突の解決策を簡潔に述べた。「代理店が行なっている活動を解析して示すことができれば、広告主はもっと敏感に反応するだろう」。これはおそらく真実だ――そして、彼の提言は広告代理店にとってはいいことだが、クライアントのマーケティング活動にとっては一概にいいとも悪いとも言えない。

もっとも、ほとんどの広告代理店はクライアントの要求にしっかり応えるために懸命に働いている。クライアントが喜び、広告効果が現れれば自分たちのためになるからだ。だが、代理店側がみずからを評価するというやり方には、潜在的な利害衝突が発生する可能性があるのではないか。そして、最悪の場合、こうした機能障害は直接企業の業績に影響するのではないだろうか。

何億ドルもの業績を上げる広告代理店の実績を、代理店みずからに評価させるのは、あまりにも問題が多い。

次は、広告代理店における評価方法に一貫性がないという問題を考えてみよう。進歩的な広告代理店は、マーケティング・アカウンタビリティを求めるクライアントの圧力に応えようと、独自の評価方法を取り入れる機会を見出そうとしている。だが、その一方では、日々実際に現場で広告活動に従事する担当者たちが、科学的な評価を面倒なもの、脅威を与えるものとみなしている広告代理店も多い。

科学的な評価方法はスタンダードな現行のやり方に脅威を与えるものとみなされている。マーケティング・キャンペーンが実施されるまでの手順を考えてみよう。

まず、企業がマーケティングの必要性を確認する。マーケティング部門は代理店を雇い、互いに知恵を絞り、どれか一つが「消費者の心に刺さる」ことを期待して、多くのアイディアを出し合う。マーケティング・コンセプトが消費者の心に刺さるか、単なる浪費かをマーケターたちが科学的に分析したうえでの話なら、この「何が刺さるか、見てみよう」的手法もいいだろう。しかし、腰を据えて「心に刺さるもの」を調べれば、費用もかかるし、戦略の方向性を脅かし、マーケティングの時間的調整に未知の要素を持ち込むことになる（もしそのアイディアが効果的でなければ、振り出しに戻り、結果的に締め切りに間に合わず、他社に仕事を奪われることになりかねない）。

そうはいっても、「心に刺さるもの」を調査する利点は認めざるをえない。心に刺さるものを調べ、その結果に従って広告活動を行なうことが売上や利益の大幅増につながる。その一方で、「マーケティングは魔術であり、自分は何が心に刺さるか知っているので、今さら調査するまでもない」という考え方をする人もいる。

何が効果的かを直感で決める全知全能の大家などという輩は、『オズの魔法使い』に出てくる魔法使いぐらいいかがわしく、煙ばかりで実体はない。もちろん、きらめく創造性を否定するわけではないし、創造性は今もマーケティングの世界の核心にある。

問題の核心は、これまでのような態度や古色蒼然とした方法では真の説明責任を果たすことはできないという点にある。新しいメディアによって生じた大きな変化が非論理的な世界のカーテンを開け、魔法使いなどはいないことを証明した。そこにいたのは、消費者とブランドをつなぎ企業と消費者により大きな価値を築く方法を懸命に模索する普通の人間だった。

望みはある。我々は、「コミュニケーション最適化プロセス（COP）」と信頼できる評価ツールの助けを借りれば、誰でも並外れた成果を収めることができることを、今回のリサーチを通じて発見した。

ここまで読んで、本書を閉じてしまうマーケターもいるかもしれない。科学的評価という考え方は「直感でわかる」式の意思決定とは相反するものだ。彼らにとって、「心に刺さるもの」を調べ、それに合わせた広告活動を行なうというやり方は冒瀆的なのだろう。しかし、偏見を持たないでほしい。我々は、かつてない強力な評価ツールを使って、広告効果を比較することに成功した。業界上層部や企業のお墨付きをもらった今回のリサーチは、マーケティングの生産性を何十億ドルも向上させるものである。

何が効果的かを直感で決める全知全能の大家などという輩は、『オズの魔法使い』に出てくる魔法使いぐらいいかがわしい。

●――チャンス到来：新しいメディア

ここ一〇年、メディアの世界にはさまざまな変化が現れた。そして、昔ながらのマーケティング・アプローチの多くが時代遅れで、効力がなく、非生産的なものになってしまった。たとえば、家庭で見られる平均的テレビ局数は増え、デジタル・ビデオ・テープレコーダー（ＤＶＲ）装置が急増し、ｉＰｏｄやビデオｉＰｏｄ、携帯電話を介したモバイル・メディア、そして、もちろんインターネットなどが次々と普及した。

メディア・プランニングは一気に複雑化したにもかかわらず、経験的に言って、マーケターの手法はこうした変化をものともせず、マーケティング・キャンペーンの成功を最適化できない昔ながらのやり方のままだ。新しい技術やメディアの重要性を個別に論じようと思えばいくらでも論じられるが、ここではそのひとつ、インターネットを取り上げてみよう。

インターネットの登場で、消費者のメディア習慣や購買嗜好はまったく新しいものとなった。インターネットは、まさにマーケティングの方向性を改めて見直す契機となった。この一〇年に現れた変化には驚きを禁じえない。

インターネットによって、読者や読者の友人、子供たちの生活がどのように変化したか、考えてみよう。たとえばこの一年だけでも、我々（著者たち）はそれぞれ二度結婚式に出た――いずれもインターネットの恋人紹介を通じて出会った夫婦だった。また、オンラインで架空のスポーツ・チームを経営するゲームに興じている友人やオンライン・ポーカーが大好きな友人もいる。我々はこ何年も旅行代理店に電話をかけていない。インターネットで予約するからだ。本、おもちゃ、掃除機、家具等々、果ては車（現物は見ない）にいたるまで、数えきれないくらいのものをインターネットで購入した。

ニュースや調査報告はオンラインで収集できる。小包を出すと、インターネットで送り先までの配送状況を追跡できる。電子メールは今や電話よりもはるかに一般的なコミュニケーション手段となった。販売やサポートやマネジメント部門は、瞬時に伝達できる電子メールやインスタント・メッセージ、無線ＬＡＮを介して常時世界中で連絡を取り合っている。そして、著者のひとりはクレジットの信用格付けよりもイーベイの信用格付けのほうが重要だと考えている。

こうした変化は、我々の「すること」自体ではなく、その方法や考え方に現れている。これは我々の生活様式——私生活や職業上の生活の仕方——の抜本的な変化を意味している。

たとえば、インターネットの恋人紹介は配偶者探しや選別の力学を変えた。結婚相手のような大事なものを選ぶプロセスを変えることができるなら、新車を選ぶプロセスを変えたところで驚くには値しない。インターネットで掃除機を購入する場合、価格を基準にすばやく他の機種と比較できる。同じ掃除機なら近所の店で買えたかもしれないが、値段がずっと安い（輸送費を加えても）ので、外国から取り寄せるというケースも出てくる。

こうした価格透明性が自分の購買決定を変えたケースについて考えてみよう。この価格透明性だけをとっても、ブランド市場の変化を感じとることができるはずだ。

生活のさまざまな場面で多大な影響を及ぼしているインターネットが、マーケティング様式にも影響を及ぼしたとしても何ら不思議ではない。たとえば、インターネットの登場で、ペプシはプロモーションを刷新し、オンライン広告に移行した。ペプシのマーケターはこれが広告費削減だけでなく、消費者との直接的な関係の構築につながることを知った。(*9)

インターネットという新しいチャネルを通じて自社製品とマーケティングの本質を再考した消費者向け製品メーカーは、ペプシだけではない。今や、銀行や金融機関、自動車ディーラー、自動車メーカー、製薬会社、健康産業、宅配業者、サービス業、その他多くの企業が、インターネットによる消費者との双方向性の確立、製品コンセプトの見直しというゴールを目指し努力を重ねている。こうしたインターネットを活用して製品にサービス要素を組み込む方法は、新しい時代の到来を告げるものである。

インターネットはマーケティングの見直しを促し、古い手法は廃れた、効力を持たない、非生産的なものになった。だが、こんな疑問の声も湧き上がった。「インターネット・マーケティングの成否はどうしたらわかるのか」。そして、この疑問に答えるために、精巧な評価システムが出現した。インターネットはマーケティングの成否の測定にも透明性をもたらした。インターネット広告は、より広いマーケティング・アカウンタビリティを促す契機のひとつとなった。

●――今日の焦点：マーケティング・アカウンタビリティ

インターネットは「最も測定可能なメディア」と言われ、実際そのとおりになった。これは、広告のクリック数がわかるということではない（クリック数などは測定方法のごく一部にすぎない）。我々が言いたいのは、オンライン広告が持つ消費者の態度や購買行動の変化を数量化する能力のことだ。

オンラインには、広告の露出、広告への反応、ブランド効果、製品販売（オンラインおよびオフライン）状況を調査するより優れた測定法に加えて、本質的に、広告伝達システムに組み込んだ、究極の判断基準となる実験計画法リサーチがある。この事実は、マーケターがオンライン広告によって生じた消費者の態度や行動への真の効果を、より正確に測定できることを意味している。インターネット広告におけるマーケティング成否の測定に新たな基準が誕生したのである。

だが、ここで取り上げるのは、オンライン広告評価のすばらしさではなく、有能なマーケターたちが、その評価方法とデータを使って、組織を変革し、あらゆるマーケティング手法のアカウンタビリティを広げようと努力している点だ。インターネットの可測性はマーケターの想像力を刺激した。「インターネットでこのレベルのアカウンタビリティが可能なら、他のマーケティング手法からも同じ成果を得られるのではないか」

そして、本書に登場するマーケターたちは、オフラインのマーケティング手法でも評価とアカウンタビリティを獲得し、その結果を詳細に検討することによって、マーケティングＲＯＩの向上に成功した。

デパート王、ジョン・ワナメーカーいわく「広告経費の半分が無駄になっていることは知っている。ただ、どの半分なのかがわからないだけだ」。これは、広告の世界で昔から引用される言葉だ。我々は、入念な定量分析に基づく調査で、アメリカで使われる広告経費約三〇〇〇億ドルのうち四〇％近くが実際に無駄になっていることを知った。

さらに驚くべきことに、一九％の広告はまったく効果がなく、六七％は追加出費無しで大幅に改善できることがわかった[*10]。以下に挙げるのは、効率性を容易に改善できる具体例だ（それぞれの全容はのちほど紹介する）。

●優れた製品に広告はプラスかマイナスか？　キンバリー・クラークがこの問題に取り組まなければならなくなったのは、数百万ドルかけてソフト・パックというクリネックスの新しい製品ラインの拡大を発表したあとだった。製品自体には何の問題もなかったと言える。だが、我々のリサーチでは、製品広告が期待されるほど機能していないことがわかった。我々が聞くところでは、この製品は販売予測に失敗し、販売中止になりかけていた。

●広告メディアの配分を最適化せずにキャンペーンは成功するか、あるいは、そのことを意識しているか？　マクドナルドは新メニューを発売した際に、この非効率性に気づいた。発売後、マクドナルドは追加出費なしで、メディア・ミックスを再配分するだけで、さらに六〇〇〇万人に影響を与えうることを知った。

●広告予算が低すぎないか？　ＩＮＧファイナンシャル・サービスはこの問題を抱えていた。ＩＮＧにはまだまだ出費を増やす余地があった。広告費を五〇％増やしテレビ・コマーシャルを流すことができたのである。

●広告のある手法がキャンペーンの他の手法の不振を隠していないか？　ベリサイン（産業広告の広告主）は、広告予算の一〇％がマーケティング・チームの望む効果の九八％を生み出していることに気づいた。

これらはけっして特殊な事例ではなく、現行のマーケティング体制下ではよくあることだ。

●今こそ新しいアプローチを

広告の「手ぬるい」やり方に不満を感じ始めたCFOやCEOたちは増えつつある。とりわけ財務畑出身者にこの傾向が強く現れている。株主たちも同じだ。言うまでもなく、マーケティングの確実性を目指して動き始めたブランドやマーケターには、大きな競争機会が訪れるのである。

広告の「手ぬるい」やり方に不満を感じ始めたCFOやCEOたちは増えつつある。とりわけ財務畑出身者にこの傾向が強く現れている。

●ロケット・サイエンティストの教訓

最適とは言えない広告で生じた広告費の無駄は、約三〇〇〇億ドルのうち一一二〇億ドルを超えることがわかった。そして、我々のリサーチ対象となったマーケターの多くは、広告効果を体系的に明らかにする方法を持っていなかった。そこで我々は、新たなアプローチを求めて、他の分野に目を向けた。広告業界と似たような問題を抱えていたのは、思いもよらない分野――アメリカ航空宇宙局（NASA）だった。

ジェット推進研究所（JPL）のリチャード・グラミエールは、アメリカの宇宙探検分野の輝かしい英雄だ。NASAの多くのミッションの成功は、ある意味で彼の献身的なプロジェクト管理によるところが大きい。

「ディープ・インパクト」と呼ばれた彼の最新プロジェクトは非常に複雑なものだった。プロジェクトの目標は、高度八三〇〇万マイルの宇宙空間に二機の宇宙探査機を打ち上げて彗星の動きを調べることだった――一機が彗星に激しくぶつかってすさまじい衝撃（プロジェクト名の所以だ）を生み出し、もう一機がそのそばで衝撃を観測し、衝撃によって散った物質の化学成分組成を調べるデータを収集するというものだ。

グラミエールはこのプロジェクトの課題を「飛行中の弾丸に別の飛行中の弾丸を命中させ、三つ目の飛行中の弾丸にその衝撃を観察させ、科学データを収集させる」と描写した。どう見ても一筋縄ではできない芸当だった。

しかも、グラミエールが引き継いだのは混乱したプロジェクトだった。彼はプロジェクト管理の問題点を次の基本的四点に絞った。

①正確なプロセスがわからない、あるいは遵守していない
②プロジェクトの「検証と妥当性確認（V&V）」プログラムの実施能力がない
③プロジェクトの進捗報告が不完全もしくは十分でない
④フライト作業構想と緊急事態対応策が適切ではない

我々は、グラミエールを招いた講演会を開催し、出席したABC、コルゲート、ディズニー、P&G、マイクロソフト、ESPN、ホールマーク、フォルクスワーゲン、ウィリアムズ・ソノマならびに全米広告主協会（ANA）の代表者たちに、最近のマーケティング・キャンペーンでこうした四つの問題に直面したことはなかったか考えてもらった。すると、全員が、世界有数のマーケターと言われるP&Gさえも、同じような問題に直面したという。彼らはグラミエールの提示した解決策に感銘を受けた。それはマーケティングにも適用できるものだった。

「ディープ・インパクト」が完全な成功を収めたのは、グラミエールがこの四つの問題に次のように取り組んだからだ。

①まず、彼はチームが適切なプロセスを理解し、このプロセスにのっとって業務を進めるようにした。これが本書で提案している「コミュニケーション最適化プロセス（COP）」だ。NASAのケースと同様、このCOPが成否を分けることになるだろう。
②次に、グラミエールと彼のチームは、適切な「検証と妥当性確認」テストの実施能力を改善し

た。マーケターにとっては、これが評価の核となる。効果を調べるために、さまざまな消費者の購買動機や広告メッセージを試し、さまざまな消費者向け戦略やメディア・ミックスを試すわけだ。「ディープ・インパクト」と同様にマーケティングの世界でも、検証と妥当性確認テストによって各手法の効果を確認することが、成功には不可欠である。

③次に彼は、主要なプロジェクトの進捗状況を明確に示すことのできない、不完全で不十分な報告にメスを入れた。これは、マーケティングの世界にも通用する。測定やデータの報告の仕方を正し、個々のマーケティング手法の成功の全体像を明確に示さなければならないからだ。我々は、こうした情報を系統立ててまとめる方法、4M（モチベーション、メッセージ、メディア、マキシマイゼーション［最大化］）を導入している。

④そして最後に、彼は不十分なフライト業務コンセプトと緊急事態対応策に取り組んだ。マーケターにも同じように、成功の明確な定義や、キャンペーンのある手法が予想を外れた際に取るべき行動に関する緊急事態対応策（シナリオ・プランニング）が必要だ。

もっとも、「ディープ・インパクト」のような大プロジェクトなら、完璧なプロセスと評価方法が核となるのは当然だと思うかもしれない。なんといっても、莫大な金がかかっているし、成功する確率はきわめて低く、うまくいかなければ次は何年先になるかわからないからだ。

だが、我々が注目したのは、「ディープ・インパクト」の年間経費が大方の大企業のマーケティング経費よりはるかに少なく、年間八七〇〇万ドル程度（四年間の総額が三億五〇〇〇万ドル）という点だった。対照的に、フォード一社でも年間広告費は一〇億ドルだ。成功確率は「ディープ・インパクト」と同程度だというのに？

グラミエールのNASAでの奮闘談を聞いたあと、ANAのバーバラ・バッチ・ミークはこう語った。「彼が直面した主要課題がマーケターのそれとあまりにも似通っているのに驚きました。ジェット推進研究所のグラミエールがプロセスの改善に使ったマネジメント方法の話を聞いて、マーケティング・プロセスも改善できるという希望が湧いてきました」

グラミエールは質疑応答の際に、広告予算がNASAの「ディープ・インパクト」よりはるかに大きいにもかかわらず、経費を管理する方法やプロセスが整備されていないことに驚きを示した。彼は冗談交じりにこう語った。「仮にNASAのプロジェクトが失敗すれば、責任者は議会で追及される。そして、責任者のなり手はいなくなる」(＊11)

マーケティングのROI（投資収益率）はいまや取締役会の優先順位第二位の課題となっている。マーケティングが期待を裏切り続け、その価値や実績を実証できなければ、マーケターは早晩苦しい立場に立たされるだろう。議会がNASAを追及するように、企業の取締役会が何百万ドルもの出費のアカウンタビリティを求める日が来るかもしれない。

議会がNASAを追及するように、企業の取締役会が何百万ドルもの出費のアカウンタビリティを求める日が来るかもしれない。

●本書の展開

宇宙科学分野で使われた方法をいかにしてマーケティングに応用するかは、第Ⅱ部と第Ⅲ部で説明する。その前に、マーケティング世界の変化をプラスに転じ、自社のマーケティングを成功させるために、現在、広告やマーケティングが直面している問題や脅威を明らかにしていこう。問題はいくらでもあるが、経験的に言って、その根源は次の三つの領域に分類できる。

①広告が実際に機能する方法を学ぶことができる知識基盤がほとんど存在しないこと
②伝統的なマーケティング文化が、科学的なマーケティングやプロセスの改善に向けた真の取り組みを妨害していること
③マーケティング組織の構造が変化を阻害していること

こうした三つの要素は無駄遣いの大きな要因となっている。一日の終わりに、マーケターとその広告代理店はいったい何が消費者の心に刺さるのかと途方に暮れる。だが、その知識を体系的に収集し、それを利用してマーケティングの効果を向上させるプロセスやシステムを持っている人はほとんどいない。続く三つの章でその理由を説明しよう。

第2章 広告に関する「知識基盤」の欠如を克服する

経験的に言って、マーケターたちは、自分たちが影響を与えようとする消費者や、効果的なコミュニケーション手段に関する情報や知識や洞察を蓄えた基盤を持っていない。こうした知識の欠如は、リサーチに対する不信感（たとえ成果が実証されていても）やルールは破るためにあるといった一匹狼的精神構造によってさらに深まる。本章では、この問題についてもう少し詳しく見ていこう。

問題①：広告を機能させるものを知るための知識基盤がない

ほとんどのマーケターは自社ブランドを成功に導く原動力を知らない。知っていたとしても、ある人物または一部の人々の頭の中だけに存在し、その人物がいなくなると知識も失われてしまう場合が多い。

ほとんどのマーケターは自社ブランドを成功に導く原動力を知らない。

「知識基盤（knowledge storehouses）」とは、次々と行なわれる広告キャンペーンで蓄積、収集され、常に更新される最良の方法を集めたものだ。知識基盤は社内の誰もが利用できるだけでなく、積極的にやり取りされ活用される。だが、我々が調査したなかで、知識基盤を持っている企業はごくわずかで、持っていないところがほとんどだった。

その格好の例がマクドナルドだ。グリルド・チキン・フラットブレッド・サンドイッチのキャンペーンの教訓を考えてみよう。同キャンペーンの真の目的は、この新しいメニューを知ってもらうことだった。会社はこの製品を投入することで、マクドナルドをただのハンバーガーを売る店としか見ていなかった顧客を取り込めると期待していた。しかし、マクドナルドはキャンペーン開始時点では、テレビ以外に、一瞬にして新製品を認知させられるメディアがあることに気づいていなかった。

それでも、同社は非常に賢い成功企業で探究心にも富んでいた。それゆえ、テレビとインターネットのメディア・ミックスへと方向転換し、予算はいっさい増やさず、メディア配分を変えただけで、この新製品を認知する消費者を六〇〇万人も増やしたのである。

マクドナルドが教えてくれたもうひとつの教訓とは、一日のどの時間帯をターゲットにするかで広告効果に大きな違いが現れるということだった。つまり、食べ物を売るなら、お腹がすいている時間帯が最善だということだ。リサーチの結果、食べ物がとてもおいしそうに見えるのは、お昼前後の四時間だと判明した。この時間帯には、消費者の購買意欲が他の時間帯に比べて一〇％も増えた（三六％から四六％へ上昇）。日中は低めに価格設定しているメディアが多いので、このリサーチ結果はとても有用だ。

食べ物を売るなら、お腹がすいている時間帯が最善だ。

では、マクドナルドはこれらの結果を活かしているだろうか？　我々の報告がマクドナルドに届いて一年もしないうちに、同社のリサーチの第一人者、ニール・ペリーが退社した。おそらく彼とともに、リサーチの教訓の多くも消えてしまったのだろう。

企業の実務分野では、社員が長年同じ部門に所属し、そのなかで昇進していくケースが一般的だ。だが、マーケティング部門は、他の分野より離職率が高く、社内での昇進とは通常新規ブランド・グループに移ることを意味する。つまり、教訓を蓄積し獲得する方法を見出すことが何より重要だということだ。

何億ドルもの広告費を費やす巨大なマーケターのほとんどにこうした「成文化されたルール」がなく、制度化した知識もないまま次々とキャンペーンが行なわれている事実は、まさに莫大な広告費が我々が「情報の腐敗」と呼ぶものの犠牲となっていることを示している。

では、「情報の腐敗」とは何か考えてみよう。マーケティングの知識を、畑に植えられたいつでも収穫できる貴重な穀物のようなものだと考えてほしい。穀物は収穫されなければ、そのまま腐ってしまう。だが、収穫され、知識基盤という倉庫にきちんと貯蔵されれば、会社は何年も食べていけるのだ。

マーケターは自分たちのマーケティングについて知ることができるし、また知るべきだ。だが、知識を蓄積し容易に取り出すことができる場所がない。たとえば、マーケティングの4P（製品、価格、流通、プロモーション）なら誰もが知っている。だが、こうしたマーケティングの成功要因を蓄積する場所がないという問題を解決するには、マーケティングの4Pはもちろんのこと、4Pを4M、すなわち、モチベーション、メッセージ、メディア、マキシマイゼーション（最大化）で補完することも大事だ。

4Mに関連するさまざまな非効率性や無力さのせいで、毎年一一二〇億ドルが無駄になっていることを思い出してほしい。こうした無駄が生じる理由や無駄を避けてマーケティングROIを高める方法に関する詳細は第Ⅲ部で紹介する。ここでは、4Mの考え方とリサーチ結果が物語る無駄について簡単に触れておこう。

4Mは、すべてのマーケターが消費者や消費者コミュニケーションに関して熟知しておくべき枠組みである。マーケティング・チームが4Mのフレームワークを理解しないで活動しているとすれば、それは基本的に知識が欠けた状態で活動していると言っていい。広告を正すことは大変だが、4Mにしたがって改善することはたやすい。4Mの概略は次の通りだ。

①【モチベーション】なぜ消費者は貴社のブランドや製品を買うのか？　驚いたことに、マーケターと話していても、この問いに対する曖昧な答えしか聞けないことが非常に多い。答えが十分にはわかっていないのだ。この答えがわからなければ、注ぎこんだ広告費のROIは本来あるべき姿より著しく低くなる。我々がリサーチしたマーケターのうち三六%はモチベーションに対する認識を誤り、これだけで五三五億ドルが失われていた。そして、ここで見誤ると、必ず次のMにも失敗する。

②【メッセージ】マーケターの言葉を消費者の耳に届けるとき、いかにして消費者のモチベーションに沿ってコミュニケーションを行なうか？　ここで大事なのは、マーケターが伝えているつもりのことが、必ずしも消費者が本当に聞いていることではないという事実だ。つまり、消費者が何を聞いたかを判定することが重要なのだ。我々がリサーチしたマーケターのうち三一%が誤り、三五八億ドルが無駄になっていた。

③【メディア】成功に貢献するメディア・ミックスそれぞれの役割は何か？　その費用と効果はどのようなものか？　使用するメディアは目的に合致しているか？　メディアの組み合わせはブランドにプラスとなるものか？　それぞれのメディアの長所を知らなければ、適切なメディア配分はできないし、広告効果は明らかに最適化できない。ここでの無駄は二三一億ドルだったが、希望はある。我々のリサーチによると、最良のROIを生み出すべくメディア・ミックスのバランスを正せば、大半のマーケター（八三%）は同じ予算で五%以上、ほとんどが一〇

%から二〇%、効果を向上させることができる。出費をいっさい増やさず、メディア効果を一九八億ドルも増やすことができるわけだ。

④【マキシマイゼーション（最大化）】メディア・ミックスを正すことは重要だ。だが、マーケティング効果を意図的に最大化し、その教訓を社内で共有すべく知識基盤を築いているマーケターは、三六社のうち二社しかなかった。新しいメディアやマーケティング・チャネルを正確に評価するプログラムは、競争力をつけるうえで非常に重要だ。何を試みたか、何が機能しなかったのかと尋ねても、ほとんどのマーケターは答えられないだろう。効果を最大化したり、新しい方法を試したりする体系的な仕組みを持たないからだ。マーケティング効果を知ろうと個別に取り組むケースも見られるが、最大化とは、特定のプログラムを分析する一回限りの取り組みではない。

最大化とは、進行形の新機軸やリサーチと知識基盤を組み合わせ、せっかくの教訓が朽ち果てることなく、マーケティングＲＯＩを継続的に改善することを意味する。我々の行なった最大化の試算では、無駄を省くことでマーケティング経費は五九〇億ドル節減され、利益は四三八億ドル増加する。これは、消費者に影響を与えて収益性を高める新しい方法を見つけることで可能になる。絶え間なく劇的な変化を遂げるマーケティングの世界で、マーケターはマーケティングの最大化を積極的に追求すべきだ。

問題②：データやリサーチに対する不信感と誤解

広告代理店やマーケターの間にデータやリサーチへの不信感が広がっている理由は、概してデータの誤用にある。彼らにとって、リサーチは酔っ払いが寄りかかる電柱と同じで、周囲を明るく照らすものというより、ただの支えにすぎない。リサーチに対する不信感はここから生まれている。

リサーチは酔っ払いが寄りかかる電柱と同じで、周囲を明るく照らすものというより、ただの支えにすぎない。

だが、こうしたデータの誤用は打破しなければならない。知識を蓄積し改善していくうえで、良質のデータや教訓は不可欠だからだ。営業部門の人たちに、生産性を向上させ莫大な利益を生み出すデータの役割について尋ねてみよう。生産現場のシックス・シグマ（品質管理）の専門家に、たゆまぬ改善を目指す正しい評価方法の重要性について尋ねてみよう。だが、同じことをマーケターに尋ねると、違う答えが返ってくるだろう。というより、何の返答もない可能性が高い。

そして、この問題は悪化の一途を辿っているようだ。急激に変化を遂げるメディアの世界、加速するビジネスや成功への期待から、マーケターには信頼に足るリサーチ手法と良質なデータを受け入れる文化が必要とされている。

❖ある巨大自動車メーカーの事例

この自動車メーカーの本社はマーケティングの改善を命じた。簡単に概略を示すと、その内容は次のようなものだった。

生産、営業、サプライチェーンなど、各部門は長年かけて効率を高め、長年にわたって生産性を著しく向上させてきた。そこで今年は、マーケティング部門の生産性を一〇％増やしたいと考えているが、どうしたら達成できるのだろう？

同社を担当する広告代理店は手を差し伸べる好機だと考え、我々に新たなキャンペーンの立ち上げに関する詳細なリサーチを委ねた。その結果と分析は、生産性向上を達成できると明白に示していた。同社ブランドのテレビ広告は効果があり、雑誌広告もインターネット広告もうまく機能していた。ただし、テレビ広告費は明らかに収穫逓減の段階に入っていた。(＊1)

広告期間六週間のうち、一〇回から一五回コマーシャルが流れた時点で、広告効果は頭打ちになった。消費者は六週間でそのコマーシャルを平均二〇回から三〇回目にしており、回数が多すぎたのだ。一方、雑誌やインターネットの広告では収穫逓減の段階には至っていなかった。代理店と自動車メーカーのマーケターは、リサーチ結果がなければ収穫逓減のポイントを知ることはできなかったはずだ。そして、クライアントのマーケティング生産性改善の一助としてこの種の情報収集を提案した代理店は、先見の明があるとして大いに称賛されても不思議ではなかった。

リサーチ結果によると、対象となったブランドが予算を再配分し、雑誌とオンラインの広告を増やすだけで、実質的に効率を約一五%から二〇%高めることができるはずだった。これまで通りテレビ・コマーシャルをメディア・ミックスの原動力に据えるとしても、雑誌とオンライン広告予算をそれぞれ現行の五%から一五%に上げることで、同社は広告プランをより最適化できたのだ。

広告代理店にとって、これはすばらしいニュースだった。問題を解決する前向きな取り組みのおかげで、効率を高めるというクライアントの社命を手助けできるからだ。だが、自動車メーカーのマーケターにとっては、そこまで改善の余地があるということが衝撃だった。そして、メディア・ミックスの再配分という提案にかなりの抵抗が生じ、結果的に、同社のデータやリサーチに対するさまざまな不信感が浮かび上がった。

我々はようやく自動車メーカーのマーケティング・チームと会うことができた。このとき、我々は相手が「これ以外にどのような調査をすれば、このデータを実証し、理解し、行動の根拠にできるのか」といった質問をしてくると思っていた。だが、そうはいかなかった。マーケティング・チームのひとりが我々を連れ出してこう言ったのだ。「うちは広告代理店が持ってきたものなど信じていない。このリサーチもだ」

我々は代理店とは一線を画した独立企業だったので、この言葉を聞いて啞然とした。我々は当時すでに、自分たちのリサーチに次のような十分な手応えを感じていたので、彼の不信感や疑念は非常な驚きだったのだ。

●我々はすでにユニリーバのリサーチを終えていて、信頼できる実験計画法を用いて個々のメディア効果を解き明かす、新しいリサーチ手法に対する信頼度を高めていた。

●その方法論は、広告の測定における画期的な手法として、フォレスター・リサーチの上級広告アナリスト、ジム・ネイル(*2)から、この手法を国際リサーチ賞の最優秀賞にノミネートしたヨーロッパ世論市場調査協会(ESOMAR)(*3)まで、さまざまな第三者機関から称賛されていた。

●米国広告調査財団(ARF)会長、ジム・スペイス博士は、みずからこの企業の調査結果をすべて検討し、そのすばらしさについて言及した。

この自動車メーカーは、「データを確認してみよう」とすら言わずに、せっかくの知識を収穫せずに畑で腐らせ、収益性改善の好機を逸してしまった。

経験的に見て、こうしたデータ不信と広告の実際的な効果に関する知識基盤の欠如は一般的な現象であり、今日の広告が抱える難題の多くはここに起因している。こうした傾向に、リサーチの教訓や知識を評価、理解、応用しない体質が加わって、企業の収益性を左右する広告の能力を阻んでいる。知識基盤が貧弱で、その構築に向けた体系的プランの必要性を認めないことがマーケティングの低迷を招く。

データ不信と広告の実際的な効果に関する知識基盤の欠如は一般的な現象であり、今日の広告が抱える難題の多くはここに起因している。

本章では、知識の欠如に関連する二つの重要な課題について述べた。次章では多くの企業のマーケティング文化に関連する問題について考えてみよう。

第3章 変化に抵抗する「マーケティング文化」を克服する

文化の一般的な定義は、「あるグループや組織の機能を特徴づける、際立った態度や行動」である。(*1) インサイト・エクスプレスのジム・リプナー会長はよくこんな言い方をする。「ビジネスの競争世界では、文化が戦略を食ってしまう。すぐれた戦略があっても文化が悪ければ敗れてしまう」というわけで、第2章で述べた二つの問題——合わせて知識の欠如という大問題を形成する——に続く次の根本的な問題はマーケティング文化である。マーケティング文化が問題となるのは、次のような場合である。

①「認識と行動のギャップ」に苛まれる文化
②広告と消費者の関係を曲解する文化
③失敗への恐怖がある文化
④マーケティングは「魔法」だと信じ、「ブランディングを測定することなど不可能だ」という

神話を妄信し、リサーチに対して強い抵抗を示す文化

以上の問題を個別に、さらに詳しく見ていこう。

問題①：認識と行動のギャップ

❖ユニリーバの事例

ユニリーバは才気あふれるマーケターを有する優れた企業だ。我々がごく初期に行なった、ダヴ・ブランドの固形石鹸を対象としたリサーチは同社の革新性を物語るものだった。このリサーチには、マーケターとリサーチ部門が携わった。我々が彼らと会ったのは、リーバ・ハウスと呼ばれるマンハッタン初のガラスの摩天楼、ユニリーバ本社だった。

同社のマーケティング・リサーチ歴三〇年のベテランのなかにチャールズ・ニューマンという人物がいた（最後までユニリーバ一筋で勤め上げた、業界でも大いに尊敬されているリサーチャーだった）。彼は、我々が提案したリサーチこそ、自分がやりたいと考えていたものだと言ってくれた。メディアを見渡し、収穫逓減点がどこにあるのか見極める――要するに「次に投入する予算はいくらで、どこにそれを投入すべきか？」という決定的な問いに答えを出すリサーチだ。

我々は二〇〇一年夏にリサーチを開始した。だが、9・11事件のあと、ニューマンはリサーチを

終了し、引退する決心をした。当時は、我々が数字を示すだけでリサーチ結果を活かせるはずだとマーケターたちの能力を過信していた。我々は、（マーケティング・エボリューション社の専門家と、フォレスター・リサーチやＡＲＦの独自の審査のお墨付きをもらった）優れたリサーチに基づいたデータがあれば、その情報の正確さゆえに、企業は行動を起こせると信じていた。

しかし、データに基づいて何をすべきかを認識することと、それを実行することはまったく別ものだ。事実だけでは行動は変わらない。そのうえ、リサーチ擁護派の筆頭が去ってしまうと、リサーチ結果を実行に移す制度化された方法がない場合がほとんどだ。結果を踏まえた行動を起こす際に、個人の指導力に頼りすぎている企業は多い。

データに基づいて何をすべきかを認識することと、それを実行することはまったく別ものだ。事実だけでは行動は変わらない。

我々のリサーチでは、予算をまったく増やさず効果を上げることができるとわかった。ダヴ・ニュートリウム・バー（高級固形石鹸）については、テレビ、雑誌、インターネットなどのメディア・ミックスを再配分するだけで、消費者の購買意欲（ユニリーバによれば、実売と密接な相関関係がある）を一四％増やすことが可能だった(*2)。

ユニリーバは我々の行なったリサーチと併行して、インフォメーション・リソーシズ（ＩＲＩ）という別のリサーチ会社と他の八つのブランドの調査も進めていた。ＩＲＩも精巧な販売実験を行ない、インターネット広告がブランディングに効果があるかどうかだけでなく、実際に食料雑貨店での売上高を変えられるかという点まで調べていた。

IRIのサニー・ガーガの言葉を借りれば「我々がマーケティング・エボリューション社とともに行なっている仕事は、食料雑貨店やその他の販売店での実売数に対する広告の影響を明確に実証するものだ」。すべてのリサーチ結果が同じ結論に収束した。つまり、対象とする消費者のメディアへの対応が変化しているにもかかわらず、オンライン広告費は予算の一％にすぎないという結論だった（この時点で、消費者がメディアに触れる時間の一四％はオンライン・メディアが占めていた）。このため、ユニリーバは同じ予算でメディア・ミックスを再編し、売上と利益を最大化する絶好の機会を捉えることができた。

ユニリーバはその後、ニューヨークで開催されたARFの年次会議で、その成果を誇らしげに披露したが、(*3) なぜかその成果はユニリーバ社内で定着しなかったようだ。ユニリーバには成果を活かしたブランド（ダヴのように）もあったが、活かさなかった製品も多い。

ビジネスの世界には、発見が行動に移されなかったケースはいくらでもある。知識を行動に変えられないのは、リサーチに基づいた行動を促す制度化されたシステムが欠けているせいかもしれないし、パートナーである代理店との調整のずれや利害衝突によるものかもしれない。また、のちほど触れるような、他の文化的要因や組織構造に原因があるのかもしれない。

認識と行動のギャップが多くのマーケティング部門に存在するのは明らかで、その結果、マーケティングの効率性や競争優位性において何百万ドルもの損失を生み出している可能性がある。

リサーチ結果を行動に移すことが困難な企業が多いのはなぜだろう？　この問題は今や自明であり、スタンフォード大学のＭＢＡ課程にも「認識と行動：実践における問題」というコースが設けられているほどだ。我々は、明確なマーケティングの結果とそれに基づいた明らかな改善の余地（出費を増やすことなく製品売上を伸ばす）のある多くの企業が「認識と行動のギャップ」に真っ逆さまに落ちていくのを目の当たりにして、リサーチに対応するような業務プロセスを開発した。

このプロセスの基礎となるのが、マーケティング・エボリューション社が独自に開発した「コミュニケーション最適化プロセス（ＣＯＰ）」の一部であるシナリオ・プランニングだ。シナリオ・プランニングとは認識と行動の架け橋を築く手段である。ＣＯＰとシナリオ・プランニングを導入することで、リサーチ結果の有効利用に大いに役立つことがわかった。

ＣＯＰを導入しリサーチを行なってきたマーケターたちは、認識と行動のギャップを埋め、その結果としてマーケティングＲＯＩの改善に成功した。ＣＯＰとその応用については、第Ⅱ部で詳しく説明する。

問題②：マーケターの歪んだレンズ

マーケティング文化の抱えるもう一つの重大な問題は、「歪んだレンズ」だ。歪んだレンズとは、マーケターが自分たちの広告に対して消費者とはまったく異なる見方をするという意味だ。

この問題は、広告代理店の会議室を覗いてみればすぐにわかる。代理店がクライアントを招いて「これぞクリエイティブ（広告そのもの）」というものを見せる場所だ。この種の会議室は、代理店の「クリエイティブ」手腕をクライアントに売り込むために、美しい鏡面仕上げの壁、堂々とした会議用テーブル、座り心地のいい革張りの椅子、上質な家具、そして高価な電子機器（高性能のAV装置など）といった小道具を備えている。

プレゼンテーションの間は、照明を落として部屋の雰囲気を変え、たいていは最大級のプラズマモニター（マルチモニターの場合もある）が神の使いよろしく天井から降りてくる。コマーシャルが始まり、轟きわたるTHXサラウンド・システムが音響効果を高め、クライアントは三〇秒のテレビ・コマーシャルに見入り、代理店の担当者はそんなクライアントをうっとりと見つめる。

そして、たいていは拍手喝采で終わる（広告代理店の社員がきっかけをつくることも多い）。プレゼンテーションが終わるころには、出席者はみな歪んだレンズ越しに広告メッセージを見つめ、代理店とクライアントはそのコマーシャルを台座に載った偶像のように崇める。偶像は、創った人々とその作品に金を支払うよう求められる人々に崇拝されるわけだ。これは少し言い過ぎだろうか？　そうかもしれないが、あながち的外れとも言えない——代理店とマーケターは消費者と同じ目で広告を見ることができないのだ。

消費者が、腰を据えてコマーシャルに見入り、最後に拍手喝采することなどあるだろうか？　おそらくないだろう。キャンディーバーのコマーシャルで、どちらの種類の犬のほうが見栄えがいいか、三〇分間見比べることなどあるだろうか？　コマーシャルの背景にいる女性や男性やヒスパニックなどの数をじっくりと数えることなどあるだろうか？　まずないだろう。それはマーケターが体験することであって、消費者が体験することではない。消費者のレンズは違うのだ。

消費者が、腰を据えてコマーシャルに見入り、最後に拍手喝采することなどあるだろうか？

消費者は、広告代理店やマーケターとは異なり、疲労困憊した一日の終わりに散らかったリビングルームでテレビを見ている。カウチでぼんやりと過ごし、マーケターのようにテレビ・コマーシャルをありがたがって見てはいない。消費者はさほど注意を払わずに広告を見ている場合が多い(*4)。それどころか、登場する製品が自分には無関係な（ときには、関係性を考えようとさえしない）場合が多いため、テレビ・コマーシャルを避けるようになっている。

自明のことだが、コマーシャルが流れているときに消費者が部屋にいないこともある。ビールを取りに行ったり、子供を寝かせたり、電子メールに返事を書いたり、雑誌を読んだりして——あるいは、この四つのことを一遍にやろうとして——注意を払っていないかもしれない。

しかしマーケターは、消費者が広告とどのように触れ合っているかをいちいち考えたりしない。自分たちの視点で、つまり、歪んだレンズ越しに広告を見るだけだ。マーケターが自社の広告を、おそらくは散らかっていない会社の会議室で熱心に見るときは、「高注意」状態で見ている。これは、もはや消費者のように広告を見てはいないということだ。

消費者心理に照らして言えば、消費者は大部分の広告を「低注意」状態で処理している。つまり、広告にほとんど注意を払っていない。それどころか、いつでもチャンネルを替えられるようにカウチのクッションに挟んでおいたリモコンを捜しているのだ。

印刷物の広告でも同じことが言える。消費者は会議室に座り、一〇倍に引き伸ばしてイーゼルに掛けた雑誌広告を前に入念に仕上がりを調べたりなどしない。消費者が、印刷物の広告を綿密に調べてブランド・ロゴに使われているパントーンの青の色調を確認したりするだろうか？

消費者はたとえば、診療所でそわそわと順番を待ちながら、雑誌をめくっている。あるいは、幹線道路の看板の前をさっと通り過ぎていく。または、屋外広告にもたれてバスを待っている。おそらく、その広告を見た覚えさえないかもしれない！　消費者は平均三秒しか雑誌広告を見ていないが、(*5) マーケターや広告主は何日もかけてその広告を検討し、評価する。

消費者は平均三秒しか雑誌広告を見ていないが、マーケターや広告主は何日もかけてその広告を検討し、評価する。

ところで、消費者がさほど注意を払わずに広告を処理し、おそらくはその広告を目にした記憶さえないからといって、広告効果がないとは言えない。実際、露出数が多ければ、ブランド態度や売上に影響を与えることが実証されている。(*6) 広告を見る際のマーケターの心理状態は「高注意」状態という歪んだレンズに固定されるが、消費者のほうは明らかに低注意状態で処理している。

また、広告代理店やマーケターは自社製品やブランドに関する知識を自分の生活環境、つまり製品に日常的に接するという環境を通じて獲得するものだが、マーケターの生活環境が消費者のそれと一致することなどまずない。つまり、歪んだレンズに歪んだ環境が重なることになる。これでは、消費者が広告をどのように体験し、消費者行動に広告がどのような影響を与えるかがマーケターにわからないのも無理はない。この歪んだレンズはマーケティング文化そのものに深く浸透している。

この問題を克服するには、まずマーケターが自分たちの直感は当てにならない指標にすぎず、自分たちの視力は正常ではないことを自覚しなければならない。我々は消費者と違った目で見ている。我々は低注意状態における広告効果を認識するという課題に真摯に取り組まなければならない。

ここで必要なのは、不完全な視力を正して「低注意処理状態」で見ることのできる眼鏡だ。そして、実際の広告効果を正確に見極めるために、歪んだレンズを矯正する客観的なシステムが必要になる。歪んだレンズを矯正し、正確な視覚システムとして機能するリサーチを活用している一流企業の実例は、のちほど第9章で紹介する。

問題③：失敗への恐怖

マーケティング・キャンペーンを失敗だと認めるのは大きな賭けだ。少し考えてみよう。もし自社のマーケティング・プログラムを調査して、あるキャンペーンまたはそのキャンペーンの一部に欠陥があるとわかったら嬉しいだろうか？

日本のメーカーでは製造工程で見つけた不具合を「宝物」と呼ぶ。不具合を発見し、分析し、排除する方法を考え出すことが、生産性向上（すなわち、収益増）への道だからだ。だが、マーケティングの世界では、うまくいっていないものを見つけ、捜し出し、宝物とみなすといった考え方は存在しない。

マーケターたちは広告を分析し、評価し、改善する機会を、会社の重荷になると考えがちだ。マーケティングで見つかる問題は宝物どころか、むしろ逆だ。それはｆのつく言葉、つまり「失敗（failure）」なのだ。「失敗」は、もう一つのｆのつく言葉、「解雇（fired）」をもたらす可能性もある。そして、「解雇」はまた別の致命的なｆのつく言葉、「恐怖（fear）」を招く。

広告代理店にとって、そしておそらくはマーケターにとっても、最大の恐怖は失敗だ。マーケティング最高責任者（ＣＭＯ）の平均在職期間はわずか二二・九カ月だ。これはＣＥＯの在職期間の半分にも満たない。(*7) 限られた期間で成功を収めなければならないのだ。

日本のメーカーでは製造工程で見つけた不具合を「宝物」と呼ぶ。不具合を発見し、分析し、排除する方法を考え出すことが、生産性向上（すなわち、収益増）への道だからだ。

マーケターは事態を煙に巻く術を身につけており、どんなキャンペーンも成功に見せてしまう。

そんなごまかしは、関係者でなくても見抜けるものだが、妥当性確認の結果はないがしろにされ、データを客観情報ではなく自分たちの主張の裏づけに使う誤りを反省することはほとんどない。マーケターはまずこうした姿勢を変えなければならない。失敗という恐怖を克服し、認識し改善することの利点を受け入れる必要がある。

我々はマーケティング・プロセス全体を通じてリサーチを行なう利点を見てきた。生産や営業分野とマーケティング分野を比較すると、前者では統計的手法が数多く用いられ大いに進歩しているが、マーケティング分野ではデータや客観的な分析への取り組みが行なわれていない企業が多い。とはいえ、これからは行なわれるようになるだろう。

問題④：「マーケティングは魔法」「ブランディングは測定不能」という神話

マーケティングは魔法だと考えている人は実際にいる。彼らは「ばら撒きと神頼み（スプレー・アンド・プレー）」法、すなわちメッセージを撒き散らし、あとはそれが共感を呼び機能するのを祈るだけといった広告手法を使う。それでうまくいけば、魔法が起きたに違いない。

しかし、魔法を再現したり、体系立った法則や原理にまとめたりすることはできないので、マーケティングを魔法だと考えるマーケターはおのずと成功は落雷のようなものだと信じこむようになる。そして、当然ながら、効果の有無やその理由を時間をかけて見つけ出そうとは思わない。マーケティングが魔法なら、磨きをかけたり、体系的に改善したりすることもできないというわけだ。

また、広告を、まるで信ずべき宗教の教義であるかのように話すマーケターもいる。彼らは自分たちのビジネスを「魔法のように」変えてくれる（そして、自分たちを有名にするかもしれない）次なる「ビッグ・アイディア」のための神の声を探し求める。彼らは広告の成功とはなぜか目に見えない、理解不能なものだとみなし、CEOにこう告げる。「とにかくあの広告はうまくいくと信じていただくだけです」。実に馬鹿げた話だ。

「ブランディングは測定不能」とは、広告の成否を尋ねられたマーケターがよく口にする言葉だ。こんな言い方をする人は、たいていブランディングが測定可能であることにまったく気づいていない。もっとも、測定に対する敵対的防御から「測定不能」と言う場合もないわけではない。広告の具体的な成果へのアカウンタビリティの追及から逃れるために、使われることもあるからだ。とはいえ、この種の責任逃れは失敗するものだ。

❖ある有名ブランド靴会社の事例

我々はある靴会社のCMOと会った。彼女は現在すでに職を退いているが、当時マーケティングをもっと説明可能なものにするよう求められていた。しかし残念ながら、リサーチについて我々が力説しても、彼女は屈しなかった。自社のブランド広告は数字に換算することは不可能だ、その根拠は、広告は「感情的なものであり、我々はブランディングを行なっているのであり、数字などでは測定できない」からだ、というのが彼女の言い分だった。

この考え方は、リサーチの現状に対する根本的な誤解を示している。広告が自社ブランドに対する人々の態度や感情にどの程度影響を与えているか測定することは可能だと実証されている。たしかに消費者の態度を見たり触ったりすることは難しい。ダイレクトメールの返信率のように、戻ってきた葉書の数を数えればすむというものではないからだ。

態度や感情の測定は、いわば風の測定に似ている。普段、風を直接見ることはできないが、風の影響、つまり揺れる木やはためく旗などを見ることはできる。適切な道具があれば、正しく測定できるのだ。

態度や感情の測定は、いわば風の測定に似ている。風を直接見ることはできないが、風の影響を見ることはできる。

優れた広告リサーチは、風向きや風の強さを教えてくれる、高性能の吹流しのようなものだ。消費者の態度の変化、変化の方向や大きさを追跡し、リサーチを行なうことによって、マーケターは態度や感情への広告の影響を直接目にすることができる。「ばら撒きと神頼み」だけに頼る必要はない。

ブランディングは測定できないと論じる動機が、監視や説明責任から逃れるためだとしたら、結局は逆効果だ。なぜなら、突き詰めれば、ＣＥＯやＣＦＯの関心は売上だからだ。売上が伸びなければ、マーケターや広告代理店は追い出されることになる。しかし、広告効果だけで会社が期待する売上を確保できるとはかぎらないので、広告のブランディングへの影響を数量化することは非常に有用だ。しかも、期待に応えられなかった場合でも、売上が実現しなかった原因を究明することで、調整し、成果を改善することができる。

必ずしも知識基盤を持たないビジネス部門と、リサーチやリサーチ結果の適用の正当性を認めない文化が結びつくと、いわゆる「厳しい」状況が生まれる。だが、手の施しようもないのかと言えば、そうではない。こうした厳しい状況の克服に役立つ実証済みの方法が見つかったからだ。

とはいえ、あいにく問題はこれだけではない。次章では、マーケティングの改善に役立つ変化を阻害する組織構造に関連した問題を検討していこう。

第4章 「マーケティング組織」の課題を克服する

我々が調査したマーケティング組織の多くは、マーケティングにおける学習や継続的な改善につながるインセンティブ構造の割り出しに努めている。現在、ほとんどとは言えないものの多くのマーケティング組織は、インセンティブ体系自体や、マーケティング部門や広告代理店で、あるいはメディア・サプライヤーとして働く人々のやる気を引き出す方法で悩んでいる。

インセンティブ・プログラムを見ても、明らかな継続的改善に報いる報奨制度を設けているところはほとんどない。さらに悪いことに、マーケターのためのインセンティブ・プログラムが、マーケティングの制御可能な範囲や及ぼす影響を超えた目標を掲げている場合もある。

こうした構造的な問題に加えて、時代遅れのマーケティング・キャンペーン報告の存在もある。こうした報告はほとんど役に立たず、マーケティング効果改善のために何を調整しなければならないかを適宜教えてくれるものではない。実際、客観性も緻密さもない報告がまかり通っている企業もある。成功を規定するのはマーケターではなく代理店で、これが構造的な衝突をもたらす。

こうした問題への理解を深め、解決するために、個々の問題をもう少し詳しく見ていこう。

●問題①：マーケターと広告代理店のインセンティブ構造の違い

第1章で紹介したドニー・ドイチュのコメントを覚えているだろうか？　スーパーボウルでの三菱のコマーシャルが成功したかどうか代理店がわからなかったという話だ。「我々がクライアントにすごい成果だと伝えたことで、すごいということになった（嘲笑気味の笑い）」というのが彼の弁だった。(＊1)

この発言は、キャンペーン開始前に成功を定義せず、客観的な第三者による報告がない場合に生じる、起こるべくして起こる衝突のある一面を物語っている。広告代理店はクライアントの成功を望んでいる。この点については疑う余地はない。だが、成功は明確に定義されない場合も多く、評価や報告はそもそも存在しないか、あるいはキャンペーンが終わってから届くのでまったく役に立たない。

評価が存在しないため、焦点は客観的なデータから代理店がクライアントを喜ばせることができるかどうかに移ってしまう。マーケターが広告代理店とともに仕事をする際は、広告代理店が媚びへつらう立場に置かれることが多いため、実際、利害衝突の問題がつきまとう。

ドイチュはすばらしい人物で、大いに尊敬されている広告のプロだ。ここで問題なのはドイチュではなく、広告代理店とマーケターのインセンティブ構造の違いだ。クライアントを喜ばせ、代理店の存在価値を印象づけたいという欲求が、クライアントにとって最善なことは何かを見極める率直な評価を阻害していると言えるだろう。

マーケターは鏡をじっくり覗き込んで、この構造的な問題を正しく理解しなければならない。マーケターが、広告代理店内部に失敗の恐怖（と解雇の恐怖）が広がる環境を作り出す一因になっていないだろうか？

広告代理店は、マーケターたちが発表する自分たちに関する記事を毎週チェックしている。広告代理店の契約期間は短くなる一方だ。次々と招き入れては送り出す回転ドア方式では、代理店側は失敗すれば大量解雇を余儀なくされるおそれがあり、零細代理店はまとめて閉鎖に追い込まれかねない。代理店側の恐怖はこのようにして広がっている。

機会があれば、広告代理店の人間にこれまで何人解雇されたか、あるいは、代理店が大きなクライアントを失ったせいで親しい友人や有能な同僚が解雇されたことがあるかと尋ねてみたらいい。

こうした恐怖は抽象的なものではなく具体的なものだ。この恐怖から、代理店は自分の力量をたえず実証しなければならないと考えるようになり、大概はクリエイティビティやリレーションシップといった主観的な長所をアピールする。これ自体は問題ではないが、クライアントの成功や収益性と必ずしも一致するものではない。

また、代理店は、おそらくはたいした調査もせずに「ビッグ・アイディア」を売り込んでいる。代理店は、マーケターの冒した「ビッグ・アイディア」の採用というリスクが報われたことを証明したいのだ。優秀な広告代理店は、マーケターと代理店がマーケターの成功のために協力していることを自覚しており、第三者によるリサーチを積極的に導入している。だが、なかには出発点が「XYZを理解したい」ではなく「ABCを証明したい」という代理店もある。こうした戦略が問題をひき起こすのだ。

たしかに、多大な仕事や莫大な金がかかった状況は過酷で、CMOは平均二年ももたず、新任のCMOはこれまでの代理店を外して、新しい代理店に鞍替えする傾向が強い。では、広告の体系的な改善が可能な文化、CMOの任期に左右されずに改善が継続する文化は、どうすれば創り出せるのだろう？　広告効果やROIの数量化可能な継続的改善を通じて、CMOや広告代理店がその座を守り、持続可能な成功を築き上げるにはどうすればよいのだろう？

体系的な改善を実現するには、マーケティングをプロセスとして考えなければならない。だが、多くの人がマーケティングの成功をいわば魔法のようなものだと思っている。成功が魔法などではなく、律することができるものだと考えたらどうだろう？　代理店が実質的で客観的な（かつ好転している）結果に基づいてクライアントとの関係を維持するとしたらどうだろう？　考えてみてほしい。その関係が成果の体系的で継続的な改善を基盤としたものであり、学習や成長に寄与する失敗であれば二、三回は乗り切れるとしたらどうだろう？

我々はこうした戦術を使ってめざましい成功を収めた広告代理店を見てきた。成功を目指して対処することは、関係の維持だけに翻弄され、雷が落ちて売上に火がつくよう祈っているよりも手堅いアプローチだ。代理店がマーケターに成功してほしいと望んでいるのはたしかだ。だが、マーケターを成功させるには、新しい方向性が必要になるだろう。

成功が魔法などではなく、律することができるものだと考えたらどうだろう？

クライアントに専門的な助言を提供したいという広告代理店の思いは強まっている。戦略はどうあるべきか、どの消費者層を標的とすべきか、どの広告メディアを使うべきかといったアドバイスだ。さらに進んで、成果の評価や数値化に積極的な代理店もある。

しかし詰まるところ、会計監査と同様に、（エンロン破綻の教訓が示しているように）評価や数値化は独立した客観的な第三者が行なうのがベストだ。我々は、リサーチは単なる報告ではなく継続的改善のツールなのだという視点と第三者による評価を組み合わせること、そして、効果の上がらないマーケティング・ミックスの要素を見つけ出すことによって、全体的に見れば成功であるという結論では得られない教訓が得られることを知った。

代理店が自身の仕事を評価することには利害衝突の問題がつきまとう。一流の代理店はそれがわかっているため、自分たちのキャンペーンやメディア・ミックスの評価を第三者機関に委ねるよう主張する。また、第三者機関による評価の価値を理解し、マーケティング成果の評価を第三者機関に依頼する旨を代理店との契約に書き入れるマーケターも増えてきた。

こうした風潮は、マーケターと代理店の利害衝突を克服するうえで不可欠だろう。なぜなら、そのためには事前に成功を定義しておかなければならないし、適切に体系化されれば継続的な改善を促すからだ。だが、適切なマーケティングROI測定手段や、ますます複雑化する今日のマーケティング世界を分析するために必要な効果的な評価システムを持っていないマーケターは多い。

問題②：協力への抵抗

ビジネスのほとんどの分野では、成果を改善するためにバリューチェーンという考え方が使われている。製品生産で価値が生み出されるプロセスに関する分析はサプライチェーンと呼ばれ、そのプロセスの各段階を分析し、より大きな価値を生み出す方法が特定される。そして、サプライチェーンを構成する各企業が互いに協力することで、サプライヤー、メーカー、小売業者すべてにより大きな価値が生み出される。

サプライチェーンという考え方の利点は、産業界のリーダーたちがチェーン（鎖）を構成する個々の輪で成し遂げてきたことについて考えてみればわかる。例を挙げて説明しよう。サプライチェーンにはまず原料が工場に納入される輪がある。トヨタの場合は、在庫管理を「カンバン方式」に移行することで、原料を大量納入するよりも収益性が高まることを発見した。そして、これを実行に移すことで何十億ドルも節約できた。

サプライチェーンの次の輪は、原材料から製品を作り、投入資本の価値を高め、メーカーの利益を生み出す部分である。製造への取り組み方で収益性のレベルも変わる。こうした取り組みを分析し改善して、利益を最大化できるわけだ。デルもサプライチェーンのこの部分を正すことで途方もない力（と利益）を示した企業である。

サプライチェーンの次の輪は、メーカーが製品を小売業者に納入する部分だ。ここでは、小売業者の販促における専門知識がより大きな価値を生み出す（小売業者はメーカーよりも高く売ることができる）。ウォルマートが見事に示しているように、小売業者はサプライチェーンのこの輪を分析し改善して、さらなる価値（利益）を生み出すことができる。つまり、企業は、原料から製造、流通、小売に至る連鎖の各段階において、どうすればより効率的で効果的に価値を生み出せるかを分析できるわけだ。そして、原料メーカー、製品メーカー、小売店の業種を超えた協力関係が成功の鍵を握るケースも多い。

しかし、マーケティングという業種に目を向けてみると、いまだサプライチェーンの割り出しさえ行なわれていない。マーケティングが生み出す価値や輪の構成もほとんど分析されていない。大きな断裂も何カ所かある。典型的なのは、マーケター、メディア、広告代理店の関係だ。サプライチェーンと同様に、ひとつの組織のなかのマーケティング・チーム同士の協力、さらに広げるとマーケター、広告代理店、メディアの協力が成功の鍵となることは、我々の分析で明らかになった。[*2]

だが、こうした協力関係、とりわけメディアと広告代理店が協力関係を作り上げることはほとんどない。あらゆるメディアを買い、メディアの営業担当者とマーケター間の門番の役割を果たすのが、これまでの広告代理店の役目だった。門番の役割を担った代理店は、メディアとマーケターの話し合いが直接行なわれないように仲介してきた。門番の力は強大であり、その存在は、収益性向上へとつながるメディアとマーケターの重要な協力関係を台無しにしかねない、構造上の亀裂を生み出している。

❖P&Gの事例

我々が分析したなかでも、P&Gは、マーケティングの組織構造やプロセスではトップクラスの企業だ。とはいえ、代理店の門番としての役割につきまとう構造的な課題は依然として残っていた。

こうした課題は、当然のことながら、代理店に協力関係を促すインセンティブを提供するものではなく、むしろメディアに昔ながらのサプライヤー／売主という関係を促すものだ。さらには、リスク分散を旨とする代理店には、リスクを引き受けるメリットはまったくない。実際のところ、代理店は失敗すればマーケターの金を無駄にしたと責められるのだから、新しいアイディアを勧めればそれだけリスクを負うことになる。

一方、マーケターは代理店が新しいマーケティング動向に精通するよう望む。そこで、代理店は新しいメディア専門家を雇うが、リスクを回避するために余計なことはせず分をわきまえて行動する。このため、新しいアイディアを持ったメディアは、本質的により大きなリスクを負うことになり、代理店に聞き入れてもらえないので、直接マーケターに売り込むケースも増える。P&Gでも、医者の診察室に広告をというアイディアが持ち込まれた際に同じことが起きた。

P&Gに持ち込まれたのは、診察室で製品広告を行ない、ゼスト、バウンティ、パンテーン、タイドといった製品の販売を促進するという新しいアイディアだった。いいところに目をつけたアイディアだったが、これを持ち込んだメディア会社は、広告代理店を巡ったあと、直接マーケターに売り込んだ。すでにそのアイディアを一蹴していたP&Gの広告代理店（全部で七社）はうろたえ、それに反対して門を閉ざしてしまった。結局、そのアイディアが実行に移されることはなかった。

P&Gにとって不運だったのは、診察室での広告は優れたアイディアだったが、広告代理店とそのメディア・パートナーが協力して練り上げていれば、もっと良いものになっていたという点だ。この構造上の断裂を克服するうえで足りないのは、新しい取り組みの真の価値を評価できる測定基準やシステムを駆使してリスク管理する能力だ。新しいマーケティング・プログラムを検討する際に使われたフィルターは、あくまでも主観的なもので、客観的なものではなかった。

この話は二〇年以上前に、著者が直接目撃した例だ。その後、さまざまな変化があったが、変わっていないことが三つある。まず、代理店の門番の役割、リスクをめぐるインセンティブ、そして、新しいマーケティング・プログラムのメリットを判断する客観的な評価方法がないことだ。この三つの問題が協力関係を損ない、ひいてはマーケティングの収益性を損なっている。

我々が出会ったある大きなメディア会社のシニア・エグゼクティブは、メーカーで働いていたときの経験と現在のメディア会社での経験を比較して話してくれた。そのメーカーは、GMにプラスチックを供給していた。メディアと同様に、プラスチックはほぼ均一な単位当たり価格を基準に販売されることが多い。彼のチームは協力関係を作り上げ、GMの収益性向上に役立つようにプラスチックを供給する方法を発見した。たとえば、プラスチックをバンパーのような製品に成型できれば、GMはそのメーカーにプラスチック成型技術の開発費を余分に支払っても全般的コストは削減できる。これは、協力関係の構築によって双方に有利な提案を行なう典型例であり、サプライチェーンを理解している有能なビジネスマンなら誰でも考えることだ。彼のチームは、プラスチック販売の成功が顧客の成功にかかっていることを理解していたのだ。

だが、その彼がメディア会社に移ると、マーケターと協力して双方に有利な提案を行なうのは難しいことに気づいた。その一因は、多くのマーケターが価値を数量化する適切な測定システムを持たないからだ。メーカーにいたころは、GMが自動車の製造コストを削減しようとしているのを知っていた彼はシナリオを駆使し、金属バンパーとプラスチックバンパーをそれぞれ長期的に製造した場合の車輛一台当たりのコストを計算することができた。投資コストを調べ、その額と損益分岐点を分析するのは当然だった。協力関係とは、こうした分析結果の透明性を前提に、買い手と売り手双方がビジネスを開始するということだ。

広告代理店は、透明なデータがないため、クライアントの費用でリスクを冒すことをためらう。だが、メディアに関してはさらに不透明な部分が多い。というのも、最近まで特定のメディアの広告効果を個別に測定するツールがなかったため、広告効果に対するコストやROIや損益分岐点を分析する習慣がないマーケターが多いからだ。

代理店が協力を阻害しているわけではない。ただ、代理店はひどいアイディアを数多く見てきているため、おのずと警戒心を強め、保守的になりすぎている。新しい発想という危険に身をさらすよりも「ノー」と言うのだ。

解決策は代理店を通さないことではない。メディア側はマーケターの成功を手助けしなければならず、マーケターは代理店が新しいプログラムを積極的に試すようなインセンティブを提供すべきであることをまず認識することだ。なにより重要なのは、マーケターとメディアは客観的な評価方法を採用し、新しいマーケティング・プログラムが生み出す価値について誰もが見てわかるようにすることだ。

我々はマーケターやメディアと協力して、個々のマーケティング・プログラムの効果を数量化する新しい評価システムの採用に取り組んできた。これは強力な成功モデルだが、優れた評価システムがなければ、マーケターもメディアも何が消費者の心に刺さり何が刺さらないのか、皆目見当もつかない。

「鳥無き里のコウモリ」という諺《ことわざ》がある。評価システムがなければ、行動計画があって視界が少し良ければ、自分がお山の大将だと思いこみ、「そのプログラムにはコストに見合う価値がない」などと根拠もなく発言してしまう。あるいは「そのプログラムは非常に有効だ」と発言するかもしれないが、これもやはり根拠のないものだ。客観的な評価は万人に平等な視界をもたらし、何がマーケターのためになるかということへ焦点を移してくれる。この透明性こそが協力と成長の基本なのだ。

変貌を遂げつつある今日のマーケティング世界を見ると、プロダクト・プレースメント手法やクロスメディア広告が主流となり、オンライン・メディアの選択肢も増えていて、広告代理店はメディアのパートナーとのより密接な協力関係が求められている。

だが、革新的なプログラムは困難に見舞われ、真価よりも政治手腕で採用が決まるのではと危ぶむ声もある。これを防ぐのは、より大がかりな協力関係であり、プログラムを評価して消費者の心や財布に変化をもたらす能力だ。

革新的なプログラムは困難に見舞われ、真価よりも政治手腕で採用が決まるのではと危ぶむ声もある。

問題③：評価と行動のためのシステムの欠如

我々は、多くの企業がマーケティングの評価システムを構築、採用しないのは、データやリサーチを信用しないからだと主張してきた。評価できないがために、マーケター、代理店、メディアの協力関係が損なわれ、結果的に、サプライチェーンの非効率性を生む。

これまでの経験から言って、この評価の問題を正すことで、企業は大きく前進し、マーケティング成果は向上し、組織構造や利害衝突に関連する問題の多くも解決が可能となる。

した初めての企業だった。

❖ジョンソン・エンド・ジョンソンの事例

ジョンソン・エンド・ジョンソンは、評価のための新しいシステムを作るプロセスを我々が目にした初めての企業だった。

ジョンソン・エンド・ジョンソンの経営陣は何事も数字で考える。数年前、ある経営幹部が自社のマーケティング部門の社員に、メディア・テストに関するリサーチについて尋ねた。「現段階で広告テストはいくつ行なっている？」と。すると「テストと学習」（ジョンソン・エンド・ジョンソンでは広告テストをこう呼ぶ）を四三行なっていることがわかった。「おお、全社で四三か！そのなかで『行動基準』があるのはいくつだ？」と経営幹部は尋ねた。「行動基準」は、シックスシグマや製造分野へのプロセス・エクセレンス（PE：同社独自の経営品質改善プログラム）の導入とともに、ジョンソン・エンド・ジョンソンの屋台骨の一部であり、同社の信条に組み込まれていると言っても過言ではない。この行動基準は、成果が目標を下回った場合、目標通りだった場合、目標を上回った場合に、それぞれいかに対処するかを定めたものだ。

マーケティング部門の社員の答えはこうだった。「行動基準は万能ではなく、マーケティング・リサーチには適用できないので、どの『テストと学習』にも正式な行動基準はありません」

これぞ絶好のチャンスだ！

ジョンソン・エンド・ジョンソンのドーン・ジェイコブズは、メディアで数多くの「テストと学習」を行なっていたが、体系的な行動基準がないため、いずれも経験の域を出なかった。「我々の経験が事業の成功に結びつくという保証はなかったので、それを何とかする作業に取りかかった」(*3)

同社のマーケティング・チームは、行動基準という考え方を受け入れ、マーケティング調査の「テストと学習」が認識と実行に結びつくように「テスト、学習、展開」というスローガンのもとで、全社的な一〇段階のマーケティング・プロセスを作り上げた。この行動基準はただちに以後のマーケティング活動に導入された。

そのコンセプトは、リサーチを報告書管理係の本棚のてっぺんに置かれた埃をかぶった報告書から、データ主導の意思決定の生きた根拠へと生まれ変わらせるものだった。

行動基準をめぐってジョンソン・エンド・ジョンソンが発揮したリーダーシップは、我々に豊かな土壌を提供し、おかげで独自の「コミュニケーション最適化プロセス（ＣＯＰ）」を練り上げることができた。我々はこの手法を同社のニュートロジーナ・ブランドに用いてめざましい成功を収めた。

我々は、この重要なビジネスプロセス、すなわちＣＯＰだけでマーケティングＲＯＩが著しく向上すること、そして、成功の共通定義を設け、何が心に刺さり何が刺さらないかを突き止める詳細な評価を核にチームを一つにまとめることで、マーケティングが直面している課題の多くを克服できると確信した。我々はこの目でＣＯＰが機能するのを見た。そして、ＣＯＰがジョンソン・エンド・ジョンソンに与えた恩恵も目にした。

変化を妨げる組織構造に対する解決策を講じることで、マーケティング・プログラムの有効性や費用効率に関する客観的なデータを使って人々の目を開かせ、代理店、マーケター、メディアの間に存在する構造上の断裂を克服する方法を見出すことができるだろう。経験的に言って、一流の代理店はメディアとの協力関係を目指しており、クライアントが新しいことを試したり優れたアイディアを探すうえで役立つ、客観的な評価を模索している。

ジョンソン・エンド・ジョンソンのデイヴィッド・エイデルマンが言うには、「テスト、学習、展開」行動基準の導入に成功した立役者は、このコンセプトを受け入れ、独自の評価方法を支持し、指導的な役割を果たした代理店だった。ジョンソン・エンド・ジョンソンの代理店は、何か新しいことを試すというアイディアを売り込んだメディア会社とこのプロセスを分かち合った。ジョンソン・エンド・ジョンソンは、その新しいものに報いるために、代理店向けの新たなインセンティブ・プログラムを開発しなければならなかった。こうして、代理店の役割は、新しいものを阻む門番から新しいものに通じる門へと変容した。

広告やマーケティングに多くの課題があることはすでに明らかになった。認識の欠如、リサーチへの不信、消費者の心に刺さるものを効果的に知るための文化やシステム（あるいはシステムの欠如）、知識を行動に変えるための体系的な手法の欠如等々、マーケティングの世界はじつに厄介なことになっている。マーケティングに携わる人間として、我々もこの状況に悩まされている。

マーケティング業界や広告業界は、非常に聡明で創造的な人々であふれている。そしてマーケターは、企業に利益をもたらし、広告の重要性や広告の役割、マーケティング部門の人々の役割を高めるような解決策を探しているはずだ。

我々は評価とプロセスを組み合わせるＣＯＰこそが解決策だと信じている。だが、この解決策に話を進める前に、なぜマーケティングの救済が必要なのか、その理由について触れておこう。その後で、ＣＯＰを使って、効果的で影響力があり、利益をもたらし、ビジネスを変えるマーケティングの意思決定が可能になる方法を説明していこう。

第5章 マーケティングにおける「広告の価値」を再評価する

これまで述べてきた広告とマーケティングの問題を一掃する方法はあるのだろうか？　たしかに、マーケティング・コストを大幅に削減すれば解決できるかもしれない。だが、本章で説明するように、これは良策とは言えない。

自分が直面しているものを認識すれば、問題を回避する方法を見出すことができる。本章ではその道筋を示したいと思う。我々は、マーケティング／代理店という構造のＤＮＡを書き換えたり、これまで説明してきた数々の課題を個別に正す必要がないことを発見した。マーケティングや広告に関する考え方を再構成することで、マーケターは新しい新鮮なアプローチでこの種の問題を回避できる。

●——率直に言ってマーケティングはむずかしい

多くのマーケターは意思決定を直感に頼っている。さらに困ったことに、多くのＣＥＯはマーケティングなど簡単だと考えている。だが、自分が直面しているものについて考えてほしい。完璧なマーケターなどいないし、必ずしも一〇〇％成功しなければならないというわけでもない。考えられるおびただしい数のマーケティング・プランから、完璧な一つを選び出すことなどできるはずはない。まずは、我々が直面しているものを理解しておこう。

簡単な広告キャンペーンを考えてみよう。選択肢は次の通りだ。

- 六通りのブランド・ポジショニング
- 一つをメッセージの対象として選ぶ六通りの視聴者セグメント
- 六通りのクリエイティブなメッセージ・コンセプト
- 六通りのテレビ・スケジュール（一日のうちの時間帯やどのチャンネルにするか）
- 六通りの雑誌の組み合わせ（どの雑誌にするか、見開きにするか、全面か、半面か、など）
- 六通りのオンライン広告サイト

もちろん、実際のキャンペーンの選択肢には遠く及ばないが、これだけでも組み合わせは四万六六五六通り（六の六乗）あることになる。一〇項目についてそれぞれ選択肢が一〇個などということだけは勘弁してもらいたい。組み合わせの数が一〇億通りになってしまう！

個々のプランを並べるとベル形の分布図ができあがる。両端は極端で、片方は非常に優れた収益性の高いプラン、もう片方は採算のとれない資産の浪費プランだ。日の目を見るマーケティング・プランのほとんどは、良くも悪くもない中間に入る。一般にこうしたそこそこのプランは、きわめて強力な要素と同時に不採算要素も背負い込んでおり、マーケティングROIを向上させる余地が十分に残っている。

では、企業はどのようにしてマーケティング・プランを作成しているのだろう？　考えられるマーケティング選択肢をすべて認識し、一つひとつの項目に決断を下すわけではない。プラン作りは一個人に任されるか、三〜五人のグループに委ねられる。この場合、たとえ組み合わせが数千、さらには一〇億を超えるとしても、そして、ある計画がほかの計画よりもうまくいくことが確実だとしても、そのグループがあるブランドに対して考えるマーケティング・プランは三つから五つを超えることはまずない。このため、個々の主要事項の選択肢を決定する際に、実際に正解を選ぶ確率はじつのところ、きわめて低い。はっきり言って、資金をラスベガスに注ぎこんだほうが、まだ確率は高いだろう。

個々の主要事項の選択肢を決定する際に、実際に正解を選ぶ確率はじつのところ、きわめて低い

て低い。はっきり言って、資金をラスベガスに注ぎこんだほうが、まだ確率は高いだろう。

つまり、すべてをうまくやることなど誰にもできないわけだ。そんなことは不可能だと認めてしまえばいい。広告キャンペーンやマーケティング・プランが期待（または予定）したほど当たらなかったとしても、所詮、人間の力では無理なのだと責任逃れをすればいい。自分の落ち度ではない。そもそも分が悪いのだ。

とはいえ、どうすれば効果的な広告を作ることができるかという問題は残る。では、どうすればよいか？　自分が直面しているものを考えると、広告を断念して、ダイレクト・マーケティングか、クーポンのようにすぐに数量化できる他のマーケティング・プログラムに走りたくなるかもしれない。あるいは、新製品やパッケージに趣向を凝らしたり、そのブランドがメディアの注目を集めるような行動に出ようとするかもしれない。

アル・ライズは独創性に富んだ著作『ポジショニング戦略』（邦訳、海と月社）で広告におけるポジショニング戦略に先鞭をつけ、近年は『ブランドは広告でつくれない』（邦訳、翔泳社）で広告よりもPRを擁護し、書評では「ブルータスみずから広告の心臓を突き刺した」かのような著作だと評された。

ということで、広告の必要性まで疑問視する優秀なマーケターは多い。だからこそ、我々は問わなければならない。はたしてマーケティングと広告の関係を救うべきなのかと。

それでも広告が大事な理由

広告は機能していないかのように見える。さらには、広告を正すむずかしさ、実証されている広告費のおびただしい浪費を考えると、なぜCEOやCFO、はたまたCMOは、広告予算の撤廃に着手しないのか？　莫大な資金をむさぼり、投資に見合う利益を生み出すこともない怪物をどうして殺してしまわないのか？　広告の救済はなぜ重要なのだろう？

なぜCEOやCFO、はたまたCMOは、広告予算の撤廃に着手しないのか？

なぜなら、広告はうまくやりさえすれば、ビジネスに長期的、短期的に著しい影響を与える可能性が非常に大きいからだ。アプローチを変える努力もせずに立ち去るわけにはいかないのだ。広告がうまく機能すると、意識の覚醒、ブランドとの有益な心理的つながり、プレミアム価格、売上、利益、株価（株価の上昇）を生み出す。

我々はリサーチを行なうなかで、広告がもたらす恩恵を十分に目にしてきたので、広告は救済すべきだと考えている。正しい評価システムで管理すれば、広告は改善できる。経験から言うと、ブランドは思いもよらない影響力を発揮する可能性がある。まだ広告を断念する時期ではない、大きな手直しが必要なだけだ。広告の救済を主張する大きな理由を二つ挙げよう。

❖理由①：広告はブランドと企業の価値を高める

この三〇年で、企業資産とみなされるブランドの総合的な価値は増大した。今では無形資産が企業株価全体の約八〇%を占めるまでになった。無形資産のなかでブランド価値が占める割合が最大である場合も多い。かつて（一九七〇年代）企業価値の基盤は、工場、設備、有形資産だったが、現在の株式市場は無形資産価値を重視するようになった。

フォーチュン一〇〇〇社の多くは、ブランドが無形価値の最大の要素である。これは、投資家がそのブランドにより高い価格、より大きな利幅、より大きな売上を生み出す力があると考えるからだ。広告がブランドの全般的な展開や差別化に貢献しているのは明らかで、うまく機能すればその価値をさらに高めることができるはずだ。

ブランドの価値や、ブランディングをもてはやす風潮に疑いを抱くなら、次の事実を考えてみてほしい。コカ・コーラ・ブランド（この一〇年で世界一価値の高いブランド）の価値は、六七〇億ドルである(*1)。二〇〇六年三月時点で、コカ・コーラ社の時価総額は一〇〇〇億ドルだった。つまり、コカ・コーラの製法を知っていて同じものを作り、別の名称を付けたとしても、本物のコカ・コーラほどの価値は望めないということだ。これはコカ・コーラというブランド価値のなせる業だ。

コカ・コーラの株は過去五年間で最高値から下落している。事務管理の効率化や、その他の有形資産の有効利用では、株価対策にはなりそうもない。解決策はこのブランドを再活性化し、強化することだろう。コカ・コーラ経営陣が傾注しているのはこの点だ。結局のところ、広告は株主の利益に信じがたいほど重要な役割を果たすため、マーケティングと切り離すべきではないのである。(*2)

❖理由②：広告は顧客数を拡大する

企業が駆使する顧客を惹きつける手段の大半は、実際には、そのブランドを積極的に求めている消費者にしか影響を与えていない。だが、多くの企業が必要としているのは、そのブランドを求めていない消費者に語りかける手段だ。経済学ではこれを「需要の創出」と呼ぶ。

売上を伸ばし、より多くの消費者に「こんにちは、おたくで買いたいのですが」とドアをノックしてもらいたいと思うなら、消費者にそのメッセージを届けなければならない。広告はそのメッセージを配達する手段となってきた。

ここで、新車を売るのに広告は必要なく、本当に有能な販売員と優れた販売網と立地に恵まれた店舗（人々が車で立ち寄って販売員と話ができる場所）があればいいとする主張を考えてみよう。この論理でいけば、獲得できるのは自社市場にいる、最初からその車を買いたいと思っている人だけということになる。このやり方は、短期間ならばうまくいくが、ほどなく売上は消滅する。消費者との関係を作る広告でなければ、また他の車ではなくある車を選択するモチベーションを自社ブランドに結びつける広告でなければ、あるいは、消費者の嗜好に訴える広告でなければ、最終的に自社ブランドを検討リストに入れる消費者が減ったことに気づかされるだけだ。

まるで「広告入門」のような話に聞こえるかもしれないが、この基本的な事実を忘れてプロモーションを行ない、短期的な売上を得て、数カ月後に頭を抱えるＣＥＯやＣＦＯ（さらにはマーケターまで）がいかに多いかを知れば、驚くはずだ。「いったい、うちの買い手はどこへ行ってしまったんだ？」というように。長期的な需要創出を支える広告を行なわない企業は、わざわざ自分をみすぼらしく見せているようなものだ。

だが、広告がどれだけ売上につながるのかという疑問は残る。ＣＦＯはマーケティング部門がこの疑問に答えてくれることを心から願っている。彼らは知りたがっているのだ。「マーケティングに投資をしたら、広告によってどれだけ売上が向上し、どれぐらいの無形価値が創出できるのか？」

そして、広告担当マネジャーがこの種の問いに答えられなければ、予算はプロモーションやその他の数量化可能なアプローチに分配し直される。そして、消費者に広告ではなく、プロモーション――割戻し、一時的な値下げ、「トゥー・フォー・ワン（もれなくおまけが付いてくる）」クーポンなど――を提供するかもしれない。この種の販促活動は短期的には売上を生み、その影響もわかりやすい。だが、こうした値引き販売は、長期的な収益性を損なうという犠牲のもとで成り立っているのだ。

たとえば、価格プロモーションやトゥー・フォー・ワン式販売によって収益性を損なってきた朝食用シリアル市場について考えてみよう。消費者を値引きやトゥー・フォー・ワン方式に慣らしてしまうと、消費者はあるブランドから今週特売をしているかもしれないよく似た競合ブランドに切り替えることにも慣れてしまう。こうした購買習慣がブランド・ロイヤルティを揺るがし、何十億ドルもの収益が奪われる結果になる。これは、広告やブランド資産価値の構築といった戦略を犠牲にして、プロモーション戦略を重視しすぎたせいだ。

実際の食品雑貨店のスキャナー・データを分析すると、次のようなことがわかった。「広告による効果は八五％がトライアル購買、一五％がリピート購買なのに対し、プロモーションによる効果はトライアル購買が三四％、リピート購買が六六％である。これは、クーポンがトライアル購買を生み出すという一般的な見方を一蹴する結果だ(＊3)」

消費者を値引きやトゥー・フォー・ワン方式に慣らしてしまうと、消費者はあるブランドから今週特売をしているかもしれないよく似た競合ブランドに切り替えることにも慣れてしまう。

消費者に自社製品を初めて買わせたい、しかも値引きせずに定価で売りたいのなら、広告のほうが優れている。消費者プロモーションを行なったブランドに関する我々のリサーチでは、プロモーション活動の生み出すブランドＲＯＩは他の広告選択肢と比べると最も低いことが多かった。

こうしたブランドは利益が少ないにもかかわらず、この種のプログラムの成果や予測が数値で表せるがゆえにプロモーションに走るようだ。つまり、広告も成果や予測を数値で評価しやすい形にすれば、マーケティングの収益性と株主価値の向上における主要ツールとしての役割を取り戻すことができるだろう。

広告は救済に値する。うまく機能すれば、他のプロモーション戦術よりも大きな利益と株主価値を生み出すからだ。フォードＦ１５０トラックの発売時に我々が行なったリサーチでは、広告は市場シェアの拡大に貢献した。割戻しやその他の報奨金に金をかければ同じ結果が得られただろうか？　できなかったはずだ。

　フォードが報奨金を発売前の平均三二五〇ドルから六カ月後の平均一二五〇ドルまで削減しても売上を伸ばすことができたのは、優れた製品と優れた広告のおかげだ[＊4]。つまり、フォードは優れた広告によって、利益を何億ドルも増やすことができたわけだ。

　広告には注意を払わず、「広告に影響されたりしない」と強硬に主張する人がたくさんいるのはたしかだ。だが、広告が実際にどのような影響を及ぼしているか消費者は気づいていないことが、科学的な研究で判明している。消費者は意識的なレベルでは広告の影響に気づいていない。

　リサーチでも、消費者は必ずしも広告の影響による連想や購買態度などを明確に意識できていないことが裏づけられている。消費者はビデオ・レコーダーではない。見聞したものをすべて正確に記録し、自分がＹではなくＸのブランドを買った理由について、巻き戻しボタンを押して「見る」わけにはいかない。

　だが、我々はみな消費者として、スニッカーズが（空腹を）「満足」させ、コークが「まごうことなく本物」で、メイタグの家電がけっして壊れず、フォードが「一生もの」で、ヘッド・アンド・ショルダーズがふけを防ぎ、ＡＴ＆Ｔで「誰かとつながる」ことができ、デビアスが「ダイヤモンドは永遠の輝き」と保証し、オレイで「身にまとった肌を愛する」ようになり、シアリス（勃起不全治療薬）が四時間後にも効いていたら医者に診てもらったほうがいいことを知っている。

広告はブランドの意味づけを行なうものだ。他のマーケティング手段よりも低いコストで、はるかに大規模に意味づけを行なうことができる。我々のリサーチによると、消費者に変化を生み出す一人当たりのコストは、かなり安くなる傾向がある。広告はとても経済的だということだ。ただし、マーケターが効果的な広告を送り出した場合の話だ。


マクドナルドが新製品フラットブレッド・サンドイッチを消費者に認識させるのに要した費用は、一人当たりわずか〇・二五セントだった。


たとえば、我々がリサーチしたマクドナルドの新しいメニューの場合、この新製品を消費者に認識させるという目標を達成するのに、広告費は一人当たりわずか〇・二五セントだった。マクドナルドはわずか一四日間で一八歳から四九歳の消費者層の四二％に新しいフラットブレッド・サンドイッチを認識させた。

このときの主要戦略は、マクドナルドがハンバーガー以外のものも提供していることを大勢の人々に認識させることだった。ＰＲや、きれいなパッケージングその他のマーケティング戦略、ツール、チャネルでは、二週間で六七〇〇万人に新製品を認識させることはできなかっただろう。

実際、マクドナルドはわずか二週間で広告をやめてしまった。というのも、キャンペーンがうまくいきすぎて新製品が品切れになったためだ。同じことをゲリラ・マーケティングで試してみるといい。

アル・ライズと話したり、彼の著書『ブランドは広告でつくれない』を詳しく読むと、彼が指摘するのは、ＰＲはブランドの説得力の、ある意味の構築に重要だということだ。ＰＲがあまり活用されていないこと、そして、マーケティングにおいてもっと大きな役割を果たすべきだという点に異論はない。だが、ＰＲがすばらしくても広告の価値がなくなるわけではない。アルの言葉を借りれば、広告は「再燃焼装置」、すなわちＰＲがブランドを飛び立たせたあとで軌道を維持する装置として欠かせないのだ。

我々のリサーチは、正しい広告は非常に力があり費用効率が高く、十分に救済に値することを実証した。課題はもちろん、何十億ドルもの企業価値をもたらす、測定可能で継続的な改善が進んでいる他の分野に、広告が足並みを揃えられないことだ。マーケティングは変わらなければならない。そして、我々は昔ながらのやり方から新しい方法へ移行しなければならないが、これは思われているほど大変なことではない。

我々は世界トップクラスのマーケターと仕事をしながら、マーケティングのすべてを再構築する必要はないことを知った。現代的な評価システムを加え、マーケティング・プロセスの一部を変えるだけで、問題をうまく回避し、マーケティングや広告の成果が上がるからだ。第Ⅱ部では、この新しいプロセスについて説明しよう。

第Ⅱ部

広告を再生する
――今すぐ始めるマーケティングと広告のカイゼン

What Sticks
Why most advertising fails and how to guarantee yours succeeds

第6章 COPを使ってマーケティング・キャンペーンを導く

第Ⅰ部では、従来のマーケティングと広告が抱える九つの問題について述べた。第Ⅱ部では、その解決方法を紹介する。

我々は、三〇社を超す大手企業を対象に、一〇億ドルの広告費の効果を追求するリサーチを行ない、マーケティングのやり方を変える方法を編み出してきた。ここで取り上げる解決方法は、こうした経験に基づいたものである。我々はよくこんな言い方をする――アカウンタビリティ（説明責任）とは評価だけではなく、評価を使って何らかの行動を起こすことだ。

広告の真の効果を知るための知識基盤の欠如、科学的なマーケティングやプロセスの改善に対して尻込みする従来のマーケティング文化、そして、変化を阻止する組織構造。こうした問題を克服するのは至難の業だと思うだろう。いずれも深刻な問題であることはたしかだ。だが、我々の解決法は、こうした問題を回避し、マーケティング活動から利益を生み出すことができることを実証している。

変化を起こすのにCから始まる肩書――CEO、COO（最高執行責任者）、CMOなど――はいらない。マーケティング分野で働く人間ならば誰でも、地位や肩書にかかわらず、これから概略するアプローチを使って、さまざまな問題を回避し、組織を変えることができる。

我々の解決法とは、マーケターと企業のマーケティングに対するアプローチの方向づけをやり直すことだ。繰り返すが、これは企業や予算の規模を問わず、数十社で成果が実証された方法だ。その最終的な目標は、変化を生み出し、その結果、広告が機能し改善されることだ。

これは企業や予算の規模を問わず、数十社で成果が実証された方法だ……その結果、広告は機能し改善される。

我々がこの手法を生み出すきっかけとなった厳しい現実に直面したのは、マーケティング効果を評価するいくつかのリサーチを初めて手がけたときだった。このとき我々は手助けできなかったという無力感を味わった。

リサーチの驚くべき結果を突き付けられ、認識と行動のギャップに行き詰まってしまった企業もあった。メディア・ミックスの配分を変え、追加出費ゼロで売上を向上させる――これは企業にとって間違いなくプラスになるはずだった。ある大企業のケースでは見返りは一〇億ドルを超えたが、リサーチ結果を反映して実際に売上数字を伸ばしたケースはわずかで、大半は志が低く我々の期待を裏切るものだった。

我々はこうしたネガティブな反応や、反応がないことに呆然とした。そして、この問題を調査し、第I部で述べたような問題を特定し、さらには優れた企業と仕事をするなかで、認識と行動のギャップを埋める新しいアプローチの必要性を悟った。

要するに我々が提唱する解決法とは、マーケターと企業の主たる関係者に、マーケティング・プランの可能性を秘めたプラス面と、それ以上に重要なマイナス面について考えてもらうことだ。そして、当初のマーケティング・プランがどこかの時点で失敗した場合に備えて、「代案」となりうるものをあらかじめ取り決め、詳細な行動プランを策定しておくことだ。

我々は、（信頼できるリサーチと組み合わせた）このシンプルなプロセスが広告キャンペーンの実際の成果を向上させるのにきわめて有効であることを知った。

COPはマーケティング・アカウンタビリティを保証する

実際の体験に基づいた我々のソリューションとは、マーケターは「コミュニケーション最適化プロセス（COP）」を必要としているというものだった。それも、マーケティング効果の評価を伴ったCOPだ。COPを導入することで、次の項目を確実に強化できる。

- マーケティング・プランを成功の定義と合致させる

●マーケティングの最良と思われるやり方を開発し適用する
●具体的なマーケティング行動（ジョンソン・エンド・ジョンソンでは「行動基準」と呼んでいるもの）に合致させる

このプロセスは、組織構造の大幅な見直しも、マーケティング・プロセス全体の見直しも、代理店、マーケター、メディアの協力関係をめぐる行動基準を改めることも必要としない。いわば交通渋滞が起きないように車を事故現場から迂回させる交通巡査のようなものだ。マーケティングの世界でも、マーケティング・チームが次の四つの責任をまっとうできるように導く巡査＝ＣＯＰが必要なのだ。

①チーム全体のマーケティング目標そのものに対する責任
②チームメンバーの互いに対する責任
③マーケティング効果の評価に対する責任
④マーケティング改善を目指す行動を起こすことに対する責任

この四つの責任を負うことによって、めざましい成果が得られる。交通事故を例に説明しよう。マーケティング・レースで、善意のチームがこうなってほしいと望んだことと現実に目標を達成できなかったことが衝突すれば、その衝撃は二〇台の車を巻き込んだ壮絶な玉突き事故のように感じられるに違いない。マーケティングで衝突が起きたとき、成功に向かって前進するのに一番良い方法は、それを迂回する道を見つけることだ。なぜなら、自分が目指している場所に辿り着くこと、つまりビジネスに成長と収益をもたらすマーケティングを作り出すことが目標だからだ。

ＣＥＯやＣＦＯは自分たちの投資からより良い成果がもたらされることを願っている。マーケターもより良い成果を望み、広告代理店もクライアントの成功を願っている。それらは当然のことなのだが、実際により良い成果をもたらすプロセスや手段を持っているかというと、そうでない場合がほとんどだ。ビジネススクールでは（まだ）教えていないし、一流企業もマーケティング・アカウンタビリティに対する独自のアプローチについては開発の途上だ。我々はいくつかのアプローチを見てきたが、最も成功しているのはＣＯＰやＣＯＰを応用したプロセスであることがわかった。

ここで明言しておくが、我々のＣＯＰはバッジをつけ、笑顔を浮かべ、「奉仕と保護」に情熱を燃やす頼りになる交通巡査だ。この巡査は、銃を携えふんぞりかえった、横柄で意地悪な人たちとは違う。マーケティング・アカウンタビリティにとって、強引なプロセスほど有害なものはない。マーケティング文化はそれを拒むだろうし、高圧的なプロセス自体が、マーケティングの難題解決に必要な創造的プロセスや集合的アプローチを台無しにしてしまうだろう。

ＣＯＰのプロセスはまったく異なる。最も重要なツールは銃や手錠ではなく、消費者の心に刺さるものが見える目と、問題があったときに合図して迂回させる手だ。マーケターを目指す場所へ誘導し、皆の利益になるように交通ルールを維持する手だ。

我々のCOPはバッジをつけ、笑顔を浮かべ、「奉仕と保護」に情熱を燃やす頼りになる交通巡査だ。

●―COPを機能させる方法

いよいよマーケティングの「COP（巡査）」が登場したわけだが、実践的にどのような形で機能していくのか見ていこう。

COPは三回のミーティングを土台に展開していく。まず、一回目のミーティングで、チーム全体をひとつにまとめ、共通の成功定義を作り上げる。二回目のミーティングでは、シナリオ・プランニングに重点を置き、キャンペーンのさまざまな成果に応じて取るべき行動を綿密に計画する。三回目は、成功の定義とシナリオ・プランニングをマーケティング効果の評価に結びつけ、キャンペーンの成功をもたらす具体的な行動を特定する。このプロセスの詳細は第7章で説明する。

我々の経験では、COPには、シナリオ・プランニングと評価（「検証に裏付けられた信頼」と呼んでもいいだろう）と行動に対する事前の確認が必要だ。公式にするとしたら、こうなる。

シナリオ・プランニング＋評価＋行動＝同じ予算でより良い成果

「同じ予算でより良い成果」とは、マーケティング経費を必ずしも増やすことなく、マーケティング収益が増えることを意味する。シナリオ・プランニングの利点は次の四点だ。

①マーケティング効果を評価することでマーケティングの向上に注意を集中させる。これは結果に対する単なる成績表としての評価とは対照的である。

②社内の縦割り業務を横断して、継続的なマーケティング改善に不可欠なチームワークと事前計画を実現する。

③キャンペーンを開始する前に予測や行動計画を明確にしておかないと、あとから他の人間に「自分がやっていたら、あんな過ちは犯さなかった」と突っ込まれる余地を残すことになる。こうした事後非難の声を劇的に減らすことができる。

④おそらくはこれが一番重要なことだろうが、確実に結果に作用してマーケティングROIを高めるプロセスを提供する。要するに、活用されないROIリサーチは役に立たないということだ。

◉——COPにより広告の4Mをカイゼンする

COPを活用すれば、マーケティング・チームは本来ならば見落としていたかもしれないものが

図6-1　4Mとは

モチベーション（戦略）	メッセージ（クリエイティブ）	メディア（配分）	マキシマイゼーション（ROI）
セグメンテーション	タッチポイント（顧客接点）の統合	メディア心理学	メディア以外の最適化
ポジショニング	メッセージの伝達	メディア力学	メディアの最適化
消費者ニーズ			

見えるようになる。さらに、成功の定義と原動力を追求した最初のミーティングで、ＣＯＰはビジネス状況全体の原動力に対する明確な理解をもたらす。

　たとえば、事故現場を迂回しようにも道がわからず、動きが取れない状態だとしよう。ＣＯＰならこちらの視点では見落としかねないものを認識できる。そして、広い視野を持つＣＯＰは、一刻も早く行くべき場所に到着できるように指示を出し、渋滞を打開してくれる。

　マーケティング・キャンペーンにおいても同じことだ。我々は広告効果における九つの個別の要素を発見した。これらの要素は我々が４Ｍと呼ぶ四つのカテゴリーに分類できる。４Ｍとは、モチベーション、メッセージ、メディア、マキシマイゼーション（最大化）を意味する。この４Ｍは、マーケターが意思決定を行なう道筋を示す地図と言えるだろう（図６－１参照）。

　驚いたことに、我々のリサーチによると、マーケターの大半は図６－１に示した要素の三分の二を放置したままだ。実際に取り組んでいるのは二つほどにすぎなかった。その結果、我々が協力してマーケティングROIを評価し最適化した三六企業のうち、一社を除くすべてに調整の余地があり、マーケティングの収益性を飛躍的に伸ばすことができることがわかった。

リサーチ結果適用以前のキャンペーンを現行のマーケティング成功率の代表例と考えると、4Mのうちの一つあるいは複数のMを顧みなかったせいで、広告費の四〇%近くが無駄になっていたとみなすことができる。これなら「広告の半分が無駄になっているのは知っている。わからないのは、どの半分なのかということだ」というお馴染みのジョン・ワナメーカーの不満に答えることができる。我々はどの半分が無駄になっているのかを知っているし、それを正すことができるのだ。

COPが成果をもたらすことができる領域の一例として、最初のM、モチベーションを取り上げてみよう。ハーバード・ビジネススクールのクレイトン・クリステンセン教授と米国広告調査財団（ARF）の最高戦略責任者であるタディ・ホールの算出によると、新製品導入の九〇%が失敗しているという。二人は『*Harvard Business Review*』誌掲載の「Marketing Malpractice」（邦訳『ダイヤモンド・ハーバード・ビジネス・レビュー』二〇〇六年六月号所収「セグメンテーションという悪弊」）という記事で、すべての原因は、こうした絶望的な製品やその製品広告キャンペーンを生み出す、消費者のモチベーションに対する誤解にあると指摘している。(*1)

我々のリサーチでも同じように気がかりな事実が浮かび上がった。ほとんどの企業は、4Mの第一の要素、消費者のモチベーションを獲得するうえで欠かせないマーケティングの意思決定において、体系的なプロセスをいっさい持っていないという事実だ。

それどころか、リサーチした企業の三分の一近くは、マーケティング要素に関連する意思決定をその場しのぎで行なっているようにも見える。４Ｍの最初の要素であるモチベーションを理解していないがために、毎年五三五億ドルもの広告費が無駄になっている。

無駄や収益性拡大の機会を逸するという事態は、４Ｍのそれぞれの要素で見られる。我々がリサーチや分析を行なってきた企業の多くは、世界的な広告活動を行なっている上位一〇〇社に入る企業であることを忘れてはならない。こうした企業は他社に比べてマーケティング手腕に優れているはずだ。となると、我々の算出したモチベーションを見逃している企業の割合や、無駄になっている広告費の額は、実際よりも控え目ということになる。

たしかに、ほとんどの企業は頻繁にリサーチを行なっているが、どの企業にもマーケティングの優れた意思決定を行なううえで必要な、あらゆる要素に対する包括的かつ全体的な視点が欠けている。さらには、学習したことを応用するためのフィードバックの枠組みもない。フィードバックの枠組みがマーケティングの成功に劇的な影響を与えることを思えば、残念としか言いようがない。

たしかに、ほとんどの企業は頻繁にリサーチを行なっているが、どの企業にもマーケティングの優れた意思決定を行なううえで必要な、あらゆる要素に対する包括的かつ全体的な視点が欠けている。

例を挙げて説明しよう。あるマーケターがテレビのポーカー番組の宣伝を行なうことになり、即座に「クリエイティブなメッセージ作り」に取りかかった。よく見かける手法だ。

マーケティング・チームはこのポーカー番組で勝者に与えられる数百万ドルのジャックポット（積み立て掛け金）に着目した。そして、これが消費者の番組に対するモチベーションになるはずだと考え、このジャックポットをマーケティング・メッセージの目玉にすべきだと判断した。しかし残念ながら、ジャックポットを広告の目玉にする決定は、消費者の内在するモチベーションに関するリサーチとはいっさい無関係に、直感から誕生したものだった。ポーカーは賭け事なのだから、大金のかかった勝負に照準を合わせようと直感が命じたわけだ。

しかし、広告効果に関する我々のリサーチ結果を手にし、テレビ局はジャックポットの額よりも勝負の質や具体的なゲーム戦略が視聴者のモチベーションにつながっていることを知った。人々がその番組を見るのは、一流のポーカー・プレイヤーのプレイぶりを学んで、自分もうまくなりたいと思うからだった。

マーケティングの照準が正しいモチベーションに合致すれば、あとは放っておいてもすべてがより効率的で効果的になる（モチベーションが成否を左右しかねない）。

４Ｍの九つの要素は一つでも飛ばすわけにはいかない。どれか一つでも飛ばすと、他の「正しい」決定の効力が弱まり、キャンペーン全体が失敗に終わることになりかねないからだ。九つの要素は小さな窪みや地雷のようなものだと考えてほしい。小さな窪みなら、足を踏み入れても足首を捻挫する程度で、マーケティングＲＯＩは低下するものの命取りにはならない。しかし地雷なら、見落とせばどうなるかわかるはずだ。

地雷を見落とせば、すべてが失敗する可能性はきわめて高い。地雷になりうる例を挙げておこう。

●ブランド・ポジショニングを行なうには、消費者のモチベーションや、消費者が他のブランドではなくそのブランドを買う理由を理解しなければならない。理解できずに、消費者の問題を解決する方法でポジショニングできなければ、その後行なうすべてのマーケティング活動は最適にはならないし、まったく役に立たない場合さえある。

●同様に、消費者のモチベーションはこれだと決めつけ、消費者の共感を呼ばない広告や、的確なメッセージを消費者に伝えられない広告を作れば、あとからテレビ、雑誌、オンライン等のメディア配分の微調整を行なったところでたいした効果は望めない。

最初の二つのM、モチベーションとメッセージが間違っていなければ、最善のメディア・スケジュールを確保できるかどうかはさして問題ではなくなる。もちろんメディア・ミックスは重要だが、モチベーションとメッセージという頑丈な土台があれば、メディア配分などは地雷というより窪みにすぎない。

COPを応用したシナリオ・プランニング

マーケティングや広告の成功確率を普通以上に上げたいと思うなら（そして、いかに「おもしろくても大金の無駄遣いにすぎない」という結果にしないためには）、COPのプロセスにしたがい、計画的にCOPを運用しなければならない。

COPは、マーケティング成功の「法則」を単に強いるものではない。むしろ、マーケティング・グループが問題点の解明や成功に必要な大切な事柄に焦点を当てる手助けとなる、マーケティング・アプローチを提供するものだ。ここで登場するのがシナリオ・プランニングである。シナリオ・プランニングはマーケティングの惰性を打ち破り、マーケティング文化を変え、広告効果を改善する。

シナリオ・プランニングという用語は、軍の情報部や政府の政策立案者が不確定な未来の選択肢を考案する際に用いられる。シナリオ・プランニングを行なうことで、「万が一」の事態への対応を事前に考えておくことができる。これは明らかに有用である。事前に話し合っておけば、実際に何かが起きた場合にも、関係者は対処方法をわかっており、迅速に対応することができる。

シナリオ・プランニングを行なうことで、「万が一」の事態への対応を事前に考えておくことができる。

このシナリオ・プランニングをマーケティングに応用すると、マーケティング・グループは、キャンペーン開始前に成功の正しい評価指標をはじき出そうと努力する。彼らはどの時点で行動を起こすかを明確にした行動プランを作り、データに基づいてどのプランを実行に移すかを決定する。

シナリオ・プランニングは知識基盤に組み込まれるため、キャンペーンで習得した知識が次のキャンペーンの効果を高めることになる。

たとえば、我々のクライアントのなかには、リサーチを活用して各キャンペーンを分析し改善することでマーケティングを一変させたところもある。毎年、我々マーケティング・エボリューション社では、評価を手がけたすべてのキャンペーンの調査結果に基づくベンチマーク解析を行ない、ターゲット・メディアの選出、広告のフライティング（コマーシャルを放映するパターン）、広告の比重等々に関する最も効果的な戦略を編み出してきた。我々は、さまざまな状況下でマーケティングがどう機能するのかをマーケターがより深く理解できるように、こうした分析を各種の広告キャンペーンで行なっている。

ベンチマーク解析やマーケティング・チームによるミーティングは、さまざまなタイプのマーケティング状況で成功を収めるための「理想的なメディア・プラン」を描き出し、彼らの組織的な知識基盤を豊かにする（たとえそのマーケティング・プログラムの主導者が去っても知識基盤はなくならない）。こうしたマーケターたちは、成功からも失敗からも学ぶことができる。

残念ながら、ほとんどのマーケティング組織は成功の理由も失敗の理由も分析せず、知識を制度化することもなく、すぐに次のプログラムに移行してしまう。そこで、広い視野を持ち、マーケティング成功率を高めるために、まったく異なる領域における成功や生き残りの可能性を高める教訓に目を向け、マーケティングの現状に当てはめてみてはどうだろう。

登山家の教訓

「コットン・キルズ（木綿は殺す）」とは、登山家が使う表現だ。なぜマーケティングの本にこんな言葉が登場するのかといえば、登山家の知識にはマーケターが学べることがあるからだ。マーケターは失敗を受け入れ、そこから学ぶことができ、教訓を生かすことで生き残りの可能性を高めることができる。

マーケターはfのつく言葉、失敗（failure）を受け入れようとしない。そして、二〇カ国以上の国々で仕事をしてきた経験に基づいて言えば、マーケティング分野における拒否反応は普遍的な傾向だ。だが、失敗からは多くのことが学べる。毎年、『アメリカン・アルパイン・ジャーナル』誌は登山家の失敗例を列挙した分厚い本を出版する。これは、他の登山家が失敗から学べるように、そして、将来失敗を回避する具体的な行動を取れるようにするためだ。

たとえば、「マーティ・ホーイ・ノット」という言葉を耳にしたことはあるだろうか？　これは登山家たちが命綱を結ぶ際に、従来の結び方に一つ余分に加えられるひねりのことを指す。ご推察の通り、これはマーティ・ホーイという人の名前にちなんだ結び方だ。マーケターも結び方を発明して、自分の名前のついたブランドにできたらまんざらでもないと思うかもしれないが、ホーイは、マーティ・ホーイ・ノットを発明した人物ではない。彼女は、結び目が不十分で惨事を避けられず、不幸にもエベレスト（チョモランマ）で亡くなった人物だ。この新しい結び目は、命を救うため、そしてマーティに捧げるために考案された。

これまで、読者の皆さんあるいは企業は、マーケティングの失敗から何を学んできただろう？失敗から生まれた教訓のうち、自分の名前を付けるに値するものはあるだろうか？（読者諸兄のマーケティング組織の文化では、生み出されたものやうまくいかなかったものに自分の名前を付けることは侮辱とみなされるかもしれない）。

第3章で触れた日本の製造業の思想、「不具合は宝物」を憶えているだろうか。COPは、失敗が個人的なものとも恥ずべきものともみなされない環境を生み出す。そうなれば、失敗した地点をいち早く認識し、マーケティングの成功や利益の向上を目指す正しい道筋を辿ることが容易になる。失敗の原因を知り、それに応じて調整することが、マーケティングROIにおいては何百万ドルにも値するのだ。

「コットン・キルズ」の話に戻ろう。登山家たちは山岳地帯では木綿の服は着ないという知識をどこから得たのだろう？「コットン・キルズ」といった過激な表現はなぜ生まれたのだろう？

木綿が死を招くのは、体から湿気を逃がさず、むしろ閉じ込めてしまうからだ。気温が低いと、そのせいで低体温症を引き起こしかねない。登山とは、山に登ることであるとともに、悪い状況に備えることでもある。登山家は、物事は悪くもなるし、状況はいつでも変わると想定している。悪い状況に備えてしかるべき計画を立てることが、生死の分かれ目になることもある。だから、登山家は山にふさわしい合成繊維の衣類を持って出かける。

登山家のバックパックを覗いてみよう。カラビナ（ハーケンとザイルをつなぐ金具）を持っていく登山家なら、よく晴れた日であっても万が一のために必ず防水性のジャケットを装備しているものだ。防水マッチ、安全な水を確保するためのヨウ素、ロープ、予備の食料も携帯している。これは、計画通りにいかなかった場合でも、天候の回復を待って山に登りたいからだ。

「コットン・キルズ」は悪い状況に備えて装備することを忘れないために、登山家たちが仲間内で使うシンプルな表現だ。マーケターも彼らから学ぶことができる。

登山家は、物事は悪くもなるし、状況はいつでも変わると想定している。悪い状況に備えてしかるべき計画を立てることが、生死の分かれ目になることもある……マーケターも彼らから学ぶことができる。

読者諸兄のマーケティング・プランというバックパックには何が入っているだろう？　ＣＯＰのシナリオ・プランニングは、晴れの予報が霧雨や雪になる場合に備えて「携帯すべきもの」のリストを作ってくれる。期待通りに物事が運ばない場合には、シナリオ・プランニングの行動プランが後日また登れるようにしてくれるだろう。

❖マーケターはあまりにも楽観的：失敗を避けるために失敗について考える

シナリオ・プランニングとは、うまくいく場合とうまくいかない場合の両方について計画することだが、多くのマーケターはこれをしていない。

たとえば我が社でも、適切な人材を適切な職務に就かせるために、面接試験で適性テストを行ない、ベル型曲線ベンチマークで就職志望者の真の特性を明らかにする。この適性テストには、志望者が与えられた情報を疑うかどうか、つまり、志望者が物事を額面通りに受け入れるかどうかを判断する要素が含まれている。

我々は数多くのマーケティング関係者を面接したが、驚いたことに彼らは、耳にしたことを信用し、物事が最良の結果になると期待するという特性に関し、一貫して非常に高い得点を挙げている（アメリカ人口の上位一五％から二〇％の高い部類）。

我々の結論はこうだ。マーケティング関係者は自分たちが聞いた、あるいは読んだマーケティング・プランや広告代理店の説明に疑いを持たない。したがって、うまくいかない場合のことなど考えない。すべてが順調に運ぶものと考えるのだ。

前向きな姿勢は評価するが、こうした特質がしばしば成否を分ける。とりわけ問題なのは、マーケティング・プログラムの成功の定義を他の人も共有しているものとみなすマーケターが多いという点だ。やみくもに何でも、誰でも信じるのは致命的だ。ＣＯＰはマーケティング・プログラムに「検証に裏づけられた信頼」を与える。


マーケティング関係者は自分たちが聞いた、あるいは読んだマーケティング・プランや広告代理店の説明に疑いを持たない。したがって、うまくいかない場合のことなど考えない。

うまくいかない場合のリスクを明らかにし、立ち向かい、対処するために、マーケターは次の三点に関するコンセンサスを確保しなければならない。ＣＯＰはこのコンセンサス作りに威力を発揮する。

①明確な成功の定義に関する合意（「我々は全員が同じゴールを目指しているのか？」）
②成功を達成するうえでの広告やマーケティングの役割に関する合意（企業のゴールすべてがマーケティングだけの力で達成できるわけではない）
③リスクと、そうなった場合にどのような取り組みが可能かに関するグループでの検討

三点目のグループ検討を行なうには、成功を決定付ける原動力を明確に理解していなければならない。その原動力とは、４Ｍ、すなわちモチベーション、メッセージ、メディア、マキシマイゼーション（最大化）だ。

うまくいかない状況を自発的に検討するマーケターはほとんどいない。だが、これを検討することは、失敗の確率を最小化し、成功の可能性を最大化するプラン作りには不可欠だ。

シナリオ・プランニングは、まずマーケティングの意図を明らかにするところから始まり、次に見込まれる成果に基づいた行動プランを作成するプロセスに進む。シナリオ・プランニングと究極の判断基準を持つ評価は、第１章で概説したマーケティングの機能不全の克服に有用なＣＯＰシス

テムの要である。

❖シナリオ・プランニングはコンセンサスを生み出す

シナリオ・プランニングの目的は、すべての主だった意思決定者たちに、マーケティング機能の意図に関するコンセンサスを生み出し、成功するマーケティング・キャンペーンに対する一致した定義を確立することだ。また、シナリオ・プランニングは、事前にさまざまな結果に対する対応策を協議し、コンセンサスを得るという意味でも重要である。

シナリオ・プランニングの重要性を示す例を挙げよう。ある友人仲間が金曜の夜に集まって楽しもうと決めたとする。「集まって楽しむ」こととして考えられる選択肢がいかに広いか考えてほしい。ある人にとっては静かに食事することかもしれないし、ある人には繁華街でどんちゃん騒ぎすることかもしれない。この友人仲間は、金曜の夜よりも前に、全員が合意に達する「楽しめること」は何かを話し合ったほうがいいだろう。

マーケティングや広告のチームにも同じことが言える。何が目標なのか、どのような方法でそれを達成するのか、あらかじめ意見を一致させておく必要がある。友人は選べるので、仲間同士ならやりたいことはある程度似通っているものだ。だが、会社には、さまざまな人生経験、学歴、キャリア、地位、そして、それゆえにさまざまな目標（いずれも世界観の違いをもたらす要素だ）を持った人々が集っている。仲間同士なら意見が合わなければ、参加せずに自分のしたいことをすればいい。だが、会社となると、同じ目標に向かうことを個人的に拒否する選択肢はない。

成功の定義が明確になると、今度は「起こりうる事態」を想定したゲームに着手する。たとえば、次のようなケースだ。

- メディア・ミックスが最適ではなかったせいで、広告キャンペーンを失敗した場合は？
- メッセージが消費者の購買態度に影響を与えない場合は？
- 売上に影響が現れない場合は？
- テレビ・コマーシャルの経費が少ない場合は？

そして、次の点を明らかにしなければならない。

- 何をするか？
- 誰がそれをするか？
- いつそれをするか？

すると、当然のようにこんな疑問がわいてくる。「そんなことがわかるはずないだろう？」と。

だが、この疑問はしばらく棚上げしておこう。ハーバード大学のジェラルド・ザルトマン教授が言っているように、マーケターは、折に触れてみずからにこう問いかけることが有益だ――「このアイディアが本当だとしたら、自分の考え方や行動の仕方は変わるだろうか？」(*2)

シナリオ・プランニングは、キャンペーンやクリエイティブなメッセージを考案する創造的なブレインストーミングの場でもなければ、委員会が広告を決定する場でもないことを忘れないでほしい。シナリオ・プランニングとは、ブランド・マネジャー、マーケター、代理店のクリエーター、財務部門のマネジャー、リサーチャー、メディア・プランナーなどが同じゴールに向かって一致団結し、起こりうる悪い状況に関して同じ見解を共有し、さまざまな結果に応じて同一の行動基準を持つための作業である。この作業で、各人は独自の見通しをこのプロセスに反映させることができる。

シナリオ・プランニングが有用なのは、ビジネスに成功をもたらすものは何か、そして、そのためには広告の目標をいかに設定すべきかということについて、事前にチームで合意を得ることができるからだ。また、チームが成功の原動力についてより深く考え、実際の成果が予想と違った場合の対処法を用意するうえでも有用だ。

マーケターは、折に触れてみずからにこう問いかけることが有益だ――「このアイディアが本当だとしたら、自分の考え方や行動の仕方は変わるだろうか?」

要するに、我々の解決法の方程式は単純だ。

シナリオ・プランニング+評価+行動=マーケティング収益の増加

我々はこの方程式が幾度となく機能し、真の変化を生み出すのを目にしてきた。これは、4M（モチベーション、メッセージ、メディア、マキシマイゼーション〔最大化〕）に、シナリオ・プランニング、評価、行動の三つを適用することで、マーケティング・キャンペーンを台無しにする要素を一つ残らずあぶり出す確実な方法だ。

代替案があり、第一案が機能しているかどうかがわかる評価方法がある――これはきわめて単純なことに思えるが、先に述べたように、この単純なことが実際には行なわれていないのだ。次章では、シナリオ・プランニングがいかに機能するか、そして、マーケターにとっていかに有用かを説明する。

第7章 COPの三つのステップ

「コミュニケーション最適化プロセス（COP）」は、アカウンタビリティを達成し成果を改善するために、マーケティング・チームをまとめる役割を果たす。このプロセスは三回のミーティングで三つのステップを経て完成する。本章では、この三つのステップを最初から最後まで説明する。

ステップ①：キャンペーンの目標に関するコンセンサスを得る

まず最初にしなければならないのは、特定のマーケティング・キャンペーンに関わる人々を集めたミーティングの開催を要請することだ。音頭を取るのは誰でも構わない。

このミーティングには、ブランド・マネジャー、財務部門の人間、メディア・チーム、そして、そのキャンペーンに携わる人々や、貴重な意見を持つ人々が集う。このとき客観的な進行役がいるとスムーズに進む。進行役は次の二点に沿ってミーティングを進める。

①キャンペーンの成功とはどのようなものか、明確な定義を行なう。

②マーケティングの各要素（広告、ダイレクトメール、空《そら》に描く広告「スカイライティング」等々）が、定義した成功に具体的にどのように貢献するかを明らかにする。

五人以上の人間が成功やマーケティングの各要素の貢献度を定義し、意見を一致させるのに九〇分かかったとしても不思議ではない。たとえキャンペーンがすでに始まっていて、メディア・ミックスを最適化するにあたって再確認のためにシナリオ・プランニングを行なったとしても、成功を定義するミーティングには価値がある。

まず最初に成功を定義する理由は、マーケティング・プログラムがどのように機能すべきかという点に関する見解は人それぞれで、このため、成功に対する期待や定義も異なる場合が多いからだ。

上位一〇〇社のうちの三〇社以上をリサーチした結果では、こうした企業のマーケティング・チームの八七％は、成功の定義が一致しないままキャンペーンを開始していた。各メンバーは、胸に秘めた成功の定義に皆が同意してくれると思い込んでいるのかもしれないが、確信してはならない。主な利害関係者のうち少なくとも一人は、まったく異なる成功の定義を持っているはずだ。たとえ、表面的には成功の定義が明確で、互いに合意していたとしても、一皮むけば、成功とは何かについてそれほど意見が一致していたわけではないという場合も多い。

ＣＯＰの価値が最も明らかになるのは、参加者の一人が「このキャンペーンの目標はＡとＢ、それにＣだ」と言い出した瞬間だろう。誰かがそう言い出したら、すぐさま丁寧に反論すべきだ。「Ａは達成できても、ＢとＣが駄目だったとしたら、それは成功ですか」と。Ｂを達成し、ＡとＣが駄目な場合は？

すべての組み合わせを確認すれば、複数の目標には明らかに衝突する可能性があり、成功の定義が曖昧になってしまうことがわかるはずだ。複数の目標と成功の定義を問いただすことで、その人が本当に成功として定義しているものに到達できる。グループ全体をこの話し合いに参加させ、たとえば目標ＡがＢやＣよりも大事かといった点でコンセンサスを作ろう。

複数の目標には明らかに衝突する可能性があり、成功の定義が曖昧になってしまうことがわかるはずだ。

ＣＯＰはここでも威力を発揮する。たとえば、信号も「一時停止」の標識もない五叉路に五台の車がやってきたとしよう。この場合、誰が最初に進むべきかはそれぞれの目標や成功の定義に基づいて判断するだろう。しかし、各人の見解が異なれば、車五台の衝突事故を招くことになりかねない。全員にとって有益な成功の定義に到達するという目標を優先し、適切な交通の流れに対する五人のドライバーの見解を一致させるには、ＣＯＰが有効なのである。

これもやはり「委員会が仕切る広告」という意味ではなく、グループが同じ目標に向かって進んでいるのを確認するということだ。我々は、各人がまったく異なる成功の定義を秘めているという事実を知った。たとえば、財務部門の人間は、マーケターがブランドについて真実だ、あるいは真実ではないと考えていることと相反した考えを持っているかもしれない。また、販促部門の人間が期待することと代理店の目標は異なるかもしれない。この点を例を挙げて考えてみよう。

我々は数多くのマーケターと協力して、新しい製品ラインの立ち上げに尽力してきた。たとえば、コルゲートの新しい成分の歯磨き、ダヴ・ニュートリウム・バーのような新しい石鹸や、マクドナルドの新メニューなどだ。製品ラインを拡大する際のCOPでの話し合いは驚くほど似通っていた。当然ながら、何が成功を定義するのかと尋ねると、口を揃えて売上だという答えが返ってくる。だが、売上は単純明快な成功の定義と言えるだろうか？　いや、そうではない。売上は、実際のところ非常に曖昧なものなのだ。

「何の売上ですか？」と我々は最初の会議で尋ねる。「新製品の売上だ」と誰かが答える。だが、他の人が「そのブランド全体の売上も成功とみなされる」と答える。製品ラインを拡大することで、ブランド全体のハロー効果も見込まれているわけだ。「実のところ」と、また別の人が口をはさむ。「ラインの拡大を知らせる広告は、利益を生み出し、消費者に関連性を伝えるためのものだ」。では、成功とは何なのか？　成功は新しい製品ラインの売上なのか、ブランド全体の売上なのか、はたまた利益との関連性なのか？

これは仮想議論ではない。このやり取りは、明らかに、成功の定義からいっさいの曖昧さを排斥しなければならないことを示唆している。言い回しを追究し、問題点をあぶり出そう。ブランド全体の売上は落ちたが、新しい製品ラインの売上が伸びたとしたら、それは成功と言えるのか？　いや、共食いは成功ではないと答える人もいるだろう。ライバルに食われるよりは共食いのほうがましだと言う人もいる。ミーティングの進行役は、成功を形成するものについて全員の意見が一致するまで、「仮定の話」でやんわりと異議を唱える。

たいていは、新製品の売上をキャンペーンの最高目標として優先し、その広告がブランド全体の売上も伸ばすなら「それも成功とみなす」という但し書きがついた。我々の経験では、成功の定義に優先順位を付けることにはまったく問題はない。つまり、第一に新製品の売上、第二にブランド全体の売上の伸び、というのはじつに明確な成功の定義ではないか。

だが、本当にそうだろうか？　売上の出所が成功の定義の一部となる場合もある。「売上の出所がチームにとって重要ですか？」と我々は尋ねた。たとえば、マクドナルドのグリルド・チキン・フラットブレッド・サンドイッチについて言えば、売上増が生じる可能性があるのは次の三つだ。

①新しいサンドイッチの目新しさに惹かれる新規の消費者
②来店頻度が増える既存顧客
③来店頻度は変わらないが、新しいグリルド・チキン・フラットブレッド・サンドイッチを買い、さらにもう少し出費を増やす既存顧客

売上の出所は新製品と関連がある場合もあれば、そうでない場合もあるだろう。P&Gのオレイ・ブランドの場合は、新規顧客を惹きつけているのか、それとも既存顧客に売れているのかが問題だった。マクドナルドは、ターゲットを「食べる人」と定義した。つまり、売上の出所は新製品に限らないということだ。マクドナルドは、フラットブレッド・サンドイッチが最終的にハンバーガーを買う消費者を呼び込むと予想したが、どの売上も歓迎した。フィリップスとその最上位機種の電気シェーバーの場合は、売上の焦点は二つのターゲット、すなわち贈り物をする客（ほとんどが女性）と自分用に購入する男性に二分された。

読者の皆さんの広告キャンペーンは、あるグループよりも別のグループを明確にターゲットにして、売上を生み出そうとしているだろうか？　ある消費者セグメントでうまくいって、別のセグメントでうまくいかなかった場合、それでも成功と言えるのだろうか？　こうした疑問をぶつけることで、消費者セグメントに応じたさまざまな優先順位（や成功の定義）の存在を明確にし、焦点を絞ることができる。

ミーティングで（目標、優先順位、消費者セグメントの優先順位を明確にしたのち）話し合うべき最後の問題は、「なぜ消費者は我々が成功と定義した行動を取るのか？」だ。これは一見易しそうに思えるが難しい問題だ。要するに、何が消費者のモチベーションであり、いかにしてそのモチベーションを活用するか？

マーケティング・プランが消費者のモチベーションに合致していることを確認するのは非常に重要だ。ポーカー番組のクライアントが、視聴者が番組を見る動機は高額なジャックポット（積み立て掛け金）だと決めつけていたことを思い出してほしい。たとえその仮定が間違っていたと判明しても、仮定を明確にリストアップして議論しておけば、モチベーションを見誤っていた場合のシナリオ・プランニングや、キャンペーン開始後の「検証作業」が容易になる。ポーカー番組の視聴者にとって、競技の質のほうが強力なモチベーションとなると知ったとき、クライアントはその教訓を活かし、しかるべき調整を行なえる位置にいたわけだ。

コンセンサスはいわば成功を定義する作業そのものだ。参加者全員がそのキャンペーンの成功を正確に定義するものを議論し、合意に至らなければならない。消費者の心に刺さるマーケティングを目指すなら、成功とはどのようなものかを知り、コンセンサスを作らなければならない。

一回目のミーティングでは、メンバーが共有できる成功の定義を一枚のメモに要約し、全員に配付する。もちろん、これだけでマーケティング・プランが成功するという保証はない。だが、このような形で議論するだけでも、メンバーの団結力が深まり、結果が出たあとに、少なくとも一人は自分のわずかな変化が全体の利益につながり、合意した成功の定義を達成する一翼を担えることに気づくはずだ。

消費者の心に刺さるマーケティングを目指すなら、成功とはどのようなものかを知り、コンセンサスを作らなければならない。

ステップ②：意思決定ツリーを作って行動プランのコンセンサスを得る

二回目のミーティングはシナリオ・プランニングだ。ここで、考えられる結果と次のステップに関する合意を綿密に策定し、図示する。この図は意思決定ツリーと呼ばれ、それぞれの枝の先には行動プランがある。

意思決定ツリーは、リサーチから関連する行動プランに至るまで、考えられる結果を図にして作成する。つまり、xが起きたらaを行ない、yが起きたらbを行なうとあらかじめ決めておくのだ。意思決定ツリーには、しなければならないことだけではなく、誰が行なうか、そして、いつ行なうかといったことも含まれる。ミーティング時間は九〇分。最初の一〇分で、合意した成功の定義と目標の優先順位を確認する（意思決定ツリーの作成に移る前に、成功の定義に全員が合意していることを確認する）。

ここで、第6章で登場した、集まって楽しむことにした友人仲間の話に戻ろう。すでに述べたように、このグループがシナリオ・プランニングを適用するなら、全員にとっての「楽しみ」とは何かについて意見を一致させておく必要がある。たとえば、ある映画を観にいくことでグループの意見が一致したとする。皆が車に乗り込み、映画館へ向かった。ところが、観たい映画は上映していない。さて、どうするか？　上映中の他の映画を観るか、それともまったく別のことをするのか、

図7-1　仲間と金曜の夜を楽しむための簡単な意思決定ツリー

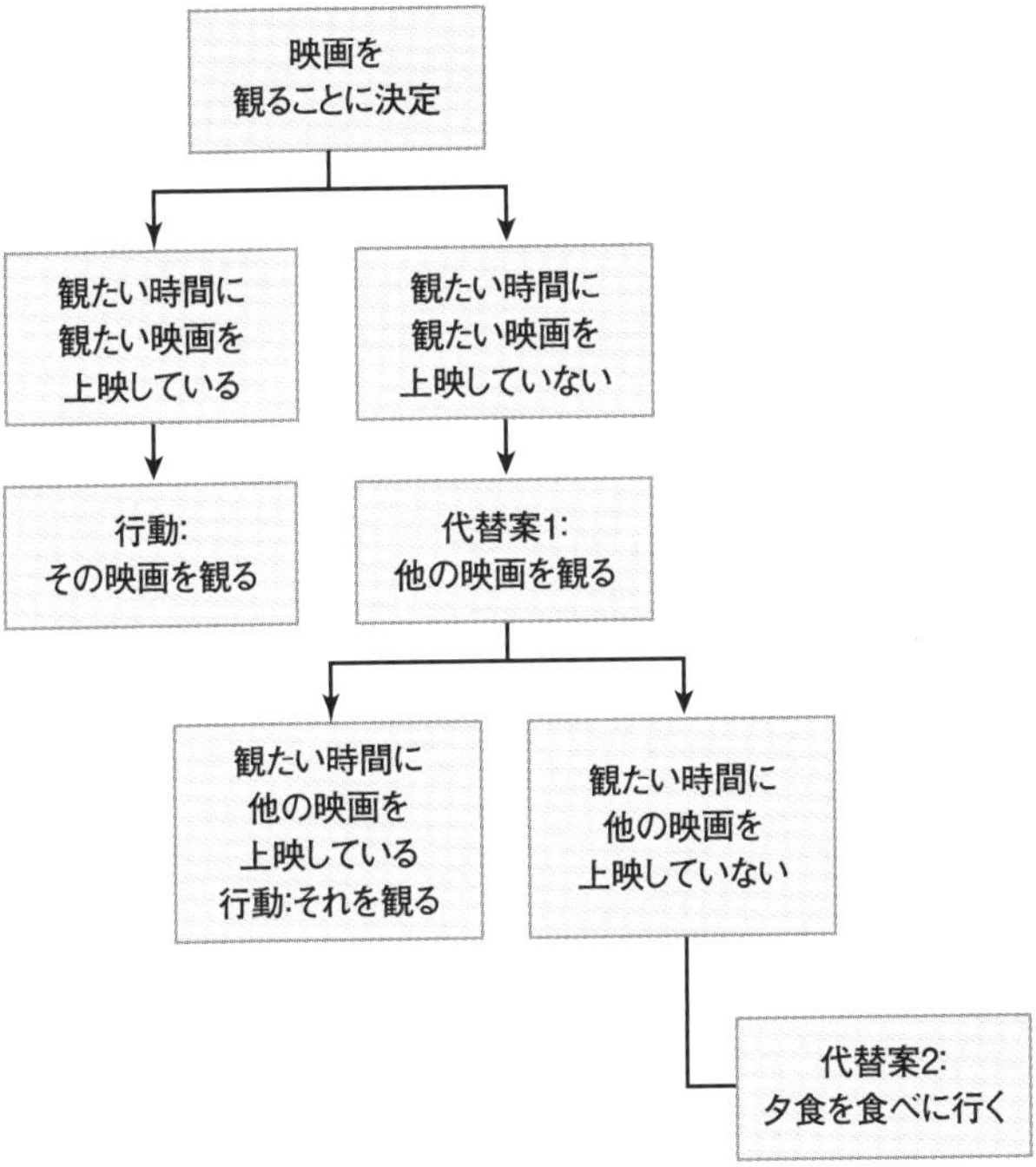
映画を
観ることに決定
観たい時間に
観たい映画を
上映している
観たい時間に
観たい映画を
上映していない
行動:
その映画を観る
代替案1:
他の映画を観る
観たい時間に
他の映画を
上映している
行動:それを観る
観たい時間に
他の映画を
上映していない
代替案2:
夕食を食べに行く

皆で立ち話を始めるのか？

もしこの友人仲間が事前にシナリオ・プランニングを行なっていたなら、「映画を観るプランがうまくいかないケースとして何が考えられるか？　また、そんなときはどうするか？」と話し合っていたはずだ。

たとえば、観たい時間帯に映画が上映していないというシナリオがあるとしよう。このシナリオをもとに簡単な意思決定ツリーを作成し、考えられる結果とその後の行動プランを綿密に策定することができる。この場合の意思決定ツリーは、金曜夜の理想的なプランから、代わりに他の映画を観る、夕食を食べに行く、ナイトクラブに繰り出す、さらにはパター・ゴルフをするというところまで枝分かれするはずだ。

こうした活動はいっぺんに行なうことはできないので、当然、優先順位を付けることになる。これを図で表すと図7－1のようになる。

現実的には、金曜夜のプランを作るためだけに、意思決定ツリーを描いて、全員の了承を取ることなどありえないだろう。だが、このシンプルな意思決定ツリーは、プラン、とりわけ、莫大な費用がかかるマーケティングや広告のプランを作成する際のリスクについてどう考えるべきかを説明してくれる。

望んでいた目標を達成できないときの対応策をあらかじめ決めておくことは、我々のクライアントたちにとって大いにプラスになっており、読者諸兄のマーケティングにも必ず役立つだろう。考えうる問題を明らかにする作業を行なうだけで、その問題を回避できるかどうかを最初の段階で誰かが地道に確認すべきだ、ということに意識を向けることができる。ここがポイントだ。たとえば金曜夜の件なら、会社や自宅を出る前にインターネットで映画の上映時間を確認することを意味する。こうした段階を踏むことによって、皆が車に乗り込んで映画館まで行ってみたら目当ての映画は上映期日を過ぎていた、といった時間の無駄を省くことができる。

考えうる問題を明らかにする作業を行なうだけで、その問題を回避できるかどうか最初の段階で誰かが地道に確認すべきだ、ということに意識を向けることができる。

全米広告主協会（ANA）の推定によると、マーケティング分野ではスタッフの労働時間の七〇％は手直しに費やされている(*1)。金曜夜の話を続けると、COPを導入することで交通整理が可能になり、観たい映画を観たいときに上映している映画館を見つけようとして、あるいは、金曜夜に全員が入れるレストランを見つけようとして、あるいは、何か楽しいことを探そうとして、貴重な時間を使って町じゅう車で走り回らずにすむわけだ。

COPは計画を事前に手助けする役割を果たす。COPは手直し作業の軽減に役立つ。マーケターにも、映画の上映時間の確認に相当する、自分たちに可能なさまざまな段階があるはずだ。こうした段階が莫大な費用と膨大な時間の節約につながる。本書でもこうした段階を共有していくことになるだろう。

繰り返すが、楽しく過ごそうとしている友人仲間には正式なシナリオ・プランニングは必要ないが、マーケターが成功の定義や意思決定ツリーの作成を怠ると完全に失敗することが多い。何より悪いのは、失敗していながら失敗に気づかなかったり、失敗した原因に思い当たらないケースだ。

マクドナルドの例に戻ろう。マクドナルドではまずグリルド・チキン・フラットブレッド・サンドイッチを消費者に認識してもらうことを成功と定義した。売上よりも認識に重点を置いたのは、広告の目的がマクドナルドはハンバーガーだけではないと消費者に伝えたかったからだ。マクドナルドには「新しい味」があることを伝えたかったのだ。

成功の定義の二番目は、メニュー全体での売上向上だった。フラットブレッド・サンドイッチに惹かれて店舗を訪れた消費者がビッグマックを買ったとしても、まったく問題ない。マクドナルドのマーケターはターゲットとなる消費者セグメントを広く定義し、「認識」の大半は主要な既存客ではない消費者から生じ、「売上」は既存客から生み出されるだろうと推測した。だが、売上の出所が新規顧客か既存顧客かということでキャンペーンの成否が決まるわけではない。なぜ消費者はその製品を買ったのか？　消費者がフラットブレッド・サンドイッチを「選んだ」理由は何か？　マクドナルドのマーケティング・チームが定義した新しいメニューのモチベーションは、次の二つだった。

①おいしさのコンビネーション
②今までにない新しさ、驚き、目新しさ

この二つのモチベーションは、売上というマーケターの目標と、ニーズや欲求を満たすという消費者の目標をつなぐ架け橋だ。マクドナルドは、消費者がその製品を新しいとか、おいしさのコンビネーションだと思う限りは、条件は同じで、マクドナルドのレジは鳴るはずだと考えた。

一回目のミーティングで決まった成功の定義をまとめ（シナリオ・プランニングを行なう二回目のミーティングの前に書面で配付する）、コンセンサスが取れていることを確認したら、いよいよ4Mを徹底的に探求する作業に入る。

4M（モチベーション、メッセージ、メディア、マキシマイゼーション）が、広告評価の予想される成果に基づいた適切な行動プランを割り出すうえで、最適な方法であることは実証されている（広告効果の究極の判断基準を持つ評価についてはのちほど触れる）。

キャンペーンの成功が意識の構築だけなら、マクドナルドというブランドと新しいフラットブレッド・サンドイッチを結びつける広告でいい。だが、製品の売上増という第二の目的を達成するには、ブランドを「採用」してもらうために、まず消費者の真のモチベーション（第一のM）を引き出さなければならない。言い換えると、消費者がフラットブレッド・サンドイッチを買うのは、それがおいしさのコンビネーションであり、新しいからだと仮定するわけだ。だが、その仮定が間違っていたとしたらどうするか？

たとえば、消費者の嗜好が突然変わって、人参スティックのような「ひと目で低カロリーだとわかる」食べ物にしか関心を持たなくなったとしたら、代理店が制作した広告は成功するだろうか？成功するはずはない。マーケティング・チームが仮定した消費者のモチベーションは「おいしさのコンビネーション」と「新しさ」なのだ。チームはそのモチベーション——ひと目でわかる低カロリー・ダイエット・フードではない——に訴える広告を制作している。幸いにも、消費者の嗜好が突然変わる確率はそれほど高くないので、この例は少し大袈裟かもしれない。しかし、シナリオ・プランニングは「我々の仮定が間違っていて、消費者には他のモチベーションがあるしたらどうするか？」とひたすら問いかける。そして、シナリオ・プランニングによって、行動基準が定まり、必要に応じたすばやい進路調整が可能になる。

二番目のMはメッセージだ。ここでは、「新しい」という言葉と、「おいしさのコンビネーション」を訴えるために、マクドナルドの赤と黄の色調と金色のアーチを使った食欲をそそる食べ物の映像を示せば、メッセージ効果があり、消費者はその広告とマクドナルドを結びつけると仮定する。この仮定は見事で、経験的に見てもおそらく適切だろう。だが、もしもうまく機能しなかったらどうするのか？　マクドナルドは、誰かがその食べ物をおいしそうに食べている様子を見せるといった、代替案となる他の方法でのコミュニケーションを考えているだろうか？　おいしさのコンビネーションというメッセージを伝えるために、サンドイッチを作っている様子を見せるべきなのか、それともできあがったものを誇らしげに見せるだけにしたほうがいいのだろうか？

マクドナルドの赤と黄の色調と金色のアーチを使った食欲をそそる食べ物の映像を示せば、メッセージ効果があると仮定する。だが、もしもうまく機能しなかったらどうするのか？

多くのマーケターは、さまざまなコミュニケーションの方法を試し、どれが一番機能するかを評価することで、成功への明確な道筋が得られることに気づいている。四つか五つの広告を作成し評価して、迅速な調整を行ない、最も機能する広告だけを実行に移す。だが、一つも機能しなかったらどうするか？　この場合、行動プランはどうなるのだろう？　こうしたシナリオ・プランニングを行なっておけば、代替案を準備することができる。

三番目のMは、メディアだ。メディアをさまざまにミックスさせ、どのコミュニケーション・チャネルを使ってメッセージを送るかということだ。どのメディアが最適で、どのようなメディア配分や予算が最適か？　他のメディアよりもはるかに少ない費用で効果を上げるメディアを見つけたらどうするか？　追加出費ゼロでより良い結果が得られる機会があるとしたら？　こうした可能性を排除しないために、プラン作りにどの程度柔軟性を組み込むか？　どのような行動プランを作成し、変更を加える際に責任を負うのは誰か？　ここでもシナリオ・プランニングが道筋を示してくれる。

四番目の最後のMは、マキシマイゼーション（最大化）だ。マーケターがモチベーションを的確に捉え、きちんとメッセージを伝達し、最適なメディア配分を行なったとしたら、さらなる効果を生むために他に何をすればいいのだろう？　成果の最大化に役立つマーケティング・プログラムには他にどんなものがあるのか？　最大化とは、ビジネスやキャリアを構築するうえで、広告を強力な武器にすることだ。

このように4Mは、マーケティングの強力な原動力である。その詳細については第Ⅲ部で改めて取り上げる。シナリオ・プランニングは、4Mを使って、何が起こりうるか、成功の可能性を最大化するために取るべき行動を明らかにする作業だ。

二回目のミーティングの成果は、成功を定義する要素と4Mの各要素に対する意思決定ツリーをまとめた一枚のメモだ。このメモには、4Mの各要素で起こりうる失敗に対して、誰が、どのような行動を、いつ取るのか、といったことが細かく具体的に書き込まれている。

●――ステップ③：マーケティング効果の評価と行動プランを結びつける

成功したのかどうか、最適化の余地があるのかどうか、といったことはどうすればわかるだろう？　これを知るにはデータとその分析が必要だ。明確な成功の定義と、各種シナリオのもとでどのような行動を取るかをはっきり示したプランに加えて、マーケティング効果を示すデータを分析することにより、マーケターはキャンペーンが計画通りに機能している部分と機能していない部分を知ることができる。

マーケターが何か対策を講じることができるとしたら、リアルタイムのデータが必要だ。このデータは、いわば交通巡査が自分の目で事故の周辺状況を把握し、それに応じて交通整理をするようなものだ。「評価」は不可欠だ。次に挙げるCOPの公式をぜひ覚えてほしい。

シナリオ・プランニング＋評価＋行動＝同じ予算でより良い成果

マーケティング・チームはすでにCOPを使って、マーケティング・プランの一部が最適でない場合の対処法を検討している。このため、データを伴ったシナリオ・プランニングは継続的な改善とマーケティング最適化をもたらす。

ときには、もうひと押し必要なこともある。そのひと押しとは、チームの主要メンバーに、グループ全体で計画し、合意した通りに行動するよう知らせることだ。我々がクライアントとシナリオ・プランニングを行なうときは、（グループのコンセンサスを得た）キャンペーンの成功の定義と意思決定ツリー、そして、明確に説明した行動プラン（誰がどの時点でその行動を取るかまで示したもの）を記した短い文書を配布する。そして、内容を検討するために一週間の猶予を与え、気づいた点があれば手直しするよう勧める。グループ全員に署名をしてもらうのはその後だ。こうした手順を踏むことで、行動プランに対する個人やグループの責任が生じ、グループのメンバーは互いに最後までやり遂げる責任を負うことになる。

キャンペーンが始まりマーケティング効果を示すデータが集まりだすと、我々は意思決定ツリーに照らしてデータを分析する。マーケティング・プランの遂行に携わる主なグループすべてが、意思決定ツリーの同じ土俵に乗ることによって、シナリオ・プランニングや行動プランの裏づけとしてデータを活用することができる。つまり、自分がしたこと（たとえば、広告がどう機能したかを示すデータの分析）や、うまくいかない可能性があることを検討し、その結果を当初の計画や目標と比較できるわけだ。

先にも述べたように、アカウンタビリティとは、マーケティング効果の評価だけではなく、評価に対してマーケターに何らかの行動を起こさせることである――これが我々の理念だ。シナリオ・プランニングのプロセスは、我々のこうした理念を伝えるアプローチである。

たとえば、テレビ・コマーシャルにかけた二五〇〇万ドルが飽和点を越えていて、同じ額を別のコミュニケーション・チャネルに費やした場合よりもＲＯＩが低いとわかったらどうするか？　やり方を変えるだろうか？　次の予算サイクルでは何をするか？　あるいは、可能であればこの予算サイクルで何をするか？

要するにシナリオ・プランニングとは、ひたすらゴールを目指し、成功への責任をひたすらまっとうすることだ。第Ⅲ部では、顧客ニーズを理解し、適切なメッセージを発するために、モチベーションに始まる４Ｍを詳しく見ていこう。

アカウンタビリティとは、マーケティング効果の評価だけではなく、評価に対してマーケターに何らかの行動を起こさせることである。

第Ⅲ部

広告の費用対効果を向上させる

——広告費10億ドル分の事例に学ぶ実践戦略

What Sticks

Why most advertising fails and how to guarantee yours succeeds

第8章
モチベーションと消費者のニーズ

シナリオ・プランニングの基本的なやり方がわかったところで、四つのMをいかに改善していけばいいのか、詳しく見ていこう。

4M（モチベーション、メッセージ、メディア、マキシマイゼーション〔最大化〕）は、広告の成功を約束してくれる枠組みだ。この四つのなかでも最初のM、モチベーションは、最も重要な要素になる。なぜなら、我々が行なったリサーチによれば、モチベーションを軽視して失敗したことで無駄になった広告費は、約五三五億ドルにのぼるからだ。

この問題を回避するためには、どのような形であれマーケティングや広告を行なう際に、マーケターは顧客が何を考えているのか、何を望んでいるのかを理解していなければならない。本章では、4Mの第一の要素を活かして、消費者の胸のうちを推し量り、描き出すための方法を示していく。

マーケティング成功の鍵を握るモチベーションには、次の三つの側面がある。

①【モチベーションとニーズ】消費者がなぜその製品を買うのかを理解する。消費者はなぜそのブランドを「採用」するのか？　どのような購買態度や信念が消費者に別のブランドではなくそのブランドを買わせるのか？

②【ポジショニング】自社製品を主要なライバルと差別化する方法を知る。消費者にこの製品を他とは違う、特別だと思わせるものは何か？

③【セグメンテーション】消費者層によって製品選択が異なることを認識する。消費者セグメントに合わせて（モチベーションやポジショニングの観点で）提供する製品を少しずつ変えなければならない。

以上の三点は、広告キャンペーンにおいて残りの三つのMを機能させるための基本である。モチベーションはまず最初に取り組むべき問題である。というのも、モチベーションで失敗すると、キャンペーン自体の失敗率がおそろしく高くなるからだ。

我々がリサーチを行なった三六社のうち三分の一は、消費者のモチベーションを的確に把握していなかった。いずれも業界屈指のマーケターたちだ。消費者のモチベーションを的確に把握することが成功に不可欠なことは明らかだ。

本章では、先の三点の初めの二つ――①顧客ニーズの理解、②それに応じてマーケティング・メッセージをポジショニングする――を取り上げる。

モチベーションはまず最初に取り組むべき問題である。というのも、モチベーションで失敗すると、キャンペーン自体の失敗率がおそろしく高くなるからだ。我々がリサーチを行なった三六社のうち、三分の一は消費者のモチベーションを的確に把握していなかった。いずれも業界屈指のマーケターたちだ。

ブランドの感情的、社会的特性が消費者のモチベーションを刺激する

モチベーションとは何かを考えるには、いくつか、製品を比べてみればよくわかる。たとえば、消費者はどのようなモチベーションで、タグ・ホイヤーよりもロレックスの腕時計を、ウォルマートよりTARGETを、ダッジ・ラムのフルサイズ・トラックよりフォードのF150を好むのか？ また、同じコルゲート製品でも、ガム・プロテクション・フォーミュラよりもトータル歯磨きが好まれ、まったく同じ製品にもかかわらず前者が売れなかったのはなぜか？

二つずつ例に挙げた（他にもいくらでもあるが）製品やスーパーは、いずれも機能上の特性はきわめて似通っている。だが、いずれか一方を選択した人に訊けば、違いがあるから選択したと答えるだろう。

つまり、消費者にしてみれば、二つのブランドは同じではないということだ。同じではない理由

は、ブランドが消費者の異なるモチベーションをうまく引き出しているからだ。購入する製品や店舗を決定するのは、その物理的な特性というより、ブランドの感情的、社会的特性の違いなのだ。つまり、消費者の内在するモチベーションから生じる一連のニーズを満たす方法が異なるわけだ。

こうした企業の失敗の原因を詳しく調べると、最も一般的なのはマーケティングの意思決定におけるプロセスの欠如である。というわけで、ここでも「コミュニケーション最適化プロセス（COP）」が登場する。

COPは、見落としたモチベーションに気づかせてくれる。そして、次のように問いかけ、健全で活発な意見のやり取りを促す。

- 各人が想定する、消費者にそのブランドを採用させるモチベーションを、全員が理解して承認できるように文書化しているか？
- 消費者があるブランド（あるいはカテゴリー）よりも別のブランド（カテゴリー）を採用する理由に照らして、自社のポジショニングはライバル社のポジショニングに比べて妥当であるか？
- 異なる消費者セグメントは異なる製品で動機づけされているか？　マーケティング戦略とセグメンテーションは合致しているか？　各セグメントの価値（しばしば市場規模と呼ばれる）をわかっているか？

❖ロレックスとタグ・ホイヤーとタイメックスの事例

機能的に見れば、ロレックス、タグ・ホイヤー、タイメックスの腕時計はどれも時間を示す。では、タイメックスではなくてタグ・ホイヤーを選ぶ人がいるのはなぜだろう？　時間がわかるから？　そうとは限らない。一〇ドルのタイメックスでもその役目は果たしてくれる。ロレックスやタグ・ホイヤーのような高級腕時計は、時間を告げると同時に、その人物に関する何かを自分自身と他者の両方に伝えるために選ばれる。

我々は、消費者のモチベーションを理解する際に、モチベーションを次のように機能的、社会的、感情的な利点に分けて考える。

- 機能的な利点とは、時間を知らせることだ。だが、高級腕時計の付加的な機能的利点は、宝石と同じようなものである。つまり、ドレスアップしたときの添え物のようなものだ。もちろん、高級腕時計を毎日身につける消費者セグメントも存在する。
- 社会的な利点によるモチベーションとは、ブランドが社会で伝えているものを意味する。ロレックスとタグ・ホイヤーは、それを身につけている人物について何かを伝えるバッジ・ブランドだ。極端なたとえで言えば、警官のバッジが「私は法の番人だ」と告げるように、手首にはめたロレックスが「私は上流階級の人間だ」と告げ、タグ・ホイヤーは「私は成功したけれど、キャリア一筋の人間ではなく、冒険好きでスポーツ好きでもある」と告げるのだ。タグ・ホイヤーがプレゼントとして贈られるとき、ブランドの意味は贈る人が自分に買うときと同じだが、贈る側が贈られる側に対してどのようなイメージを抱いているかを告げている。

●感情的な利点という観点で見ると、ロレックスとタグ・ホイヤーはそれぞれ、それを買う人物に何かを告げる。たとえば、ある種の人々にとっては、「よくがんばったご褒美だ」と告げる。

モチベーション分析にとって重要なことは、消費者の心のなかにある、あなたの会社のブランドの意味を理解することだ。

❖TARGETとウォルマートの事例

TARGETとウォルマートでは価格はそんなに変わらないし、(＊1) 扱っている製品にもさしたる違いはない。だが、我々のリサーチによれば、TARGETのポジショニングはウォルマートとはかなり違いがあることがわかった。

郊外に住む高額所得者層のなかには、TARGETを貴族的に聞こえるフランス語読みし、「タージェ」と呼ぶ人もいて、ウォルマートよりも社会的に許容できる店とみなしている。TARGETは上品さを中心にポジショニングし、ウォルマートは「毎日が低価格」というキャッチフレーズを中心にポジショニングしている。上流階級の（あるいは上流階級好きの）消費者からすれば、TARGETにはより品質の良い製品が揃っているように思え、一方の「ウォルマートは、商品の質が悪いと認識されていて、暮らしに余裕のある消費者からは敬遠されている」(＊2)

まったく同じものを、ほぼ同じ金額で買うなら、ウォルマートではなくTARGETで購入するという消費者のモチベーションには、TARGETのほうが高級だというブランド認識が大いに働いている。必要以上の出費はしたくないというモチベーションを持つ人々は、ウォルマートは安い、買うならここと考えている。それは一ペニーでも節約したいということだ。ウォルマートの買物客のなかには、(たとえ裕福であっても)一番得をする、あるいは一番安く買うことでプライドを満足させる人たちもいる。

このようなモチベーション分析は、「広告の初歩の初歩」だと思う人もいるかもしれない。だが、マーケティングの失敗要因の三分の一がモチベーション関連の過ちであることを考えれば、この基本原則を実行に移すことが不可欠だ。マーケターは次の要点を肝に銘じておかなければならない。

- 「消費者モチベーションに対する理解」はあらゆる効果的なキャンペーンを作り上げる出発点である。
- 顧客がライバル・ブランドではなく自社ブランドを採用する理由を把握する。
- 購買の決定要因は、製品、価格、立地、パッケージングだけでなく、認識でもある。このため、消費者のどのような認識がブランドの機能的、社会的、感情的特性と関連しているかを知らなければならない。

メッセージ効果は、共通するモチベーションを理解し、その理解をメッセージにこめられるかどうかにかかっている。ここもCOPに助けてもらおう。「これが大事だ」ということがわかっていても、必ずしも有意義なメッセージにはならない。その結果、一流マーケターの三六％は失敗している。

COPのプロセスは、マーケティングや広告のすべてのキャンペーンにいわば「国法」を強いる。COPは、仮説をテーブルに載せ、全員が読みいっしょに考えられるようにする。第I部で論じたように、キャンペーンの成功を妨げる可能性のある障害物はいくつもあるが、COPを導入することで、障害をすべて迂回して、目指す場所に辿り着くことができる。

メッセージ効果は、共通するモチベーションを理解し、その理解をメッセージにこめられるかどうかにかかっている。

❖COPの活用で方向転換ができたINGファイナンシャルサービスの事例

INGファイナンシャルサービスがアメリカ市場に初めて参入したときのテレビ・コマーシャルは、「INGとは何か？　INGは新しく、革新的」というものだった。

モチベーションの引き金として新しい考え方や革新に照準を置くというのは、金融業界ではきわめて珍しいことだ。だが、金融アドバイスを求めている人々にとって、サービスを提供する企業の考え方の新しさ、さらに言えば、革新性といったことは、二の次だ。それよりも、顧客の投資の状況や課題を理解しているかどうかを最重視する傾向がある。では、機能的、感情的、社会的利点の観点から、消費者がINGブランドを採用する理由を解明してみよう。

銀行を選ぶ際の感情的なつながりは、安心への欲求や、「この銀行は私や私のニーズを理解してくれる」「長年この銀行を使ってきた。親密な関係というほどでもないが、未知の使ったことのない銀行は不安だ。金融界は何かと複雑で、ひと目ではわからない例外規定などがあることを考えるとなおさらだ」といった消費者特有のあくまでも自分中心の信念であることが多い。

モチベーションの社会的な特性を重視する消費者もいる。銀行名を口にして自慢するバッジ効果として銀行を使いたがるわけだ。こうした人々の社会的モチベーションが有利に働くのは、モルガン・スタンレーやメリルリンチだ。だが、機能的な特性という観点で見れば、どれほどの差があると言えるのだろう?

おそらくＩＮＧが当初、「我々は革新的だから採用してほしい」と訴えたのは、他の金融機関が重視するモチベーションに迎合していては、誰も振り向かないと考えたからだろう。

しかし、ＩＮＧは消費者のモチベーションに合わせたポジショニングのほうが適切だと判断し、モチベーションに対する取り組みを調整した。新しいキャンペーンは「我々は複雑な（金融の）世界をシンプルにする。ぜひ我が社へ」というものだ。ＩＮＧは消費者の声に耳を傾け、真に共感を呼ぶモチベーションを獲得するために必要に応じて調整ができる企業だといえる。

消費者モチベーションに関する知識のギャップを埋める

経験的に言って、消費者が自社ブランドを採用する理由を理解し、シナリオ・プランニングのプロセスで文書化することによって、マーケティング・キャンペーンの成功率は劇的に向上する。書き記し、コンセンサスを得ることで、論理の一番の弱点をあぶりだすことができるからだ。

シナリオ・プランニングでは、明確な成功の定義を作るところから始めた。そして、定義するプロセスの一環として、マーケティング・チームは合意を築き、顧客セグメンテーションやモチベーションに関連する問題で合意する。ライバルに対して適切なポジショニングを行なうには、少なくともなにがしかの調査を行なう必要がある。

❖マクドナルドの事例

我々がマクドナルドと仕事をしたとき、マーケティング・チームは、新製品のフラットブレッド・サンドイッチを消費者に認識してもらうことを第一の目標と定めた。第二の目標は売上だった。チームのコンセンサスは、顧客がこの新しいサンドイッチを買うモチベーションは「新しさとおいしさのコンビネーション」だという認識だった。広告代理店も同意し、この商品を広告の主人公にする企画書が作成された。

代理店が制作したオンライン広告は、ペッパー・ジャック・チーズ、あぶったチキンの厚切り、新鮮なレタス、そしてみずみずしいトマトを挟んだサンドイッチの見事な映像と、「新発売」という文字の入った黄色い吹き出しだった。あまりにおいしそうな映像だったので、「お客様がコンピュータ画面にかぶりついても責任は負いかねます」という警告まで入っていた。

だが、仮に代理店が、おいしそうな商品をど真ん中に据えた広告ではなく、赤と黄色のレスリング・スーツを着たおかしなニワトリが、「獰猛な野獣を満足させられるのは?」と問いかける映像を提供していたらどうなっただろう? フラットブレッド・サンドイッチのおいしそうな画像もなく、おいしさのコンビネーションにも触れず、「新しい」とか期間限定販売といった言及もない。登場するのは、レスリングの格好をして「獰猛な野獣を満足させられるのは?」と問いかける、おかしなニワトリだけだ。

第7章で論じたように、シナリオ・プランニングでは、クライアントは「待て、ニワトリ・レスラー。お前がメディア・プランに飛び込んで、会社の金を何百万ドルも使う前に、『新しさとおいしさのコンビネーション』という消費者のモチベーションとどんな関係があるのか説明してもらいたい」と主張することができる。

答えは、消費者がマウスをニワトリ・レスラーに合わせると、オンライン広告が魔法のように広がり、獰猛な野獣を満足させることができる、おいしそうな商品の映像が映し出されるというものかもしれない。だが、この広告には、おいしさのコンビネーションを伝えるのに消費者の関与が必要になる。それでうまくいくだろうか?

データがないので断定はできないが、COPでおかしなニワトリの暴走を防ぎ、「信頼しよう。ただし検証してからだが。ニワトリ案が他の案と比べてどれほど効果的か見てみよう」と言ったらどうなるだろう？　おかしなニワトリは、広告効果に飛躍的な貢献をするかもしれないし、苦労して稼いだ会社の金をごっそりとドブに捨てる「クリエイティブな方法」にすぎないかもしれない。

●消費者モチベーションの目録を作成する

消費者のモチベーションを活用するには、リサーチ・データを体系的にまとめなければならない。この種の作業は初めてという人のために、ガイドラインを紹介しよう。

モチベーション発見のプロセスには三つのレベルがある。レベル①はカテゴリー、レベル②はクラス、レベル③はブランドだ。たとえば、「自動車」はカテゴリーだ。自動車というカテゴリーのなかに、セダンやSUV（スポーツ多目的車）やスポーツカーといったクラスがある。そして、クラスごとに、いくつかの競合するブランドがある。

歯磨きのような、比較的廉価でそれほど真剣に選ぶわけでもない製品であれば、カテゴリー・レベルのモチベーションだけでポジショニングしても構わないだろう。だが、自動車のような、より高価で消費者が真剣に選ぶ製品だと、広告効果を高めるには、入念に検討し、消費者のモチベーションの三つのレベルすべてを活用しなければならない。

❖レベル①：消費者がその製品カテゴリーを採用する理由を知る

「この製品カテゴリーの目的は何か?」。機能的、社会的、感情的な利点という観点から、消費者にこの製品カテゴリーを採用させるものは何か？　その答えは、たとえば製品が車だとしたら、次のような全般的な答えから始まる。

機能的利点：移動や輸送手段の提供

だが、忘れてはならないのは、製品カテゴリーの目的を包括的に描写したところで、機能的特性を重視しすぎていて、個々のブランドのモチベーションを説明する利点をすべて把握することはできない場合が多いということだ。

そこで、さらに深く調査し、感情的、社会的なニーズに目を向ける必要がある。このカテゴリーを購入することで、消費者は自分自身と他者に対してどのようなサインを送っているのか？

自動車のように複雑で細分化されたカテゴリー（数百もの選択肢がある）では、通常、消費者がそのカテゴリーを採用する理由にポジショニングしても十分とは言えない。マーケターは、消費者がそのカテゴリーのなかの特定クラス、特定ブランドを選ぶ理由を解明し、モチベーションの第二、第三のレベルを詳しく検討しなければならない。歯磨きのような、消費者がそれほど選択に慎重になるわけではない製品であれば、そのカテゴリーを購入するモチベーションを理解するだけで十分な場合が多い。

「この製品カテゴリーの目的は何か？」。機能的、社会的、感情的な利点という観点から、消費者にこの製品カテゴリーを採用させるものは何か？

❖コルゲートの事例

なぜそのカテゴリーを買うかという消費者のモチベーションに対するマーケターの理解と表現が、製品の成否を分けたケースを見ていこう。

その製品とはコルゲート・ガム・プロテクションだ。失敗作で、売上は可もなく不可もなくといったところだった(＊3)。だが、製品自体はその効果が臨床的にも実証された、非常に優れたものだった。幸いにも、そして、驚くべきことに、コルゲートはほとんど一夜にしてその失敗を立て直すことができた。製品のブランド変更を行ない、新しいブランドの照準をそれまでとは異なる一連のモチベーションに置いたのだ。

一九九〇年代初めに全世界で売り出されたコルゲート・ガム・プロテクションは、微々たる市場シェアしか得られなかった。機能的にはじつに有利だったはずだが、市場進出に失敗したというのが大方の見解だった。使用したトリクロサンという新しい化合物は画期的な化学物質で、臨床結果もこの製品が歯肉炎の治療に効果的で、他の歯磨きよりも長時間歯を保護することを実証していた。

問題は、診察室で患者にコルゲート・ガム・プロテクションを勧める白衣を着た歯科医を登場させた最初の広告キャンペーンにあった。コルゲートは、消費者が歯磨きを買う理由のなかでも、さして重要ではない部分を売りにしていたわけだ。このキャンペーンの背後にあるコルゲートの仮定とは、消費者は（医師が病気を治療するために薬を処方するように）歯科医が「歯と歯茎を治療してくれる」と信じているはずだというものだった。

この広告は他の長所にも触れていたが、おそらく消費者の耳に届いたのは、「あなたの歯肉炎に効果的なので、ぜひこのブランドを」というメッセージだった。要するに、コルゲートは消費者が痒くもないところを掻いていたのだ！

これはコルゲートがいかにしてメッセージを誤まったかを物語っている。そして、メッセージを誤まった原因は、消費者のモチベーションに関する仮定が間違っていたからだ。メッセージの焦点を歯科医にしたのは、消費者は歯磨きで口腔内の病気を治療したい、「歯茎が歯周病になるのを防ぎたい」と思っているはずだという前提に基づいていた。だが、歯周病の人について我々が抱くイメージは、歯が本当に汚く、歯茎が痩せて、いまにも歯が抜けそうな人々だ。これは誰であれ自分と結びつけたがるようなイメージではない。

歯磨きのようなそれほど選択に慎重になるわけではない製品でも、社会的な許容や個人的な関係性と結びつく消費者の購買モチベーションがある。このため、コルゲート・ガム・プロテクションが「私のような人々」のための製品という考えは、消費者に拒まれたわけだ。

歯磨きのようなそれほど選択に慎重になるわけでもない製品でも、社会的な許容や個人的な関係性と結びつく消費者の購買モチベーションがある。

では、コルゲートはいかにして、このつまずきを純然たる成功に変えたのだろう？　使ったのは、失敗した製品とまったく同じトリクロサンだった。同じ歯磨き、同じ化合物で、味まで同じだった。だが、マーケティングを変え、異なる消費者モチベーションに焦点を当てたのだ。

コルゲートのあるエグゼクティブはこう語った。「たくさんの情報を盛り込める五分間のインフォマーシャルで、メッセージを限定し、消費者を最も惹きつける長所を選び、市場シェアの高い製品に仕立て直すのは実に難しかった」(＊4)

コルゲートのマーケターは、「持続するプロテクション」というモチベーションに基づいたポジショニングが、この製品カテゴリーで何か新しいものを試そうという消費者のモチベーションの中心であることを知った。そして、白衣の歯科医の代わりに、一日中仕事に追われるエグゼクティブが登場し、バックには歯を磨いている音が流れるという映像に変え、コルゲート・トータル歯磨きが一日中まばゆい笑顔と新鮮な息を生み出すことを伝えたのだ。これこそ消費者が自分と関係があると思えることだった！

製品名も、「コルゲート・ガム・プロテクション」から「トータル」に変更し、病院を思わせる「ガム・プロテクション・フォーミュラ」というレタリングをやめ、薬のように見えたパッケージングも、明るい赤と白を用いたより動的なロゴに変えた。要するに、パッケージングもメッセージの一部なのだ。
新しいキャンペーンは瞬く間に、あらゆる国、あらゆる地域、さまざまな文化にまたがって成功を収めた。三五年間もP＆Gのクレストの後塵を拝していたアメリカ市場でも、トップの座を奪取し、発売から数カ月でこの一五億ドル製品市場の一〇％以上のシェアを獲得した。これによって、コルゲート全体のシェアは二五％まで拡大し、首位のP＆Gをわずかに上回った。(＊5)

さらに、消費者はこの新製品の味まで好んだ。味など変えていないにもかかわらずだ。これは、モチベーションとメッセージが的確だった証しである。名前とパッケージを変更した新製品の成分は、以前とまったく同じだった。コルゲートがモチベーションとポジショニングを誤ったときの市場調査では、消費者は味が嫌いだ、薬のような味だと言った。だが、新たなキャンペーンによって、消費者は同じ味なのに良くなったと感じたことになる。

振り返ってみると、事前にシナリオ・プランニングを活用し、想定できる消費者のモチベーションを明確に列挙していたなら、このすばらしい革新的な製品のマーケティングにおける最初の過ちは避けられたかもしれない。当時COPがあったら、歯磨き製品カテゴリーにおける消費者の最も差し迫ったニーズは「歯周病を食い止めること」だという認識に、誰かが異論を唱えていたかもしれない。

だが、たしかに、歯周病は消費者の大部分にある程度影響を及ぼしていることを考えれば、自分の歯茎を守り、歯周病にあらかじめ対処したいと思う消費者のモチベーションに着目することは妥当とも言える。いずれにせよ、シナリオ・プランニングは、マーケターが素早く対応し、調整するのに役立つ。現在、コルゲートはシナリオ・プランニングをマーケティング・プロセスの一環として実施している。

有能なマーケターを擁する巨大な成功企業であっても、製品カテゴリーを採用する消費者のモチベーションを見誤る場合があることは明らかだ。だからこそ、まったく同じ製品に対して、誤った認識からマーケティングの再評価、変更、的確な認識、そして成功へと進むことができた企業が存在するという事実はすばらしいことだ。

コルゲートは、「レベル①：消費者がその製品カテゴリーを採用する理由を知る」を地で行った格好の例だ。消費者が歯磨きを採用するのは、歯周病や口臭を予防するためである。そして、その効果が次に歯を磨くときまで持続することがわかっているので、晴れやかに微笑み、安心していられるわけだ。コルゲートはこの消費者のモチベーションをうまく利用することで成功に結びつけた。

歯磨きのような、消費者が比較的選択に悩まずに済む製品は、カテゴリーの長所を中心に据えてポジショニングすると効果がある。だが、競合するブランドの選択肢が多い、選択に腐心する製品はどうだろう？　こうした製品ブランドには、レベル②、レベル③のモチベーションを考慮しなければならない。

まったく同じ製品に対して、誤った認識からマーケティングの再評価、変更、的確な認識、そして成功へと進むことができた企業が存在するという事実はすばらしいことだ。

❖レベル②：顧客が特定のブランド・クラスを選択する理由を知る

一部の人々が同じカテゴリーに含まれる、あるブランド・クラスではなく別のブランド・クラスを選ぶのはなぜか？　その理由を知ることが成功の鍵である。たとえば次のような問いかけをしてみよう。

- なぜ消費者は低価格車ではなく高級車を選ぶのか？
- なぜ消費者はミニバンではなくSUVを選ぶのか？
- なぜ消費者はビールの主流ブランドではなく地ビールを選ぶのか？
- なぜ消費者はブランド医薬品ではなくジェネリック医薬品を選ぶのか？

こうした問いかけによって、より深い機能的利点について考えることができる。そして、この問いかけに答えることで、購買を促す態度に関する信念が生まれる。機能的利点のリストを検討し議論することで、消費者が同じカテゴリーのあるブランド・クラスではなく別のブランド・クラスを選ぶ理由を説明することができる。しかし、さらに掘り下げて考えなければならない。

SUVとミニバンを例に考えてみよう。ミニバン購入を予測する判断材料として考えられる最もふさわしい要因は、第二子の誕生である。そして、SUV購入を予測する最良の判断材料も第二子の誕生なのだ。つまり、SUVもミニバンも人数が増えた家族のための輸送、移動手段という同じ機能的な利点を提供するわけだ。では、なぜミニバンを好む母親もいれば、ミニバンに乗っているところを人に見られるのはまっぴらごめんだと思ってSUVを選ぶ母親もいるのだろう？

その答えは、えてして機能的な違いよりも社会的、感情的モチベーションに見出される。リサーチによると、自分を何よりもまず「母親」だと考える女性はミニバンを選び、自分を母親になる前の自分で定義する女性はSUVを選ぶことがわかった。

男性の場合は、ミニバンよりもSUVを選ぶ社会的、感情的側面が女性よりも明確に定義される。人によっては、ミニバンを運転するのは男らしくないと思う(*6)。ダッジは自社のミニバンに強力な「ヘミ」ブランドのエンジンを採用することで、こうしたモチベーションの障害に取り組もうとした。ヘミ・エンジンは明らかにダッジの「マッスルカー」やトラックなど、男らしさを売りにした車から生まれたものだ。テレビ・コマーシャルでは、ダッジのミニバンのボンネットが開いていて、男の子の赤ん坊を抱いた父親が、自分にとって意味のある物、つまり、ヘミ・エンジンを指差している。

なぜミニバンを好む母親もいれば、ミニバンに乗っているところを人に見られるのはまっぴらごめんだと思ってSUVを選ぶ母親もいるのだろう？　その答えは、えてして機能的な違いよりも社会的、感情的モチベーションに見出される。

❖レベル③：顧客が特定ブランドを選択する理由を知る

次に、同じカテゴリーのなかのブランド同士のモチベーションやポジショニングを調べてみよう。たとえば、次のように問いかけてみる。

●SUVの購入を決めた消費者は、なぜシボレーのタホよりもトヨタのセコイアを選ぶのか？
●ビール好きはなぜハイネケンではなくサム・アダムスを飲むのか？

我々はリサーチの過程で、三つのレベル――①消費者が同じブランド・クラスのあるブランドではなく別のブランドを採用する理由、②消費者があるブランド・クラスではなく別のブランド・クラスを選ぶ理由、③そもそも消費者がそのカテゴリーの製品を買う理由――すべてを捉える特性リストを作成する。このモチベーション・リストは、消費者が自社ブランドを選ぶ理由だけでなく、競合するブランドを選ぶ理由も網羅しなければならない。

このリストの重要性はいずれ明らかになるが、これがマーケティング効果を評価する際の核となる。また、クリエイティブ・メッセージが最も重視されるモチベーションと結びついているかどうかを議論する際にも有用である。

図8－1に示した例で言えば、デナリ・ブランドに行き着こうとすれば、優れた操縦性という認識を探り当てたいと思うだろう。たとえこれが、結果的に消費者にポルシェのカイエンのようなライバル車を選ばせる特性だったとしてもだ。

図8-1　顧客が特定の自動車ブランドを購入する理由を理解するためのブレインストーミングの例

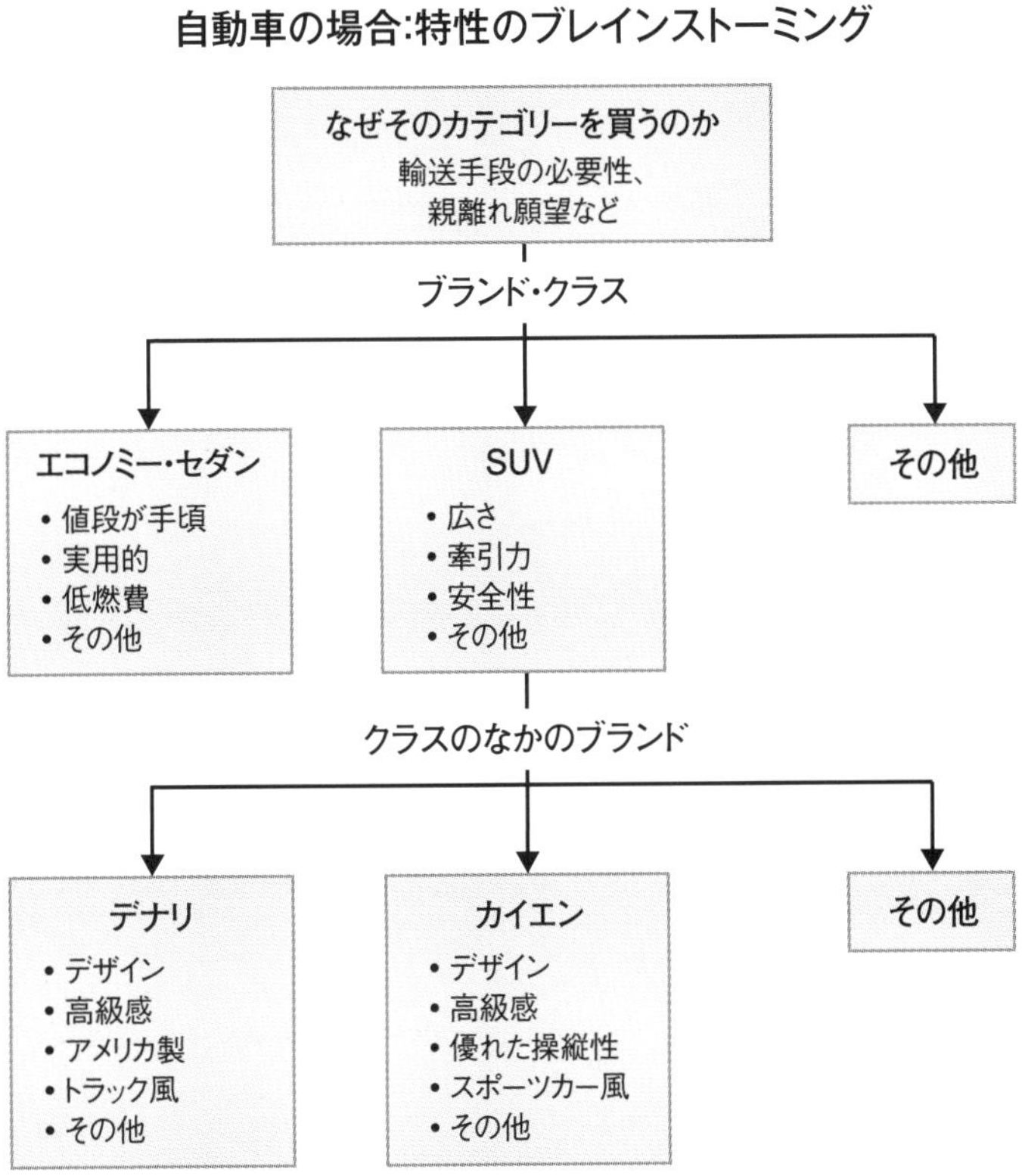

同時に、消費者があるブランドではなく別のブランドを選ぶことになった特定の契機があるのかどうか、そして、消費者が選択を変える契機があるのかどうかも考えなければならない。カイエンに対してデナリが優位な点は、後部座席の数が多いことだろう。めったに使われないとしても、「必要なときにそこにある」というアイディアは、訪ねてきた家族や友人（あるいは子供の友達）を乗せることができるといった社会的利点とも結びつくかもしれない。燃費の問題も調べてみたいはずだ。買いたくない理由を理解することも、買いたい理由を理解するのと同じくらい重要だ。想定しうるこうした状況を特性報告書にまとめ、リストに加えよう。

図8－1は、このブレインストーミングのプロセスを視覚的に表現したものだ。

ブレインストーミングの結果をまとめたリストと、すでに判明している自社ブランドに対する消費者の認識を比べてみよう。そして、さまざまなタイプの訴求力を抽出した「ブランド要素表」を作成してみよう。これは、ブレインストーミングのリストがあらゆる顧客ベースを網羅していることを確認するためのものだ。図8－2はその一例である。

このリストは、すべてのブランドやカテゴリーに使えるわけではないが、出発点としてはふさわしい枠組みだ。とはいえ、このリストはほとんどのカテゴリーで機能し、マーケティング評価につながる。このような形でモチベーションを評価することによって、マーケティング・メッセージが消費者に重要なモチベーションと結びついていることを確認できる。さらには、競合ブランドが活用しているモチベーションに関する考察も深まる。

我々は、TARGETと仕事をしたとき、高級市場への移行を公言したウォルマートの声明がT

図8-2　ブランドに対する消費者のモチベーションの例

全般的なブランド要素	消費者がブランド要素を取り入れる方法	特性メッセージの例	有形と無形
理性的（思考）	このブランドについて何を知っているか？	「メルセデスは高級車を作る」「ダヴは女性用スキンケア製品を作る」	⇩有形
肉体的（感覚）	このブランドはどのような感触か？	「ジャガーは流線型で豪華な感じがする」「ヴィクトリアズ・シークレットはシルキーなランジェリーを作る」	
感情的（気分）	このブランドについて自分はどう感じているか？	「ジープに乗れば、わくわくする冒険ができる」「オールステート保険なら安心できる」	⇩無形
地位（アイデンティティ）	このブランドを所有したら、他の人々にどう思われるか？	「うちのドライブウェイにキャデラックが停まっていたら、近所の人々は感服するだろう」「ナイキのスウッシュ・マークは勝者のためにある」	
時代感覚（文化的時代）	このブランドは時代をどう体現しているか（時代遅れ、古典的、現代的、その他）？	「アキュラは先進的だ」「TARGETは他のディスカウント・ショップより流行に敏感だ」	
物語性（信念）	このブランドに対する伝聞や空想に基づいた信念	「ハマーに乗るということは、どんな困難に直面しても乗り越えられるたくましい一匹狼を意味する」「クリスタルライト・レモネードは健康的な飲み物だ」	

ARGETにとってどれほど大きな脅威になるのかを調べてみた。強み（strength）、弱み（weakness）、機会（opportunity）、脅威（threat）について調べるSWOT分析を行なえば、別のブランドを選ぶ消費者のモチベーションを突き止め、鍵となるモチベーションをブランドに結びつけることで競合ブランドの参入を防げることがわかるはずだ。

キャンペーンの成功には、消費者のモチベーションを的確に把握することが不可欠だ。この点について異論はないだろう。だが、我々がいっしょに仕事をした一流マーケターのなかにも、一番大切な消費者モチベーションに合致していなかったために最大限の成果を上げられなかったケースがある。消費者のモチベーション、ニーズ、ポジショニング、セグメンテーションが相互に複雑にからみあっていることを思えば、モチベーションの的確な把握のむずかしさは想像に難くない。だが、モチベーションの見極めは、マーケティング・プランにおいてその後のあらゆるものを決定する基礎となる。モチベーションがはっきりしていなければ、すべてが崩れかねない。

我々の経験では、マーケターがモチベーションを誤解しやすいのは、最適な答えに到達したことを確認するCOPを持たないからである。マーケターは消費者がそのカテゴリーを買う（あるいは採用する）理由、そのカテゴリーのなかでそのブランド・クラスを選ぶ理由、そしてもちろん、あるブランドではなく特定のブランドを買う理由を明確にしなければならない。また、そのカテゴリーやブランドの機能的、感情的、社会的な特性からこの点を理解することも重要である。COPを導入することで、マーケターは正しい問いかけを行ない、まっすぐな細い道から外れることなく進むことができる。

モチベーションの見極めは、マーケティング・プランにおいてその後のあらゆるものを決定する基礎となる。モチベーションがはっきりしていなければ、すべてが崩れかねない。

顧客の真のモチベーションを理解できたなら、第9章に進み、ターゲット市場の異なるセグメントについて考えてみよう。

第9章 モチベーション、セグメンテーション、ポジショニング

前章では、消費者の真のモチベーションを理解するために重要な三つのレベルについて説明した。

レベル①：消費者がその製品カテゴリーを採用する理由を知る
レベル②：消費者が特定のブランド・クラスを選択する理由を知る
レベル③：消費者が特定ブランドを選択する理由を知る

本章では、引き続きモチベーション分析を行なうと同時に、この分析と密接に関連するマーケティングの意思決定、すなわち、対象とする顧客ベースのセグメンテーションとポジショニングを行なっていく。

●――セグメンテーションとポジショニングを的確に把握する

すでに述べたように、消費者があるブランドを採用する機能的、社会的、感情的な理由に焦点を合わせるというやり方は、ほとんどの購入カテゴリーやブランドに適用できる。ブランドを採用する理由は、消費者によって異なる。セグメンテーションは、消費者のモチベーションを的確に把握するうえで重要な要素であり、セグメンテーションとポジショニングは密接な関係にある。この点に関するケーススタディをいくつか見ていこう。

第8章のコルゲートの例は、より広いセグメンテーションという問題をも示唆している。コルゲート・ガム・プロテクションは、どう見てもめざましい成果を上げたとは言えなかった。しかし、まったく売れなかったわけではない。つまり、コルゲートの最初のポジショニングを（多くはないが）一部の消費者は歓迎したということになる。

コルゲートは、大多数の消費者のモチベーションを見つけ出した時点で、その知識を活かして、より大きな、潜在的収益性の高いセグメントをターゲットに、新たなモチベーションをポジショニングし、製品を再び市場に送り出し、著しい結果を出すことができた。

では、セグメントを分類し、最も収益性の高い機会に的を絞るには、どうすればよいのだろう？

ここでフォーカス・グループ手法を使うと、こちらが考えているのと同じ理由で自社ブランドを採用する人が少なくとも一人は見つかる結果になるだろう（マーケターというものは、フォーカス・グループへのインタビューで自分が聞きたいことを聞きたがる傾向にある）。

だが、本当にそれで、そのニーズによるモチベーションを持つ十分な大きさのセグメントがあることになるだろうか？　そうは言えないはずだ。だからこそ、さまざまな要因によって動機づけされる消費者の市場規模を評価する、統計的に根拠のある（たとえば、フォーカス・グループ手法ではない）方法が、成功には欠かせないのだ。

マーケターというものは、フォーカス・グループへのインタビューで自分が聞きたいことを聞きたがる傾向にある。

❖クラフトのジェロの事例

クラフトのジェロ（ゼリー菓子）は、第4四半期のマーケティング・キャンペーンとして、一年に四回だけの特別な行事や祝日——クリスマス、ハロウィーン、感謝祭、元日——向けのレシピ案を提供することに焦点を当てたキャンペーンを行なった。

感謝祭にオレンジ・ジェロのフルーツリングを作るためにジェロを買う消費者がいるのはたしかだが、リサーチの結果、このレシピのためにジェロの購入を動機づけられたセグメントの規模は、日常的に食べる安くておいしいおやつとして購入を動機づけられセグメントよりずっと小さいことが判明した。

計算では、仮にマーケティング戦略全体を祝日のレシピに向けた場合、何百万ドルもの売上が放置されることになる（そして、ジェロが食卓にのぼることはなくなる）。なぜなら、レシピを主眼とした広告戦略は売れ行きを伸ばす役目は果たすが、別のモチベーションを活かし、ジェロを日常の安価なおやつとしてポジショニングすれば、さらに売上を伸ばすことができるからだ。

経験的に見ると、多くの広告代理店は自分たちのアイディアの正当性を立証するためのリサーチをしがちだ。この点についてはクライアントも同罪である。彼らの「ビッグ・アイディア」がレシピの提供だとすれば、その正当性を立証する目的でテストが行なわれることになってしまう。だが、これでは、消費者の購買モチベーションに関する徹底した分析から見出しうる、より大きな機会を見逃しかねない。「ビッグ・アイディア」を実証するといっても、実際には「ささやかなアイディア」を実証しているだけかもしれない。より優れたアイディアはリサーチでは検討されず、二の次にされる可能性がある。

つまり、さまざまな消費者セグメント（共通するモチベーションによって分類される）の規模と価値を調べることが、よりよいアプローチと言えよう。読者諸兄のブランドは広く網を張り巡らせているだろうか？　もしそうでないなら、より大きな機会を見落としているかもしれないし、そのせいでマーケターに大きな負担がかかっている可能性もある。

クラフトは、さまざまなメディアを利用して、さまざまな消費者セグメントに対応した。同社のデジタルおよび消費者関連グローバル・マーケティング担当副社長であるキャシー・オルヴァニー・リオーダンは、クラフトがインターネットのおかげで、さまざまなニーズに動機づけられた消費者セグメントに照準を当てられるようになったと、以下のように指摘する。

「従来は照準を一つに絞らなければならなかった。ジェロは健康的なおやつとして位置づけられることもあれば、（レシピによっては）贅沢品になることもあった。マス・マーケティングでは、ビジネスの機会が最大になるポジショニングを選んで、中道に訴える三〇秒テレビ広告を作成してきた。だが、インターネット広告では、さらにターゲットを絞り込み、我々のポジショニングをより良く増幅する、消費者の立場に立ったメッセージを届けることができる」

つまり、クラフトは「健康的なおやつ」と「贅沢品」というメッセージを二つの異なる消費者セグメントに伝えることができるわけだ。だが、すべてのマーケターがクラフトのように洞察力があるわけではない。我々は、自分たちのターゲットが本当に最も収益性のある集団なのかどうかを確かめることもせずに、特定の消費者セグメントにこだわるマーケターも見てきた。

消費者セグメントの規模はその価値ほど重要ではない

フォルクスワーゲンやフォードなどの自動車メーカーは、セグメンテーションの重要性を理解している。フォードは、購買プロセスのさまざまな段階にいる人々にメッセージを届けられる力というものを理解している。これは「購買ファネル（購買に至るじょうご）」と呼ばれる。ファネルの広いほうの口は、今現在新しい車を探していないグループで、細いほうの口は、市場に存在する六カ月以内に車を買おうとしている人々だ。

フォルクスワーゲンやフォードなどの自動車ブランドとの仕事でわかったことがある。すでに市場にいるターゲットとなる客層は、六カ月以降ではあるが将来的に新しい車を買うつもりでいるグループに比べるとパイのごく小さな一切れにすぎないが、すぐに売上に結びつくため価値が高いということだ。

つまり、重要なのはセグメントの規模よりセグメントの価値である。このセグメントの価値をないがしろにすると、大きな失敗を招きかねない。だからこそ、マーケティング・チームはターゲットとする消費者セグメントの価値を考慮しなければならないのだ。

我々は実際のプロセスとして、いわゆるニーズ・ベースのセグメンテーションを行なうよう勧めている。この場合、モチベーションと消費者の経済的価値、そして、利用するメディアによる効果の違いを考慮しなければならない。こうした消費者セグメントは、あるブランドを採用する理由によって区別され、潜在的収益性に応じて優先順位がつけられる。

(ガース・ホールバーグの著書にあるように[*1]) 顧客グループのさまざまな経済価値に着目することによって、あるいは、(ペパーズとロジャーズの提案のように[*2]) 顧客ポートフォリオを作成することによって、よりシンプルな (優れている場合が多い) セグメンテーションを行なうこともできる。重要なのは次の三つの問いかけだ。

①セグメントが異なれば、モチベーションも異なるか?

②セグメントが異なれば、経済的価値も異なるか？
③実際に的確なメッセージを的確なセグメントに送れるように、セグメントによってメディアも異なるか？

セグメンテーションについてはもっと突っ込んだ分析も可能だが、自社のセグメンテーション構想がこの三つの問いかけに答えるものであれば、十分だろう。

❖ワーナー・ブラザーズの映画『コンスタンティン』の事例

映画『コンスタンティン』の例は、さまざまなセグメントのモチベーションについて考える必要性を物語るものだ。この作品を見ていないなら、『マトリックス』『セブン』『エクソシスト』を合わせたような映画だと思えば間違いない。

主演のキアヌ・リーヴスはスターであり、キアヌ・リーヴスだというだけで女性を惹きつける。端正な容姿と魅力は、確実に消費者のあるセグメントにモチベーションを与える。これ以外のモチベーションを持つセグメントは、この映画のアクションと冒険、超常現象、悪魔との戦いといった要素に関心のある、比較的若い男性客だ。

さて、ここでマーケターは決断しなければならない。万人受けする広告でいくか、それともモチベーションが異なるのだから一つのセグメントに照準を絞るか？　たとえば、キアヌ・リーヴスをセクシーだと考える女性セグメントのモチベーションは、優しそうな愛嬌のある微笑を浮かべたキアヌ・リーヴスや彼のお尻のショットを広告に使うだけで高まる。だが逆に、映画自体のアクションや超常現象などに興味のあるセグメントは、優しげな微笑やキアヌ・リーヴスのお尻のショットでは、尻を蹴る連続アクションでもない限り、興味を失うだろう。

アクションと冒険の側面を強調し、戦いの部分を増やせば増やすほど、あるセグメントへの訴求力が増し、もう一方のセグメントを疎んじることになる。マーケターは照準機の十字をどちらに定めるか、決定を迫られる。映画の中心はロマンスなのか、それともアクションと冒険なのか？　そして、この映画をどのようにポジショニングするのか、それともポジショニングを再考するのか？　万人受けを狙った映画は大失敗に終わることがある。

セグメンテーションの方向性の決定は、リサーチとCOPを使った議論を必要とする重要なものだ。消費者モチベーションと製品そのもの、製品が無理なく提供できるものについて考えたうえで、市場規模を見極め、各セグメントの経済的価値を計算しなければならない。そして、セグメントごとの競争状況を把握し、どのような戦いを挑むのかを決定する。

セグメンテーションの方向性の決定は、リサーチとCOPを使った議論を必要とする重要なものだ。消費者モチベーションと製品そのもの、製品が無理なく提供できるものについて考えたうえで、市場規模を見極め、各セグメントの経済的価値を計算しなければならない。そして、セグメントごとの競争状況を把握し、どのような戦いを挑むのかを決定する。

我々は、たとえば映画館でウィル・スミス主演の『最後の恋のはじめ方』が『コンスタンティン』と同時に上映される場合を想定した。『コンスタンティン』の物語の筋は、ロマンスよりもアクションだった。このため、ワーナー・ブラザーズはアクションと冒険の側面を選び、より若い男性のセグメントを惹きつける決断を下した。そして、女性映画ファンには、デート用映画というモチベーション・カテゴリーの、非常に手ごわいライバル『最後の恋のはじめ方』を観てもらうことにした。

しかるべきセグメントに対して、メディアを使ってメッセージを送ることも、このプロセスの一環である。製品によっては、消費者の固有の関心やカテゴリーを形作る方法が、活用するメディアの種類に影響を及ぼすことを、マーケターが知ることができる場合がある。『コンスタンティン』もその一例だった。

SF、超常現象、アクションと冒険を歓迎する観客の立場に立ってみよう。この種の人々は、ロマンチックなキアヌ・リーヴスに興味のある女性たちとはまったく異なる種類の雑誌を読んでいることがわかるはずだ。キアヌ・リーヴスを魅力的に感じる女性は『ピープル』『インスタイル』『インタッチ』などの雑誌を読む傾向が非常に強く、アクションや冒険の部分に関心のある人は『スポーツ・イラストレイテッド』『スタッフ』『マキシム』『カー・アンド・ドライバー』を読んでいることが多い。

結局、『コンスタンティン』のマーケターは、アクションと冒険、超常現象を広告の中心に据えることに決めた。これは良い選択だった。この映画は天井知らずの大ヒットとはいかなかったが、

封切り後の週末の興行収入は三四五〇万ドルと、そこそこの成功を収めた。(*3)

対象とするセグメントを支えるメディアの選択

セグメンテーションを検討するときは、そのセグメンテーションを支えるメディアを買うことができるかどうかも判断しなければならない。

たとえば、コルゲートのガム・プロテクション・フォーミュラ歯磨きの場合には、歯周病にかかった消費者を対象とするメディア、『歯周病の友』などという雑誌が存在しないことはたしかだった。これでは個々のセグメントに的確なメッセージを届けるのはむずかしい。ターゲットを絞ったメッセージを各セグメントに個別に送ることができないとしたら、それは限られたセグメンテーションということになる。

メディア選択はむずかしく、個々のROI（投資収益率）はわかりにくい場合が多いため、分析が必要だ。たとえば、IT担当副社長レベルの意思決定者に訴えるには、『フォーチュン』誌とコンピュータ・ネットワーク・ウェブサイトのCNETのどちらの広告を買えばよいだろう？　CNETのほうがターゲット層の割合が高いと考えたなら正解だ。

だが、セグメントの集中率だけを考慮すればいいわけではない。セグメントの各人に訴えるための費用も考えなければならない。我々がベリサイン社との仕事で学んだのは、『フォーチュン』誌の場合、一人当たりの経費は、CNETで受け手となるIT専門家に訴える費用よりも低いということだ。だが、話はそれで終わりではない。広告による売上をもたらす可能性のあるリード（見込み客）数を見ると、ベリサイン社にとってCNETのほうが効果的だったのである。影響を受けた一人当たりの費用を計算すると、受け手に訴える効率という点ではCNETが群を抜いて高かった。

メディア選択はむずかしく、個々のROIはわかりにくい場合が多いため、分析が必要だ。

残念なことに、従来のメディア・プランニング・ツールには、セグメントごとの影響（リードであれ、売上であれ、ブランド認識の変化であれ）を評価する方法はない。最も重要な評価方法は費用対効果であり、マーケターみずから分析しなければならない。マーケターは、各メディアに投ずる費用や、費用に対して最も影響力を発揮するのはどのメディアなのかを知らなければならない。

ここに到達するには、消費者のモチベーションとセグメンテーションを広告効果の観測結果に結びつける、カスタマイズされたマーケティングROIの評価方法が必要だ。これによって、マーケターはマーケティング・プログラムを管理し最適化するデータと知識を手に入れることができる。

進化する消費者モチベーションに遅れをとらない

読者は消費者の現在のモチベーションをしっかり把握していると思っているかもしれないが、消費者のモチベーションは変わるということを忘れないでほしい。また、ライバルは、こちらの一歩先を行くためにポジショニングを変えることがある。その結果、こちらもセグメンテーションを迅速に変更しなければならない。

マーケターが陥りやすい罠とは、セグメンテーションは不変だと信じこむことだ。多くのマーケターは、膨大な時間と費用をセグメンテーション構想に費やし、消費者のモチベーションやセグメンテーションは変わらないものとみなす。このため、その前提を定期的に検討することをしない。このようなマーケターは罠にはまって動けなくなるが、消費者のほうは動き続ける。マーケターのすばらしいセグメンテーションはあっという間に時代遅れになるだけでなく、そのせいで消費者のモチベーションについて誤った決定を下すことにもなる。

❖アクアネットのヘアスプレーの事例

一九七〇～八〇年代の女性の髪形を憶えているだろうか？　七〇年代には、アクアネットの香りが宙に漂い、髪をけっしてくずれない髪型に固めるこの強力なヘアスプレーのおかげで、女性たちの身長は七～八センチは高く見えた。八〇年代になると髪型は再び変わり、波の渦を連想させ、サーファーにビーチを恋しがらせるようなスタイルが出現した。自分がヘアスプレーを売っていて、王者アクアネットと戦っているとしたら、何をするだろう？

まず、王者の弱点、すなわち女性たちがその製品について満足していない領域を知ることから始めて、次に自社ブランドをそのニッチ市場にポジショニングするだろう。たとえば「アクアネットのセット力は気に入ってるけど、髪をとこうとすると絶対に傷んでしまう」という女性たちの声を耳にするかもしれない。これがモチベーションについての洞察だ。

競合するブランドはこれを活かして、セット力と同時に髪のときやすさを提供する製品をポジショニングするだろう。流行が変化したとき、たとえばヴィダル・サスーンは女性がそのブランドを採用する新しい理由とともに出現した。「自在のセット力」がその約束だった。[*4]

ヘアケア業界では、わずか数年で消費者のモチベーションが変化した。女性があるブランドではなく別のブランドを採用する理由は変わったにもかかわらず、アクアネットは変わらなかった。一九八〇年代に市場を独占していたアクアネットの市場シェアは、二〇〇一年にはわずか四・四％に落ち込んだ。成長の見込みを託されたのは、製品を習慣で使っている高齢化しつつある消費者だけだった。

あるリサーチ会社の報告では、ヘアスプレーはここ数年人気がなくなり、スタイルとセット力を兼ね備えた、より時代にあった多機能なスタイリング製品に取って代わられている。[*5]

消費者のモチベーションは変わる可能性があるし、実際に変わるものだ。広告評価のアプローチは、消費者の嗜好が動いているかどうかを見極められるように、モチベーションの評価方法を統合すべきだ。マーケターはモチベーションの再定義を促す役割を担うことができる。

❖フォードF150トラックの事例

フォードのF150トラックは、消費者のモチベーションを理解し、その知識を活かして優位なポジショニングを行なったマーケティングの成功例である。

フォードは、今すぐに新しい車が欲しい人々（「市場内（in-market）」消費者と呼ばれる）とそうではない人々という、自動車業界では典型的なセグメンテーションを適用している。

だが、現在市場にいなくても、通常新しい車を買ったり借りたりしている人々は、ゆくゆくは、将来のいずれかの時点で、新しい車が欲しくなるということを忘れてはならない。また、このセグメントには、さまざまなメディア選択肢がある。市場内消費者が集中するのは、自動車レビュー中心のインターネットの自動車サイトや雑誌だ。

また、フォードはF150を採用する消費者のモチベーションの変化を利用しようとしている。二〇〇四年度のフォードF150はデザインが一新された。その外観は他のトラックとは明らかに異なる。つまり、トラックであることに違いはないが、そのスタイルは内部も外部も明らかに違うのだ。

フォードとその広告代理店J・ウォルター・トンプソン（JWT）デトロイトは、フルサイズ・トラック購入者が無骨で頑丈なトラックに乗用車並みの高級感を求めていることに気づいた。そもそもこのアイディアは矛盾しているように思えるかもしれないが、フォードは要望に応えたのだ。

モチベーションとメッセージは飛びぬけて静かな車内とすばらしい乗り心地を生み出した。キャンペーン開始前、トラック「購入予定者（intender）」の三人に一人は、F150を「非常に静かな車内」（三〇％）、または「すばらしい乗り心地」（二九％）を備えた車だとしていた。キャンペーンが始まると、これらの認識はそれぞれ一三％（「非常に静かな車内」に対する共感は三〇％から四三％に）と一六％（「すばらしい乗り心地」に対する共感は二九％から四五％に）増加した。

しかも、「無骨で頑丈」というイメージを損なうことなくこの数字を達成したのである。ちなみに、「無骨で頑丈」もキャンペーン前の四一％からキャンペーン後には五三％へと一二％上がった(*6)。フォードはモチベーションと知識をうまく活用し、ブランドの再ポジショニングを行ない、ライバルから市場シェアを奪ったのだ。

F150の二〇年の歴史のなかで、フルサイズ・トラックの購入モチベーションは変化した。フォードは消費者の需要変化を鋭く見抜く。同社のリサーチ・システムはますます進化し、消費者モチベーションの理解だけでなく、マーケティング活動によって生じるモチベーションの変化を追跡できるようになっている。

本章と前章で示したように、モチベーションを的確に把握することは、マーケティングにおいて決定的な意味を持つ。これはキャンペーン全体の基礎である。そして、強固な基礎が最適化されたセグメンテーションと結びつけば、ブランドの急成長を促す。

最適化されたセグメンテーションとは、収入や収益に最大の影響を及ぼすに足るセグメントに、的確なメッセージを集中させることだ。多くのブランドにとってマーケティングの核となるのは、ターゲットとなる消費者セグメントに適切なメディアを通じて影響力の大きいメッセージを発することである。ターゲットを絞りこんだメッセージを異なるセグメントに届ける力があれば、広告効果はさらに上がる。

クラフトはこの戦略を推し進め、明確に異なるメッセージをさまざまなセグメントに届けている。ターゲットを絞りこんだメッセージはさまざまなモチベーションに働きかけ、それぞれのセグメントが異なるメディアを活用して成果を上げている。

リサーチを行なってそれぞれの消費者セグメントのモチベーションを理解したなら、次のM、すなわち、メッセージに進み、さらにマーケティングの成功確率を高めよう。

マーケティングの核となるのは、ターゲットとなる消費者セグメントに適切なメディアを通じて影響力の大きいメッセージを発することである。

第10章 心に刺さるメッセージと広告

子供のころに遊んだ伝言ゲームを憶えているだろうか？　ある一文を小声で隣の子に伝え、その子がまた次の子へと次々に伝えていくゲームだ。「落ち」は、最後尾の子が「聞いた」言葉を発表したときに訪れる。その語句はまったく筋が通らず、最初の一文とはまるっきり違う意味になっていて、みんな大笑いするというわけだ。

脳が、伝えられたことに対して独自の意味を作り出そうと、働き、書き込み、上書きし、あるいはねじ曲げるさまは滑稽なものだ。しかし、伝言ゲームならおもしろいですむが、現実世界の大金のかかった広告となると笑ってなどいられない。

我々がリサーチを行なった本書に登場する三〇社を超す企業のうち、なんと三一％が、少なくとも一つのメディアでメッセージングを誤っていた、あるいは、少なくとも消費者がメッセージを聞き間違えていた（つまり、メッセージが売上に貢献しなかった、あるいは、消費者のブランド認識に意図した変化が生まれなかったという意味だ）。

特定の分野でメッセージを誤まり、マーケターにその誤りを発見し、正し、成果を改善するようなシステムがなかったケースもあった。だが、マーケターに効果的なメッセージングを約束するメカニズムが欠けていたケースのほうが多かった。こうしたマーケターが市場の典型だとすれば、マーケティング生産性の年間損失額は三五八億ドルにも達する。

これは明らかに困った状況だ。広告活動の核は広告そのものだ。にもかかわらず、多くのマーケターがメッセージングを誤るのはなぜか？　この問題は非常に複雑だが、ある意味で今日の広告の実情を物語っている。

本書の主眼は広告だが、メッセージングの影響力は広範だ。広告そのものだけではなく、販売員が直接伝えるメッセージや、製品パッケージ、流通チャネル等々、消費者が接触してくるあらゆる「タッチポイント（接点）」に影響を及ぼす。ブランドに関するあらゆるものが意味を伝えている。そのすべてをメッセージとして扱うべきだろう。

本章とこのあとの二つの章では、多くのメッセージが心に刺さらない理由、そして、COPを導入して、消費者の体験全般に正しいメッセージングを行なう方法について説明する。

あらかじめ断っておくが、これから検討していく内容は、消費者はいかにして意味を作り出すかという問題に対する理論的根拠になるため、多少難解なところがあるかもしれない。あえて理論的根拠に触れるのは、我々が仕事をしてきたすべての領域で、CFOやCEOも含めたほとんどすべてのマーケターが自分はメッセージングには精通していると思いこんでいたからだ。

しかし、リサーチでも実証されているように、メッセージングの働きは、我々が教えられたものより複雑で多様である。神経科学や観測ベースの広告実験は、メッセージング機能に関する理論は見直しが必要だと示唆している。かつては意味があり、マーケターの役に立つように見えたコミュニケーション理論のなかにも、今では間違っていることが判明し、成功の妨げになっているものもある。

根本的な理論が徹底的に見直されるのは、広告のメッセージングに限ったことではない。かつては一般的な通念や慣習で正しいとされ、まさしく理にかなっていると思われたことが、新たな光明を投じる科学の飛躍的進歩によって覆されてしまうこともある。振り返ってみると、古いやり方を正しいと思っていたことさえ馬鹿げて見えるかもしれない。あとから考えると、まさに狂っていたとしか思えないこともあるだろう。

たとえば、医学の分野を考えてみよう。その昔、瀉血《しゃけつ》は病気の治療法と考えられていた。瀉血は、人体には四つの体液（決定的に重要な液体）が存在し、そのバランスを保たなければならないという民間理論に基づいたものだった。四つの体液とは、血液、粘液、黒胆汁、黄胆汁だ。

この理論は、肉体はバランスを保とうとして、こうした体液をひとりでに排出すると信じる医学者が唱えたものだった。たとえば、咳をして痰を吐き出したり、自然に鼻血が出たり、嘔吐したりするのは、肉体が「バランスを保とうとして」均衡の崩れた体液を排出している例だと考えられた。この瀉血を多くの医学専門家が、道理にかなったわかりやすい医療行為——発熱から貧血まで、何にでも効く——とみなしていた時代もあった。瀉血の歴史は長く、「当然用いるべき治療法」として医学専門家たちは何代にもわたって実践してきた。

ではマーケティングの世界で、今は「当然用いるべき方法」とみなされているが、いつの日か瀉血と同じ運命を辿るものは何か、考えたことがあるだろうか？　我々は考えてみた。そして、従来当たり前だと思われてきたが、見当違いだったことが明らかになりつつあるマーケティング手法の一つに、消費者の広告メッセージの処理の仕方に関するモデルがあることを発見した。

瀉血は必ずしも死を招くわけではないが、けっして役には立たない。メッセージングの働きに対するマーケターの考え方にも同じことが言える。消費者はマーケターの言い分を、教師の言葉を聞き逃さないよう真剣に注意深くノートを取る優秀な学生さながらに、「高注意」状態で、前向きに処理しているものだと、明確に、あるいは暗黙のうちに決めてかかっているマーケターは多い。そんな時期もあった（疑問の余地はあるが）かもしれないが、今は「高注意」状態で処理する消費者などまずいないだろう。

瀉血は必ずしも死を招くわけではないが、けっして役には立たない。メッセージングの働きに対するマーケターの考え方にも同じことが言える。

むしろ「低注意」処理こそ、より正確なモデルだと示唆する証拠が見つかっている。多くのマーケターが抱く、マーケティング・メッセージは「高注意」処理されるという誤った考えは、歪んだレンズがもたらすものだ。マーケターは消費者よりもはるかに広告に注意を払っている。

瀉血と同じで、間違っているからといって必ずしもマーケティング・メッセージを死に追いやるわけではないが、こうした間違ったモデルがキャンペーンの成功に貢献することはまずない。しかも、我々が携わったいくつかのケースでは、消費者の「高注意処理」を前提としたことによって、キャンペーン成功の芽はなくなった。

もう少し具体的に考えてみよう。マーケターにとって、瀉血を促す誤った四つの体液モデルに相当するものは何だろう？　我々は次の三つの問題に取り組まなければならない。

①消費者は、必ずしもマーケターの意図通りの広告メッセージを聞いていない。
②マーケターは、自身のマーケティング・メッセージを消費者とは異なる目で見ている（第Ⅰ部で論じた「歪んだレンズ」問題）。
③マーケターは、新しい効果測定手法の上に土台を築き、かつ締め切りよりも結果を重視しなければならない。

●──消費者はマーケターの意図通りには広告メッセージを聞いていない

広告において意味が生み出されるプロセスは、伝言ゲームとさほど変わらない。マーケティング・エボリューション社のクラッグ・フェレンツ博士（ダートマス大学で脳科学と心理学の博士号取得）のような脳科学者なら、人は意味を読み取る際に、まず自分自身の適正・不適正を判断する基準（準拠枠）から始めると言うだろう。

準拠枠はメッセージに途方もない影響を及ぼし、意味を歪めて自分の世界観と一致させてしまう。脳が最良の推測でギャップを埋めようとするからだ。第8章で触れたコルゲート・ガム・プロテクション歯磨きの例を憶えているだろうか？　コルゲートのメッセージは歯周病だけを意図していたわけではないが、消費者が「聞いた」メッセージは「歯周病の歯茎」だった。そして、これがブランドに影響したのである。

メッセージングには、有用なマーケティングCOP（コミュニケーション最適化プロセス）が必要だ。COPほどメッセージ効果を約束してくれる手段はないだろう。マーケティングの歪んだレンズからを身を守るにはどうすればいいだろう？

自分は消費者のモチベーションに応えている、そのモチベーションに結びつく広告を作成している、「ビッグ・アイディア」好きなクリエイティブの声にだまされているだけではない、とどうして言い切れるだろう？

COPがないと、マーケターは自分たちのマーケティングが有効なメッセージを生み出していると思いこんでしまう。COPがあれば、メッセージが消費者のモチベーションと結びつくプロセスを確実に手に入れることができる。そして、広告が意図した成果を上げない場合に取るべき行動を綿密に計画することができる。また、広告が計画通りに機能しない場合に取るべき行動を考えるよう強要されるので、事前に行なうテストの回数は増えるだろう。

COPを使えば、マーケターはマーケティング・メッセージを消費者がどのように聞いているかに焦点を絞ることができる。ここで、二つ目の問題が浮かび上がってくる。

COPがないと、マーケターは自分たちのマーケティングが有効なメッセージを生み出していると思いこんでしまう。COPがあれば、メッセージが消費者のモチベーションと結びつくプロセスを確実に手に入れることができる。

●──マーケターは歪んだレンズ越しにマーケティングを見ている

ここで、第3章で詳しく述べた歪んだレンズの話に戻ろう。

マーケターによる歪曲のなかでも最たるものは、フォーカス・グループへのインタビューを何度か行ない、その結果をもとにメッセージを作り上げたのだから、消費者はメッセージを自分たちが意図する通りに聞くはずだと決めてかかることだろう。そんなに簡単に事が運べばどんなに楽だろう。だが、これこそ最も真実からかけ離れたものだ。まったく間違っている。なぜなら、消費者は自分たちの全体的な経験に基づいてメッセージを聞いているからだ。

マーケターが意図することを消費者が必ずしも聞いていないとしても、たいした問題ではないと思うかもしれない。だが、マーケターというものは、知らず知らずのうちにブランドの虜になっており、消費者と同じ視点でメッセージングを見ることがいつの間にか困難になっている。歪んだレンズの話で言えば、メッセージやメッセージの露出に関連するマーケターの経験は、消費者にさらされたり、消費者が体験したりするものとはまったく異なる。マーケターはブランドのために働いていることで、消費者がそのブランドに近づく際の視点を失っていることに気づかなければならない。

さまざまな食品や製品を製造している巨大コングロマリットのエグゼクティブたちが集う会合に出席したときのことだ。参加者は皆、室内を歩き回って互いに自己紹介したり仕事を説明したりしていた。我々は立派なスーツを着た、五〇代の禿げかかった男性と出会った。彼はこう言った。「私は○○という者で、女性用下着をやってます」。なんと、「女性の下着をやってる」禿げた男。どこか別の場所だったら大笑いしたところだ。だが、彼は笑ってはいなかった。真剣そのものだった。彼はアパレル部門で働き、女性用下着の担当で、勤続一七年だった。「はじめまして。私は女性用下着をやってるんです」と見ず知らずの他人に言うことを奇妙だと思わないくらい、視野が狭まっていたわけだ。

マーケターは自分の会社やブランドにあまりにも没頭し、それが生活になっている。家族や恋人と過ごすよりも自分のブランドと過ごす時間のほうが長いのだ。だが、消費者がそのブランドについて考えるのは、一度に数秒にすぎない。マーケターは、消費者が初めて目にするように、白紙の状態でブランド・メッセージを見ることはできない。

マーケターは家族や恋人と過ごすよりも自分のブランドと過ごす時間のほうが長い。だ

が、消費者がそのブランドについて考えるのは、一度に数秒にすぎない。

マーケターがブランド・メッセージを初めて目にするのは、ストーリーボードを検討し、代理店と一緒に自分たちの戦略にとって完璧なメッセージを作り上げる会議室の中だ。では、ここで消費者側の体験を想像してみてほしい。典型的な消費者を思い描いてみよう。その消費者のイメージを、彼もしくは彼女が広告メッセージを見聞きする環境に置いてみよう。

たとえば、オフィスの中。散らかった机の片隅には、家族の写真が置かれ、隣のブースには人がいる。広告から注意をそらすようなものはたくさんあり、こなさなければならない仕事をメモした長いリストがある。あるいは自宅。テレビはついているが、ソファに座って見ているわけではない。テレビは単につけてあるだけで、彼らはあれこれ雑用をこなしている。そんな彼らの世界に、マーケティング・メッセージが登場するところを想像してみよう。

あるいは、そのメッセージはオンライン広告で、消費者がちらっと目を向けるだけかもしれない。広告を見るのは、ページを見ている時間のわずか一二％にすぎず、あとの八八％は広告以外のコンテンツに集中している。(*1) マーケターの広告はたしかにそのページにあり、ページを見ている人の視野に入っている。消費者はときおり数秒目を向けるが、広告は彼らのメディア体験の焦点ではない。

あるいは、製薬会社の営業担当者が病院の廊下で医者にマーケターの売り口上を伝えるかもしれない。医者はその話に三分しか割かない——聞きたいかもしれないし、聞こうとするかもしれないが、新薬の詳しい説明より優先しなければならないことがまだ五〇件もあるからだ。

まず気づくのは、マーケターのブランドは、消費者の考えなければならない事柄リストのトップではないということだ。消費者は何を聞いているか？　どうすればマーケターのブランドに対する消費者の認識を変えられるか？　マーケターの製品を購入する消費者にどのような影響を与えるか？　広告効果を高めるには、マーケティング・メッセージをどのように最適化すればよいか？こうした問いに答え、メッセージングの働きを理解するためには、消費者の頭の中に入り込まなければならない。この途轍もない難問を考えるとき、直感に頼れば大丈夫だと言ってのけるマーケターたちがいることに驚かされる。このような複雑な問題に確固たる科学的根拠もなく答えられるはずはない。

我々が広告と呼ぶ「伝言ゲーム」で、消費者に確実に正しいメッセージを届けようとするときにマーケターが直面する問題を理解すれば、たしかな成功を手にするにはさまざまなリサーチが必要だとわかるはずだ。だが、マーケターや広告代理店は、広告の成果が目的に合致することよりも、広告を世に送り出すことを重視する傾向が強い。

ここで登場するのが、先に挙げた三つ目の問題、マーケターは新しい効果測定手法の上に土台を築き、締め切りよりも結果を重視しなければならないという問題である。

●――マーケティングの流砂を防ぐ方法

では、なぜ多くのメッセージが失敗に終わるのか考えてみよう。要するに、優秀なマーケターが有効なメッセージを生み出そうと日々懸命に働いても、その努力が水の泡と消えてしまう要素がたくさんあるということだ。

これは、ニューヨークにシティコープが五九階建てのビルを建設した際に、何千人もの労働者の重労働をあやうく台無しにしかけたのと同じことだ。マンハッタンに自社ビルを建設するために莫大な費用を投じたあと、シティコープはすべてが倒壊するおそれがあることを知った。理由は基礎の不備だった。ビルの下の土壌に問題があり、流砂の上にビルを建てるようなものだったのだ(*2)。

同じように、莫大な費用を投じたものの、自分たちのメッセージ戦略が流砂のような土台に築かれていたために崩壊寸前だと知るはめになったマーケターも多い。幸いなことに、シティコープには科学という救世主が現れた。ある化学薬品を注入すれば、問題の土壌を頑丈なコンクリートに変えることができるとわかったのだ。

莫大な費用を投じたものの、自分たちのメッセージ戦略が流砂のような土台に築かれていたために崩壊寸前だと知るはめになったマーケターも多い。

マーケターにも、流砂のような土台を、有効なメッセージを築くための揺るぎない基盤に変える機会がある。そのためには、メッセージを作成する際の基本的な前提の一部を再考し、再編しなければならないことを、マーケターは認識しなければならない。

より良い評価方法があれば、より良い土台を生み出すプロセスに着手することができる。マーケティングにおける改善可能な基礎に関する問題とは、次の二点である。

①マーケティング・プロセスは、広告効果という肝心な問題を跳び越えて、締め切りを重視することが多い。

②メッセージ効果を測定したとしても、誤った基準を用いる傾向がある。購買理由や広告想起（思い出すこと）について消費者自身に語ってもらった言葉が、評価の前提となる場合が多い。だが、消費者が聞き取り調査の際に、自分がした理由や自分がしたこと、自分の信念などについてみずから語る言葉がいかに不正確であるかは、よく知られている。広告が消費者の態度や購買行動の変化に及ぼす影響を知るためにマーケターに必要なのは、消費者の言葉ではなく、科学的考察を基礎とする新しい効果測定手法と現実の世界で十分に練り上げた実験である。

我々が調査したキャンペーンの約三分の一（三一％）は、メッセージの一部あるいは全体で、意図した効果を生み出せずにいた。ほとんどのメッセージングにとって、時代に合った評価方法の欠如や不適切な評価測定が流砂の土台を作り出す。これが崩壊し失敗に終わるメッセージの要因である。

ならば、その流砂をメッセージングの成功率を高める揺るぎない土台に変えるにはどうすればいいか？　これに答えるために、先に挙げた二つの問題についてさらに詳しく見ていこう。

締め切りの重圧が成果を損なう

マーケターは、締め切りまでにメッセージを完成させるというきわめて具体的な行動に重点を置き、メッセージングの真の有効性という重要だが実体のない任務に適切な時間を割かないことが多い。この第二の問題の大きさを理解するために、P&Gが直面した状況について考察しよう。

売上に対する広告効果という大事な評価を行なうにあたって、P&Gのマーケターは五つの異なるオンライン広告をテストし、最良のものを選択することにした。だが、この市場テストの結果は、どれもP&Gには物足りなかった。

広告効果が思わしくなかったのは、あまりにも直球勝負だったからだ。つまり、ストーリーをゆっくりと展開し、広告の最後の一～二秒までP&Gのオレイ・ブランドであることを見せなかったからだろう。この手法はテレビではうまくいくかもしれない（あるいは、いかないかもしれない）

が、オンラインでは明らかに機能しない。なぜなら、オンライン広告は押しつけではなく、消費者が読みたくて訪れるコンテンツとページを分け合うことが多いからだ。

広告効果が思わしくなかったのは、あまりにも直球勝負だったからだ。つまり、ストーリーをゆっくりと展開し、広告の最後の一、二秒までP&Gのオレイ・ブランドであることを見せなかったからだろう。この手法はテレビではうまくいくかもしれない（あるいは、いかないかもしれない）が、オンラインでは明らかに機能しない。

この広告は、美のイメージに始まり、「love the skin you're in（身にまとった肌を愛する）」というメッセージが登場し、一～二秒後にオレイのロゴが現れて終わるというものだった。だが、ストーリーが美のイメージとオレイのブランド・マークを結びつけるまで広告を注視している消費者はほとんどいなかった。このため、シナリオ・プランニングにおいて成功の指標として定めた評価基準だった購買意欲に、何の向上も見られなかった。

これはP&Gにとって貴重な教訓となり、振り出しに戻ってこの重要なキャンペーンのための新しい広告を生み出すのに役立った（これはさまざまなメディアにおける広告と売上の関係を判断するために重点的なリサーチが行なわれていたため、とりわけ重要なキャンペーンだった）。だが、広告を一から作り直す時間はなかった。P&Gはどうしただろうか？

締め切りは迫っていた。実際の効果を評価するには、すぐにも広告を市場に送り出し、予算計画

図10-1　広告A＝効果なし

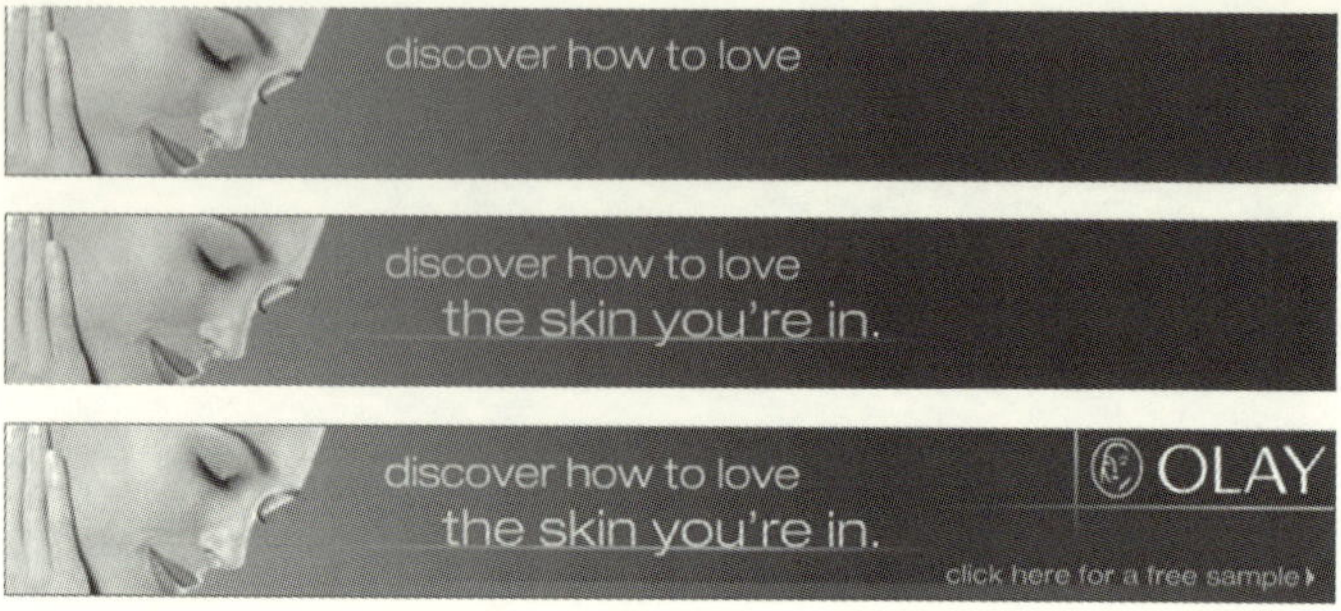

に間に合うデータを取得しなければならなかった。一から作り直せば、二週間遅れる可能性があった。P&Gにとってこの評価は、年間計画の検討課題の一環として、マーケティング・ミックスにおける最適な予算配分を決定するために重要だった。この時期を逃したら、キャンペーンの成果を予算に反映させるのは一年後になってしまうからだ。あなたならどうするだろう？

マーケターには、締め切りに間に合わせるのが第一で、締め切りに間に合う広告が良い広告だと正当化する傾向が強い。P&Gの名誉のために言っておくと、彼らはメディアの最初の二〜三週間分をキャンセルして、広告をやり直すべく懸命に働いた（そして、我々も懸命に、幾度も新しい広告の評価を繰り返した）。そして、二〜三週間で、最初のクリエイティブ・テストの教訓に基づいて制作したもう一つの広告が出来上がった。

最初の広告はP&Gの予想を大きく下回っていたが、新しい広告は非常に効果的だった。図10－1と図10－2は前の広告と新しい広告を比較したものだ。P&Gは効果を研究するために、新しい広告セットを前の広告とほとんど同じにしたまま、

図10-2　広告B＝効果あり

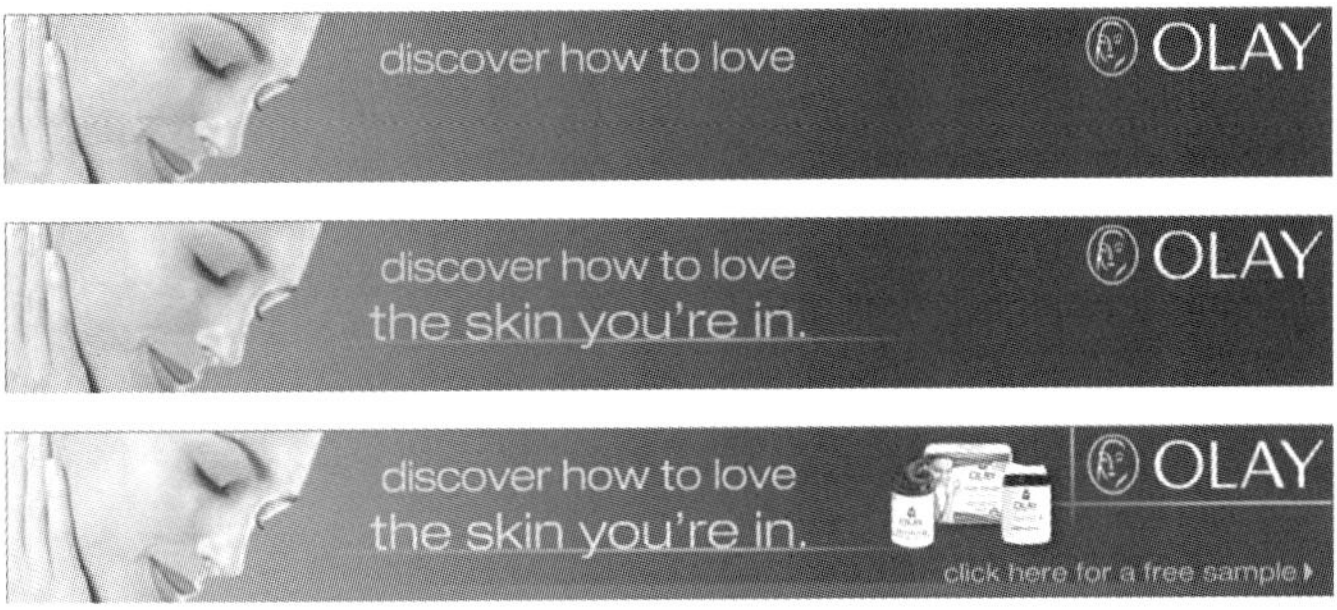

オレイのブランド・マークが現れるタイミングだけを変更した。

新しい広告B（図10－2）に登場した女性、メッセージ、ロゴ、色は以前とまったく同じだったが、今回は、魅力的な女性が広告の片側に現れると同時に、反対側からオレイのロゴがックエンドのように現れるというものだった。このレイアウトの狙いは、（前の広告のように）内面的なストーリーが展開するのを待つのではなく、美のイメージとオレイ・ブランドを瞬時に結びつけることだった。一～二秒後には、その美のイメージ（女性）とオレイ・ブランドの真ん中に「the skin you're in」というフレーズが現れ、両者の結びつきをいっそう強めた。

この広告は、消費者の購買意欲の高揚に貢献し、実際の購入者を追跡した結果、売上が一四％伸びたことがわかった。締め切りよりも結果に重点を置いたことが見事に効を奏したのだ。

効果が望めない前の広告に代えて新しい広告を制作すれば、締め切りが数週間遅れることになり、メディアのキャンセル料も発生する。にもかかわらず、P&Gのマーケターが効果のないメッセージングで締め切りに間に合わせても成功しないと認識したことが、成功をもたらしたのだ。成功とは締め切りに広告を合わせることではない。売上の結果を出して初めてキャンペーンは成功と呼べるのである。

だが、現在のマーケティング・プロセスは成果よりも締め切りを重視するのが通例だ。それどころか「ちょっと待て、これらの広告はどれも我々の基準に達していない。うまくいかない理由を明らかにし、それを新しい広告に適用して問題を修正する必要がある」と決断したP&Gのような、速やかなフィードバックを持たないマーケターは多い。

P&Gにはそれがある。P&Gは実験計画法に基づく新世代の調査を用いて、どのメッセージが最も効果的かを測定した。また、ロゴと女性の映像が同時に現れる点は変わらないが、その位置がもっと近づいたバージョンや、色使いの異なるバージョンも制作した。製品パッケージの映像が入ったものや、レイアウトの異なるものなど、さまざまな広告を実験した。いずれも美のイメージとロゴを最初から登場させるコンセプトに基づいており、こうして出来上がった新しい広告はどれも見事な成果を上げた。

現在のマーケティング・プロセスは成果よりも締め切りを重視するのが通例だ。

「ちょっと待て、これらの広告はどれも我々の基準に達していない。うまくいかない理由を明らかにし、それを新しい広告に適用して問題を修正する必要がある」と決断したP&Gのような、速やかなフィードバックを持たないマーケターは多い。

Ｐ＆Ｇにはキャンペーンの目標に忠実であり続けるＣＯＰがある。そして、何が最も効果的かを知るための実験を行なっている。簡単なことのように聞こえるかもしれないが、ＣＯＰがない多くの企業には、広告と締め切りがあるだけで、成功の可能性を中間測定し、キャンペーンが意図した成果を上げるかどうかを早い段階で気づかせてくれる手段はない。

読者諸兄のプロセスはどのように機能しているだろう？　締め切り主導型か、結果主導型か？　メッセージが意図した結果を生み出すことをいかにして確かめるのか？　さまざまなメッセージを使って実験を行ない、一番有効なものを知るのか？　測定対象は正しいか？

メッセージの有効性を評価したとしても、誤まった基準を用いるケースは非常に多い。よくあるのは、消費者のブランドに対する理解の潜在的な変化や、実験群（広告にさらされたグループ）とコントロール群（または対照群。比較対照するための広告にさらされていないグループ）の購買行動の変化ではなく、消費者の広告想起や、広告が自分に及ぼした影響を消費者みずから述べた認識を評価するケースだ。

古くさいリサーチ方法に意味はない

リサーチに懐疑的なマーケターがいることはわかっている。彼らはリサーチを信用しない。三〇年以上も前につくられた、かなり時代遅れなリサーチ方法が現存していることもその一因だ。これは、通りを馬車が行き交い、映画など誰も見たことがなかった一〇〇年以上も前の、消費者が広告をどう処理するかという理論に基づいたものだ(*3)。

この種の旧式な理論は、最近一五年間の神経科学の進歩によって信用を落としてきた。だが、こうした理論を用いる一部の企業やマーケターは、いわゆる過去の遺産問題を抱えている。つまり、消費者の広告処理に関する時代遅れな理論に基づくアプローチでマーケティング評価を行なうために、インフラに莫大な費用を投資してしまっているのだ。

旧式の理論に基づく評価には次のような共通する問題点が二つある。

①広告想起の重視
②広告が、自分に与えた影響を思い起こして意見を述べるように消費者に求めること

消費者が広告を憶えているかどうかは、ブランドや売上に対する消費者の購買態度に影響を及ぼすという点で広告が持つ実際の効果とは、ほとんど関係がない。また、消費者に広告を見て何かを買ったり感じ方が変わったりしたかと直接聞くのも、不適切で問題が多いことがわかっている。

消費者が自覚していようといまいと、広告は影響を与えるのだ（実際、消費者は自分に影響を与えたものを思い出すことがとりわけ苦手だ）。そこでまず、広告想起が広告やメッセージングの有効性を物語る根拠として役に立たない理由について、検討することにしよう。

消費者が自覚していようといまいと、広告は影響を与えるのだ（実際、消費者は自分に影響を与えたものを思い出すことがとりわけ苦手だ）。

●――広告想起を重視することの危険性

現在使われている、最も一般的な広告テスト手法は、広告の機能に関する実に古臭い不正確な前提から生まれたものだ。ベテランの広告リサーチャー、ジョン・ハワード・スピンクが述べた以下のような不満の言葉は当然と言えば当然だ。

今日の広告リサーチ（およびリサーチ対象となった広告）を見ると、その大半は依然として同じ前提から始まっている。つまり、広告が効果的であれば（消費者によって）意識的に注目されていなければならないし、消費者の広告認識の度合いこそが効果的であったかどうかを判断する優れた指標であるという前提だ。(*4)

そして、スピンクは、神経科学の進歩によって、消費者は広告を見たことを意識して想起しなくても影響を受けていることが実証され、この「認識主導」型の評価方法は終焉を迎えていると述べている。

彼はハーバード大学の心理学教授、ダニエル・シャクター博士の著書を引用している。

コマーシャルにほとんど注意を払わないため……製品に対する判断は影響を受けない……と考えるかもしれない。だが、最近の実験で、人は数分前にちらりとも目を向けなかった広告で取り上げられた製品を……たとえ、その広告を見たはっきりとした記憶がなくても……好む傾向があることが明らかになった。(*5)

スピンクはまた、消費者は広告に対して「低注意処理(LAP:Low-Attention Processing)」を行なうことを示す、実験に基づいた重要な証拠を発見したイギリスのバース大学ロバート・ヒース教授の言葉も引用している。(*6) 要するに、我々は広告にさほど注意を払うことはないが、あるレベルでその広告をたしかに処理していて、そのメッセージは我々の購買態度や行動に確実に影響を及ぼしているということなのだ。

端的に言えばこうだ。すなわち、広告想起の測定はその広告の有効性とは一致しない。スピンクは彼の会社が行なった、アモイのストレート・トゥー・ウォック・ヌードルという即席麺ブランドのリサーチに基づいて、これを実証した。この二〇秒コマーシャルは、炒め物を作っているシーンが(クローズアップで)映し出され、そこに(スローモーションで)ストレート・トゥー・ウォック・ヌードルが放り込まれるというものだ。炒め物とヌードルがあまりにも手早く混ぜ合わされるので、スローモーションにしなければならないというコンセプトだった。

スピンクによれば、この広告で画期的だったのは、広告想起という観点での「仮想不可視性（virtual invisibility）」だった。古めかしい広告手法に根ざした事前テストでは、この広告は十分な「広告想起」をもたらさないのでボツにすべきだと判断された。このテストはある一点では正しかった。コマーシャルが流れた期間に、消費者に十分な広告想起をもたらさなかったからだ。

だが、ボツにすべきだという結論は間違っていた。莫大な経費をかけたにもかかわらず、キャンペーン開始後の数週間（消費者当たり平均七回の露出）で、「最近アモイ・ストレート・トゥー・ウォック・ヌードルの広告を見かけましたか？」という質問に対する広告想起率は、わずか一五％にすぎなかった。しかし、消費者が低注意状態でその広告を処理しているなら、「最近その広告を見たかどうか」といった取るに足りないことを憶えているはずがない――スピンクはこう考えた。

では、どうして多くのマーケターは広告想起を重視するのだろう？　おそらく、三〇年前にどこかのリサーチ会社がリサーチ・サービスを開発した際に、この種の質問が最も簡単な判断基準だったからだろう。以来、この種のリサーチ会社は、道理にかなっていようといまいと、いまだにお定まりの方法でリサーチを行なっているわけだ。

スピンクは、広告は消費者のブランドに対する信念に大きな影響を及ぼす可能性を持っており、測定すべきポイントは消費者の信念の変化だと指摘する。彼の言葉を引用すれば、「（この広告は）記憶されやすいものではなく、もしかすると著しく忘れられやすいものかもしれないが（ちょうど調理中の炒め物のように）、ここには確固たるブランドと……はっきりとした魅力的なメッセージがある」

アモイは、消費者の購買態度や行動の変化を観察することによって、広告効果についてははるかに信頼できる基準を得ることができた。リサーチによると、売上向上の予測因子は広告想起率ではなく、消費者がそのブランドに付与する意味だった。「元祖」あるいはその他の重要な製品特性に対する消費者の認識が、広告によって高まったかどうか、そして、消費者がブランドに付与する意味を観察することのほうが、売上向上の予測因子としては優れている。

スピンクはこう結論づけている。「人々はアモイの胸躍るニュースを知っている――ただ、どこで耳にしたのかわからないだけだ」

リサーチによると、売上向上の予測因子は広告想起率ではなく、消費者がそのブランドに付与する意味だった。

広告想起では予想できなかったが、アモイの広告は実際には売上を大幅に伸ばし、市場シェアを一五％も広げた。その後も短期集中的に広告活動を行なうたびに、売上はほぼ同じように伸びていった。広告想起という評価基準は、方向性を誤まらせ、優れた広告をボツにして売上を台無しにしかねなかった。

では、広告想起がマーケターの評価や成功への理解に役立つモデルではないとしたら、何がそうなのか。その答えは、実験計画法の科学的手法を使って、意見や行動の変化を観察することが解決への道だと認識することだ。

こんな考え方もある。若手の有望な経済学者に贈られるジョン・ベイツ・クラーク賞を受賞したスティーヴン・レヴィットは、ベストセラー『ヤバい経済学』（邦訳、東洋経済新報社）のなかで、企業の食堂でベーグルを自己申告制で販売する小売店の例を紹介している。ベーグルが食べたければ、料金箱に代金を入れて勝手に持っていくというシステムだ。ただし、代金を払わずに勝手に持っていく社員もいる。店のオーナーは、ベーグルと料金箱にどのような表示（まさに広告だ）を記せば、ホワイトカラーの食べ逃げが減り、最も高い利益を生み出せるのかと考える。

では、どのような表示が最も効果的か、どうすればわかるだろう？　表示を思い出せるかどうか、社員に尋ねるべきか？　いや、これではメッセージが有効かどうか見抜くことはできない。では、どのように表示されていたら食べ逃げが減りそうだと思うか、と訊くのか？　いや、この手の消費者自身が答える直接質問法では正確な答えは得られそうもない。代わりに、広範な顧客ベースを持っていたベーグル店のオーナーは、無作為に選んだ顧客リストに宛てて、異なるメッセージを送り、どのメッセージが最も効果があるか調べることができた（そして、実際に調べた）。

母集団の割り当てを無作為に実験群とコントロール群に分けて実験を行なう科学的な手法は、科学リサーチの基礎とされてきた。この手法は広告にも応用できるし、また、応用すべきである（実際、この究極の判断基準となる方法は我々の調査の基本である）。

◉——消費者に広告の影響について尋ねるという落とし穴

広告評価における二つ目の共通した誤り——消費者に直接、広告が自分の態度や行動に影響を及ぼしたか尋ねるという問題——に立ち向かうには、消費者の態度や行動の変化を観察することがメッセージ効果を評価する方法だ、という考え方が必要だ。実際、消費者は広告やマーケティングが自分たちにどのような影響を与えているか振り返ることができない。我々の脳はそのようにはつくられていないのだ。

「現実には、消費者はマーケターが思っているよりもはるかに自分の精神活動を理解していない」

ハーバード大学のジェラルド・ザルトマン教授は、著書『心脳マーケティング』（邦訳、ダイヤモンド社）で、こう記している。「現実には、消費者はマーケターが思っているよりもはるかに自分の精神活動を理解していない[*7]」

ザルトマンは自身の主張を裏づけるいくつかの例を挙げているが、そのなかには次のようなジョージ・ローウェンスタイン博士の引用もある。「意識的な反映に依存する自己評価という方法論は、

特定の行動や決定の真のモチベーションとなったものに対する実質的な洞察はまったくもたらさないかもしれない」(*8)

クラッグ・フェレンツ博士もこの考えを支持し、次のように述べている。

消費者が広告によってどのような影響を受けるかを正確に読み取りたければ、科学的な手法を順守しなければならない。何を見てどう感じたかという消費者の記憶に頼るのではなく、あらかじめコントロール群と実験群を設け、両者の態度や行動の違いを注意深く評価すべきである。(*9)

フェレンツ博士の主張は、神経科学分野の知識をマーケティングに応用できることを明らかにし、ザルトマンとローウェンスタイン両博士の主張を見事に裏づけている。

P&Gの行なった「原因の勘違い」に関するリサーチは驚くべきものだ。入念に管理されたフィールド実験で、我々はP&Gのシャンプー・ブランド二種類のオンライン広告を測定した。回答者の実験群とコントロール群の唯一の違いは、オンライン広告を見せたかどうかという点だけだった。にもかかわらず、「ブランドXの広告をどこで見ましたか」という質問にオンライン広告と答えた割合は、実験群とコントロール群で差がなかった。多くの人が見たと答えたのはテレビと雑誌であり、差があったのもそこだった。

図10－3を見てもらいたい。繰り返すが、テレビや雑誌の広告に関しては実験群とコントロール群で何の違いもない。つまり、消費者が正確に広告想起を自己申告できるなら、両者に違いは現れ

図10-3　P&Gのシャンプー・ブランド：消費者への質問「その広告はどこで？」

ブランドYの広告想起	コントロール群(n＝271)	実験群(n＝1162)	差
テレビ	77%	82%	5%
ラジオ	9%	7%	-2%
インターネット	9%	9%	僅差
ビルボード	5%	5%	僅差
新聞	9%	7%	2%
雑誌	27%	29%	2%

ブランドXの広告想起	コントロール群(n＝228)	実験群(n＝1609)	差
テレビ	39%	51%	12%
ラジオ	8%	5%	-3%
インターネット	10%	10%	僅差
ビルボード	3%	3%	僅差
新聞	3%	4%	僅差
雑誌	26%	27%	僅差

ないはずだ。そもそも、一方のブランドではテレビ広告は行なっていなかった。

実験群とコントロール群の唯一の違いは、実験群にオンライン広告が、コントロール群にプラシーボ（偽）広告が与えられたという点だけだった。だが、消費者が自己申告したデータは与えられた広告源を正確に反映していない。

こうした結果は、消費者が「私はたった今ブランドXのシャンプーの広告を見た。その広告はインターネットだった」と詳細に記憶するほど広告は重要ではない、ということで説明がつく。そのブランドで仕事をしているなら記憶するかもしれないが、消費者はそんなことはしない。

このため、調査で「その広告をどこで見ましたか？」と尋ねると、消費者はどこかで実際目にしたと気づかされ、見たかもしれない場所を推測することになる。

だが、これはあくまでも推測である。このリサーチでは、ほとんどの消費者はテレビ・コマーシャルで見たと推測したが、それは間違いで、実際にはインターネットだったのだ。

おそらく、これが視覚的な広告だったせいで、テレビや雑誌といった視覚的なメディアだという推測が増え、ラジオだという答えが減ったのだろう。ブランドのタイプも原因の勘違いの一因となっているかもしれない。仮にこのブランドがイーベイで、雑誌やテレビで広告していたとしたら、インターネットだったという原因の勘違いが生じたかもしれない。消費者はイーベイならインターネット広告だと（誤まって）推測するからだ。

P&Gのリサーチは我々に警鐘を鳴らしている。P&Gが、消費者みずから述べたメディアの広告想起を活用していたら、（効果を上げた）インターネット広告の功績は認められず、間違ったデータに基づいて、インターネットを排除し、雑誌やテレビ広告の費用を増やしただろう。だが、このように予算配分を変更すると、マーケティング効果を損なうことになる。なぜなら、効果を生み出していたのはインターネット広告だったからだ（テレビや雑誌は消費者が広告の出所を正確に報告できないために、功績を認められたにすぎなかった）。

逆の原因の勘違いが現れたリサーチ結果もある。それは消費者向けハイテク電子製品のリサーチで、屋外広告やローカル市場向けテレビ広告（いわゆるスポット広告）がインターネット広告と原因の勘違いをされた。つまり、この種のオフライン広告がビルボードやテレビで目につく都市部では、インターネット広告の数は変わらないのに、インターネット広告で見たと答えた消費者が多かったのだ。

消費者の自己申告による広告想起や、どのメディアの影響で製品を購入したのかという質問に対する消費者自身の答えに頼るマーケターは、消費者の態度や行動に実際に影響しているものが何かについて、誤まった結論を導き出す可能性が高い。また、この種の誤まったデータに頼ってメディアの予算配分を決定すると、ROIにプラスとなるどころかマイナスとなってしまうことが実証されている。

P&Gはこの過ちを犯さなかった。彼らは、実験計画法を使って実験群とコントロール群の違いを観察し、広告がブランドに対する態度や信念にどのような影響を及ぼすか（消費者がその広告をどこで見たかについての認識も含めて）を理解しようとした。リサーチの結果、広告の原因の勘違いと、これを広告効果の分析に利用することの危険性について、重要な洞察が得られた。


消費者の自己申告による広告想起や、どのメディアの影響で製品を購入したのかという質問に対する消費者自身の答えに頼るマーケターは、消費者の態度や行動に実際に影響しているものが何かについて、誤まった結論を導き出す可能性が高い。


適切な実験計画法による観察結果をマーケティング効果の評価に適用すると、何がわかるか？

本書で登場するメッセージング評価に使われたリサーチでは、コントロール群と実験群という科学的な分析方法を用いた。

この種の無作為実験はさまざまな分野のリサーチに使われる究極の判断基準となる方法である。この実験では、実験群とコントロール群の一定期間内の変化を観察することで消費者の態度や行動の変化を捉えることができる。三〇を超す市場キャンペーンで行なった我々のリサーチは、スピンクと同じ結論に達した。すなわち、正しい洞察をもたらすのは、広告想起でも、製品を購入したのは広告のせいかと消費者に直接尋ねることでもない。正しい洞察は、無作為実験で科学的に観察し、(消費者が明確に知っていようといまいと)マーケティングによって刺激される意味と行動を評価することで得られる。

第11章では、マーケティングの効果、そして、心に刺さる広告とそうではない広告がある理由を明らかにするために、観察を基盤とするフィールド実験の活用法を考察していく。世界有数のマーケター三〇社とのリサーチによれば、広告の三分の一近くは失敗に終わる。この点は肝に銘じておくべきだ。

我々がリサーチしたマーケターのなかにもうまくいかないケースがあった。となると読者諸兄も、うちのメッセージは有効だ、効果のないメッセージで無駄になっている年間三五八億ドルにうちは含まれていないと断言できるだろうか?


うちのメッセージは効果的だ、効果のないメッセージで無駄になっている年間三五八億ドルにうちは含まれていないと断言できるだろうか?

マーケターは多くの難題に直面している。消費者はマーケターが意図したようにはメッセージを解釈しない。このため、メッセージが期待する効果をもたらしているかどうかを確認するリサーチが必要となる。

マーケターはえてして、自分のブランドに近すぎて自分のメッセージをうまく判断できないものだ。そして、広告効果を確実にする必要性よりも、締め切りが優先される傾向があるため、失敗にさらに金を注ぎ込むという悲惨なシナリオが生じてしまう。

その結果、消費者の自己申告による露出の確認や広告想起、購入理由といった古いマーケティング手法を使って、広告効果の判断や予算の再配分を行なってしまい、マーケティングの改善どころか改悪をもたらしかねない。たしかに難題は多い。だが、解決策は存在する。

第11章 直感的メッセージから科学的メッセージへ

フェラーリのレースの歴史で、エンツォ・フェラーリ以外に知っておくべき名前があるとしたら、それはルイージ・チネッティだ。ルイージは、第二次世界大戦後初のル・マン二四時間耐久レースを征し、フェラーリの名を轟かせた。

それ以前、フェラーリはこれといった特徴もないイタリアの人名にすぎなかった。車の信頼性にまだ問題があった一九四〇年代に、ル・マンの苛酷な二四時間レースに勝つということは、厳しいレースを征するだけのスピードと持久力を備えている証しだった。

二四時間耐久レースに勝つには、それなりの計画が必要だった。レーサーたちは勝つためにはどれだけスピードを出せばよいか直感的にわかっていたが、速く走らせればそれだけ車に負担がかかり故障の原因となったため、車を酷使するわけにはいかなかった。「最初にゴールするには、まずはゴールしなければならない」。そう言われていた時代だった。

ルイージの直感は専門学校での訓練と実際の経験によるものだった。彼にまつわる神話や伝説によれば、父親が技師だったので、ルイージの体には機械に関する知識が染みついていたという。彼は飛びぬけた直感を備え、大成功を収めたと言われている。彼はこんな言葉を残している。「私はコンロッド（コネクティング・ロッド）の状態が手に取るようにわかる。どれだけ回転数を上げられるか、どの時点で壊れるかもわかる(*1)」

機械に強いという経歴は、たしかに耐久レースではプラスに働いた。ルイージやその天性の才能にまつわる神話は、セブリング（フェラーリの車種）で経験した機械の故障や他の耐久レースで犯した計算ミスを隠し、おのずとその神秘性にばかり注目しがちだ。

一九四〇年代、五〇年代のレースには、技巧、つまり勝敗を分ける直感的なセンスがあったという意味で、今日のマーケティングとさほど変わらない。このような直感的なセンスは、ルイージの成功の源だと考えられていた。『モーター・トレンド』誌の編集責任者、マット・ストーンの言葉を借りれば、「ルイージは機械と相性がよかった。だからこそ、耐久レーサーとして成功した(*2)」。成功したマーケターにも同じような言葉が使われる。直感的なセンスが褒め称えられ、計算ミスは隠蔽されるのだ。

●――レーシングカー・ドライバーの教訓

マーケティングとレーシングカーの操縦には共通する点が多々ある。成功は消費者に対する直感的なセンスで決まる、キャンペーンに「触れるだけで」、どれほど売上効果があり、いつキャンペーンが駄目になって新しいクリエイティブ・キャンペーンと取り替えなければならないかわかる、と思っているマーケターは多い。

かくして、一部では「見るだけで、広告の良し悪しがわかる」というマーケターが評判になったが、このアプローチはかなり時代遅れだ。ルイージがフェラーリでレースをしていたのと同じ時代にマーケティングに携わっていたレオ・バーネット、ジェリー・デラ・フェミナ、ビル・バーンバックといった広告界の伝説的人物ならそれでよかったかもしれない。だが、時代は変わったのだ。マーケティングは才能と科学を融合させることによって、自動車レースに先んじて、直感から科学へ移ることができる。広告界の伝説的人物デイヴィッド・オグルヴィは、早い時期に、科学を基礎としたリサーチとマーケティングの融合を説いた。この融合の力は驚くべきものだ。

今日のモーターレースの世界では、F1が国際レースの最高峰である。フェラーリは科学を駆使し、F1に時間と投資を注ぎこんでいる。性能を高めるために、ある週末だけで、四〇〇〇を超えるデータ・ポイントからデータを収集し、統計学者らのチームがデータ分析とリアルタイムでの調整を行なう。

たしかに成功にはスキルや才能がものを言う。才能と科学は、補完し合うものであってライバルではない。大きなレース前日のプラクティス・セッションを見ていると、ドライバーがピットに入り、ピットクルーが給油やタイヤ交換を行なう間、コンピュータのスクリーンがドライバーの目の前に現れる。有能なドライバーは出力データを見て、それに応じてドライビングを調整するのだ。

ドライバーのヘルメットに仕込まれたヘッドフォンを通じて、チームは統計学的分析とコンピュータ・モデルに基づく情報を伝える。F1のレーシング・チームが一回の週末に収集するデータは、マーケターが一年間に収集するデータよりも多い。この事実は、「分析をさらに強化することによって成功率は高まるか」という問題をマーケターが立ち止まって考えるきっかけになるだろう。

F1のレーシング・チームが一回の週末に収集するデータは、マーケターが一年間に収集するデータよりも多い。この事実は、「分析をさらに強化することによって成功率は高まるか」という問題をマーケターが立ち止まって考えるきっかけになるだろう。

今日では、トロフィーだけを目指して戦うアマチュアのレースドライバーでさえ、何百万ドルにも値する市場シェアを争うマーケターよりも科学の力を借りている。

かつてマイクロソフトのマーケターだった友人、ウィル・ディーフェンバッハは、デイトナ二四時間耐久レースに出場した。彼は非常に腕のいいアマチュア・レーサーで、シアトル小児病院を代表する（一周するごとに寄付金額が増える仕組み）チーム・シアトルでハンドルを握った。このアマチュア・レーサーがどれだけ科学とデータに支えられていたかを知れば、直感だけに頼っているマーケターは赤面するに違いない。

チーム・シアトルはレース前にプレテストを数回行ない、何百ものデータ・ポイントからデータを収集し、ベストの走りに照らして評価する。たとえば、車にセンサーを付け、優秀なプロのドライバーに時間計測器に合わせてサーキットを走ってもらう。すると、センサーが消費ガソリン量やブレーキの踏み方、どのギアを使っているか、コーナリングやさまざまな機器の動きなどの詳細データを逐一提供してくれる。

ディーフェンバッハはこのデータを使って自分の走りとプロの走りを比較し、自分がどこでタイムロスしているかを正確に知り、プロと同じ走りができている部分と調整が必要な部分を診断する。その結果、一二カ所のターンのうち、九カ所はプロと同じ速さで走れることがわかった。つまり三つのターンにおける走行の最適化に集中すればいいことになる。

最良のマーケターも広告の世界で、彼とまったく同じことをしている。彼らもレースに臨む前にキャンペーンを試走させ、その性能評価テストを行ない、どこかに成果を高める可能性はないかと常に研究している。アプローチを変えれば成果を向上させられるのはどこか、十分に力を発揮しているのはどこかについて診断する。最良のマーケターは有能なチームを科学的データと分析で補完するのだ。

最良のマーケターも広告の世界で、彼とまったく同じことをしている。彼らもレースに臨む前にキャンペーンを試走させ、その性能評価テストを行ない、どこかに成果を高める可能性はないかと常に研究している。

では、どうすれば広告効果をスーパーチャージすることができるのだろう？　消費者の世界を消費者の視点で描き出し、マーケティング・キャンペーンから正しい成果を引き出すことが締め切りを守るより大事だと気づき、そして、適切なツールを使い、正しい問いかけ（消費者に広告想起や広告の影響を尋ねるのではない、広告効果に重点を置いた問いかけ）を行なって自社のマーケティングを評価できるようになれば、メッセージングの手腕は磨かれ、レースに勝利することができるだろう。

A／Bスプリット・テストを使ってメッセージ効果を上げる

メッセージが消費者の心にどのように作用するかという点については、マーケターもリサーチャーもまだようやく理解し始めたところだ。広告に対する感情的反応の役割や、ブランド信念とブランド行動の連関は、さらなる研究が望まれる領域である。

効果的なメッセージングについて、この先、どれほど学ばなければならないのかを考えると暗澹たる思いに襲われる。だが、最も強力かつ簡単に手に入るツールを一つ挙げるとしたら、それはA／Bスプリット・テストだ。

A／Bスプリット・テストは、感情であれ行動であれ、要素の異なる二つのメッセージを比べて反応の良いほうを測定する手段である。広告の成功を左右する要因をすべて網羅する能力は、最も重要な科学的手法のひとつ、すなわち、任意の実験群とコントロール群を用いた実験計画法によって確保できる。実験群とコントロール群を使った実験で、メッセージの持つ純粋な影響を知ることができる。そこで、この強力なツールの機能とそのマーケティングへの適用から学びうることについて考えてみよう。

マーケティングに関する洞察は、一筋縄では得られないものだ。あるシニア・マーケティング・エグゼクティブは、かつてヨーロッパでノベルティ・アイス販売を手がけたときに興味深い体験をした（ノベルティとはコンビニや売店などで扱う、アイスクリーム・サンドイッチやドラムスティックといった食べ切りタイプの安い商品）。マーケティング部門は売上が上向くと広告の効果だと自画自賛し、売上が落ちると天気のせいにした。

だが、経営陣が売上の原動力を突き止める詳しい調査をしたところ、売上の大半は夏に生じ、週末の気温が高ければ高いほど伸びることが判明した。さらには、流通経路が整う（手軽に売店や新聞スタンドに立ち寄れる）につれて、市場シェアが伸びることもわかった。

つまり、売上が落ちてもマーケティング部門が非難されるいわれはないとしたマーケターの判断は、正しかったわけだ。売上減の犯人は寒い気候や雨だったからだ。だが同時に、彼らは間違った判断も下していた。売上増の功労者は広告ではなく、太陽と流通経路の整備——ほぼこの二つと断定できたからだ。

最終的な成果に影響を与える要素は非常に多い。そのなかから異なるメッセージの影響を分離するにはどうすればいいか？　我々のリサーチの基礎は、任意のコントロール群と実験群を通じた実際の影響の観察である。これは、製造業などマーケティング以外のビジネス分野でも使われ、「実験計画法」と呼ばれている。我々はメッセージ効果の測定にこの手法を用い、(人為的な研究室ではなく）実地でA／Bスプリット・テスト行なう。(*3)

五〇〇人の消費者からなる二つのグループが、今日の仕事に取りかかっているところだとしよう。机に向かってまず最初にするのは、メディアへのアクセスだ。彼らのもとには、同一ブランドの二種類の広告が無作為に届く。普段のメディアへのアクセスの一環として、一方のグループには広告A、もう一方には広告Bが届くことになる。無作為に届けるのは、二つのグループに同一ブランドの異なる広告を見てもらうためだ。この無作為抽出法により、二つの消費者グループは、メッセージがAかBかという点を除いて条件は均等になる。

A／Bスプリット・テストの重要なバリエーションとして、コントロール群と呼ばれる第三のグループの導入がある。このグループにはまったく無関係のブランドのプラシーボ広告を与え、当該ブランドの広告を見せずに消費者のブランド関係のベースラインを測定する。「コントロール群」と呼ばれるゆえんは、広告以外のあらゆる外部からの影響を事実上「コントロール」されるからだ。

もう少し詳しく説明すると、この「コントロールされた」実験では、任意に選ばれたグループに赤十字の公共広告といったコントロール広告を見せる。これによって実験効果が高まり、潜在的なベース売上やブランド・エクイティと、A／Bグループが目にする広告の影響を分離することができる。

A／Bスプリット・テストは、そもそもダイレクトメールのマーケティング分野で生まれた。優秀なダイレクト・マーケターたちが、消費者リストを無作為に分け、異なるメッセージを送付して、現実にどのメッセージが効果的かを測定する方法を開発したのだ(*4)。

我々はこの科学的な正確さに惹かれ、いくつかの広告リサーチに応用してみた。そして、ダイレクト・マーケターが得ているレスポンス率以上のものを測定する方法を見出すことができた。

広告の成功は、製品認識、ブランド認知、購買意欲といった見えにくい「ブランディング」指標によって定義される。この測定は、市場に広告を送り出した後のある時点で、消費者の無作為サンプルに対して行なわれる同一の調査から得られる。また、我々はこのA／Bスプリット・テスト法を売上評価にも使っており、広告経費に関連する利益およびROIを算出することができる。

A／Bスプリット・テストは、そもそもダイレクトメールのマーケティング分野で生まれた。優秀なダイレクト・マーケターたちが、消費者リストを無作為に分け、異なるメッセージを送付して、現実にどのメッセージが効果的かを測定する方法を開発したのだ。

❖『ワイアード』誌ウェブサイトにおけるA／Bスプリット・テスト

一九九五年、我々はオンライン・クリエイティブ広告キャンペーンのA／Bスプリット・テストを行なった。調査対象は、ネットスケープ上のホットワイアード（『ワイアード』誌のウェブサイト）の広告だった。目的は、ネットスケープのホームページを訪れる人のホットワイアード・ドットコムへのクリック数を増やし、試しに訪れてもらうことだった。要するに、ホットワイアードは試しにサイトを訪れる人を増やし、できれば新しい客を獲得したいと思ったわけだ。

我々はネットスケープ上の広告をクリックし、ホットワイアードを訪れる客の割合を測定した。ページビューごとにこのオンライン出版社には直接的な金銭的価値が生じる（販売と同じで、ホットワイアードのページ上の広告を見た消費者の数だけウェブサイトに収入がもたらされる）ため、広告経費の効果と売上となって回収される金額を算出することができる。そして、我々は、ある種のリッチメディア（動画広告など）は静止広告よりも効果的であることを知った。

ホットワイアードのようなオンライン出版社の場合、クリックの追跡と、その後のページビューの計測は、ＲＯＩを突き止める優れた手段だった。なぜなら、ホットワイアードがページ上で広告を売り、クリックとその後のページビューが生じるごとに、文字通り収益が生じるからだ。

しかし、ＩＢＭのような企業はどうだろう？　ＩＢＭも「クリックスルー」に基づいた広告戦術で分析や調整を行なうべきだろうか？　そうかもしれないが、クリックには必ずしもマーケターが追跡するほど価値があるとは限らない。実際、クリックによる測定は、広告想起に次いで、過大評価され、間違いを起こしやすい評価基準である。

たしかに、ＩＢＭはＩＴのバイヤーや意思決定者に広告をクリックしてもらって、自身のウェブサイトを訪れてもらいたいと思っているに違いないが、これでは物事をマーケターのレンズで見ていることになる。消費者の視点で見るとどうなるか考えてみよう。

❖ＩＢＭのオンライン広告におけるＡ／Ｂスプリット・テスト

こんな光景を想像してほしい。一五分後にミーティングを控えたＩＴ関連部署の意思決定者が、インターネットで最新トレンドの情報を集めるために、テクノロジー関連のニュースを閲覧している。急いでネット検索しているので、オンライン広告が目に入ってもクリックはしない。これは、広告効果がないということだろうか？　答えは、何を広告の成功とするかによって異なる。

たとえば、売上を成功とするなら、「クリックスルー」は広告ＲＯＩの算出に役立つとは言えない。ＩＴ関連部署の意思決定者にＩＢＭの技術やサービスは一級品だと思わせることを成功とする場合も、「クリックスルー」は広告ＲＯＩの算出に役立つとは言えない。ＩＢＭが提供する製品やサービスを認識する人の数を増やすことが成功だとしても、やはり「クリックスルー」は役に立たない。

このように、ほとんどの場合、クリックスルーは成功に不可欠なものではない。では、クリックスルーがＲＯＩの測定基準とならないなら、マーケティングＲＯＩはどのようにして測定すればいいのだろう？

ＩＢＭの焦点が、ＩＢＭはテクノロジー分野における世界のリーダーだと信じる人々（そう信じる消費者は、ＩＢＭの製品やサービスを手に入れるためにプレミアム料金を支払う、あるいはＩＢＭの営業マンを歓迎する可能性が高い）を増やすことだとしたら、マウスの動きではなく消費者の心を測定しなければならない。消費者の胸のうちは、ブランディングの測定基準を数値で表す調査で測定できる。ブランディングの最も一般的な測定基準は次の三つだ。

①【ブランド認知】非助成認知（そのブランドが競合ブランドと比べてどれだけ先に頭に浮かぶかを測定）と助成認知（製品カテゴリー内での、そのブランドの認識度を測定）を含む

②【ブランド・イメージ】「人気上昇中のブランド」「私のような人のためのブランド」「値段に値するブランド」「テクノロジー分野の世界のリーダー」といったイメージへの共感

③【購買意欲】多くのマーケターはこれを売上の予測因子として有効だと考える

IBMの焦点が、IBMはテクノロジー分野における世界のリーダーだと信じる人々を増やすことだとしたら、マウスの動きではなく消費者の心を測定しなければならない。

たとえば、消費者がIBMの「テクノロジー分野の世界のリーダー」というブランド・イメージに「強く同意する」と答えたとする。これは何を意味しているのか？　消費者にそう思わせた功績は広告にあると言えるのだろうか？　答えは「ノー」だ。調査では、「テクノロジー分野の世界のリーダー」に「強く同意する」一定の割合の消費者は、広告効果だけでそうなったとは言えないことがわかっている。なぜなら、消費者の意見に影響を与える事柄はいくらでもあるからだ。このため、ROI問題に答えを出すには、コントロール群とA／Bスプリット・テストによる観察が重要な役割を果たす。

次のようなシナリオに沿って考えてみよう。二つの消費者グループを無作為に実験群とコントロ

ール群に分ける。無作為抽出法を用いることで、二つのグループは、こちらが分離したい要因を除いてすべて同一の条件に置くことができる。ＩＢＭの場合なら、実験群にはＩＢＭの広告を、コントロール群には赤十字などの公共広告やテクノロジーとは無縁な広告（プラシーボ広告）を見せる。そして、消費者に「ＩＢＭはテクノロジー分野の世界のリーダー」というイメージに「強く同意するか」と尋ね、二つのグループの回答に現れた相対的な相違を比較する。「強く同意する」と答えた割合が両者で同じなら、つまり違いがないなら、広告は何の影響も与えていないことになる。

プラシーボ広告のみを見せたコントロール群に現れた「同意」は、広告以外のあらゆるマーケティング要因によって生じたものと言える。一方、実験群のほうに「強く同意する」と答えた消費者数が多ければ、この違いを生んだのは他でもない、広告ということになる。

この方法は、厳格さという意味では、物理学や生物学といった厳しい学問分野で究極の判断基準として適用される方法と同レベルである。このテストを行なうことで、マーケターは現実の複雑な環境における広告の影響を分離し、ブランドに対する消費者の態度と信念に影響を与える真のコストを算出することができる。広告費の額がX、そして見解を変える消費者の数がYとわかれば、影響当たりのコストとＲＯＩを算出できるわけだ。

ＣＦＯにとって「ＩＢＭがテクノロジー分野の世界のリーダー」というイメージに消費者が強く同意することがなぜ大事なのか？　その理由は、ブランド認知の変化をもたらすこと（この場合は、ＩＢＭを「テクノロジー分野の世界のリーダー」とみなす肯定的な変化）が、売上向上への連鎖の一環だからである。

マーケターはこのブランディングと売上の結びつきを実証し、ブランド認知を高める広告予算を組むことができる。マーケターは、実験計画法を使って「ＩＢＭはテクノロジー分野の世界のリーダー」だとする肯定的な変化をもたらす要因が広告であるかどうかを正確に突き止めることができる。

さらには、Ａ／Ｂスプリット・テストを行ない、購入した人の数を集計すれば、売上への直接的な影響も測定可能である。これはクリック数を数えるよりはるかに強力な測定方法である。

マーケターは、実験計画法を使って、肯定的な変化をもたらす要因が広告であるかどうかを正確に突き止めることができる。

キャンペーンが意図した結果を達成できたかどうかは、ほとんどの場合、測定可能だ。実際の広告メッセージの有効性を測定できるかどうかがキャンペーンの成否を分ける。

たとえばＩＢＭの場合、同社の開発したチェスのソフト「ディープ・ブルー」がガルリ・カスパロフと対戦した試合で、二つの広告を作り比較テストを行なった(＊5)。

このときは、Ａ／Ｂスプリット・テストに加えてコントロール群も使い、オンライン広告の影響を、世界チャンピオンのカスパロフ対ディープ・ブルーの対戦のためのその他あらゆるマーケティングおよび宣伝活動から分離することができた。この結果から判断すると、ＩＢＭが二五〇〇万人

のユーザに広告を送ったとすると、うち一二〇〇万人はこの対戦をすでに知っていたことになる。(*6)

広告AにはＩＢＭのロゴに加えて、フックとなるテキスト「直感と分析、人間と機械の対決」が使われ、結果的にこの広告でイベントを認知した人の数は二〇〇万人だった。広告Bでは、同じロゴに加えて、(邪悪な感じに見えるような)カスパロフの目のクローズアップ映像が「人間対機械」というテキストに変わる手法を使った。結果的にこの広告によって認知した人は三〇〇万人強だった。

つまり、広告Bの効果はAより五〇%高かったことになる。これは大きな差だった。実際、広告のサイズがバナー広告から摩天楼や巨大な長方形に変われば、この五〇%の差というものは非常に大きい。(*7)成功の鍵は、カスパロフの目と一緒に不変のＩＢＭロゴを見せ、人間対機械の対決を宣伝したことにある。

ウェブサイトの広告料は広告効果に関係なく課される。このため、ＩＢＭのケーススタディは、最良のクリエイティブを提供する努力は報われ、支出に見合うだけの価値があることを明確に実証している。

実験によって証明されたメッセージ効果

我々はこれまで実社会のなかで、メディアを問わず、文字通り無数の広告を、ほとんどにA／B

スプリット・テストを使って測定してきた。そして、そのプロセスのなかで、消費者がどのように広告を処理するのかを学んできた。

最も機能する広告とは、ほぼ例外なく、明確なブランディングと比較的率直なメッセージを持つ広告だと言える。これはアメリカでもイギリスでも、オーストラリア、オーストリア、オランダ、香港でも言えることだ。実際、我々がリサーチした国々には、どこも例外なく同じパターンが見られる。(*8) ブランドと視覚的なイメージで作られた意味を結びつけた広告は効果が高い。ここでは、A／Bスプリット・テストを使って適切なメッセージングを行なった企業をいくつか見ていこう。

❖ブランド名がメッセージを伝える

オーストラリアで測定したボルボの二つの広告（図11－1参照）を検討してみよう。二つの違いがわかるだろうか？　これがボルボにどれほどの差を生み出すか考えてみよう。フレームにブランド名が入っているかいないかはじつは大きな違いである、と考える人は正しい。実際、広告B（右側）は、ボルボの主要なブランド評価基準を全体でさらに八六％向上させた。第一フレームにボルボの名前を入れたことで、効果は大きく向上したのだ。

P&Gのオレイの広告を検証したとき、成否を決めたのは、視覚的な美のイメージ（広告では女性の姿で表現）にオレイの名前とロゴを組み合わせるか否かだった。女性の姿をまず登場させ、数秒遅れてオレイのロゴが現れる別バージョンでは、イメージとロゴを一緒に見せるものと同じ効果は得られなかった。前者が有効だった理由は二つ考えられる。まず、消費者がブランドを認識する

図11-1 ボルボの広告（3フレームで構成されるオンライン動画広告）

広告A　　広告B

ことができたこと、そして、それによって消費者との関係性を伝えることができたことだ。二つ目は、広告の意味やストーリーと特定のブランドの枠組みを作ったことだ。

オーストラリアの大手テレビ局チャンネル9は、ブランド名を広告に使う効果を神経科学の視点から見事に解明した。消費者には神経センサーの付いた特別な帽子と視線を追跡するゴーグルを着けてもらい、記憶がエンコードされる脳のさまざまな部分への血流を測定するという実験だった。これはフィールド実験ではないが、消費者の広告への関与を解明するうえで役立つリサーチだった。

広告に馴染みのブランドが現れると、消費者の関与と記憶のエンコードは明らかに高まった。つまり、ブランド名を初期の段階で広告メッセージに登場させるのが得策ということになる。マーケターは、テレビ番組やオンライン広告の最後にブランド名とロゴを登場させるという常套手段を考え直す必要に迫られている。

オンラインA／Bスプリット・テストによって得られた原理は、テレビ、雑誌、屋外広告などあらゆるメディアに応用できる。その一例として、ある雑誌広告を見ていこう。この広告は男性の横顔のクローズアップを使い、その下に次のようなコピーを入れた。

「あなたはポーカーに興じている。彼らはあなたに興じている」

右隅には、ネオンサインがきらきらと輝くラスベガスのビルボードのような文字で「ティルト(Tilt)」と書かれ、その下に「木曜夜九時、ESPN（民放テレビ局）」とある。ティルト？　ESPNが放送する新手のポーカーの試合のことだろうか？　それとも、ポーカーのリアリティ・ショー（覗き見番組）だろうか？

実際には「ティルト」とは、いちかばちかの大博打を打つポーカー・プレーヤーたちが登場するラスベガスの怪しげな裏社会を舞台にした連続ドラマのタイトルだ。

この雑誌広告は、消費者に広告に出てくるキャラクター（役名エベレスト）を憶えてもらおうと制作されたものだ。コピーは言葉数が少なく、おそらくポーカーをやったり観戦したりするのが好きな人を惹きつけるために作られたのだろう。だが、この雑誌広告だけでは、連続ドラマに興味のある人々の共感を呼ぶには情報不足ではないだろうか？

ちょっと実験してみよう。これは正式なリサーチというわけではないが、意味を伝え消費者に影響を与えるという点では役立つかもしれない。あなたが携わった広告をひとつ思い浮かべてほしい。そして、その広告をその製品についてはまったく知識がない消費者の視点で考える。

まず、広告をチラッと見る。長くても三秒。これが消費者が広告に目をやる平均的秒数だ。目をそらし、消費者がその広告から見出すであろう意味を考えてみる。はたして、ブランドの意味や、製品が約束してくれるもの、消費者がそのブランドを採用したくなる理由を伝える手がかりが十分に組み込まれているだろうか？　まったく新しいアイディアを広告するのはとてもむずかしいことだ。

今度はESPNの番組「ドリーム・ジョブ」を取り上げてみよう。全米広告主協会主催の二〇〇四年度マーケティング・アカウンタビリティ・フォーラムで発表された情報によると、ESPNは大成功を収めた。

この番組の雑誌広告には、スポーツ報道センターのニュースデスクと誰も座っていない椅子が写っていて、「スポーツ報道センターのアンカー募集。経験不問」という大見出しがついている。広告本文には、「一ファンの夢が現実になるのを見よう」とある。

この広告は番組の趣旨を的確に伝えている。最良の広告は、一つのメディア広告だけでも、他のメディア広告と合わせても機能する。「ドリーム・ジョブ」のテレビ・コマーシャルは見た目も感触も雑誌と似ていた。このため、両方を見た消費者に対するメッセージを強化することができた。(＊9)

「一枚の絵は千の言葉に値する」というが、象徴的なイメージについて言えば、絵はひとつのコンセプトのエッセンスを捕まえるために使うべきだ。消費者の認知を高めたり形作る意図で広告を制作するなら、視覚的メッセージはそのブランド・プロミスのエッセンスを伝えなければならない。ロゴと画像を一緒に提供すれば、消費者はひと目で理解することができる。

もう一つの例を挙げておこう。図11－2の広告は、象徴的なイメージとして女性を使ったものだ。これはオレイのブランド・プロミス、すなわち美と科学を伝えている。

図11-2　オレイの雑誌広告

「イメージャリー・トランスファー」効果の活用

一枚の絵は千の言葉に値するというなら、ラジオ広告はどう考えればいいのだろう? ラジオ広告は、それ自体で消費者のモチベーションを引き出し、ブランドに結びつけるメッセージでなければならない。そして、クロスメディア・キャンペーンにおけるラジオ広告は、テレビ・コマーシャルの内容を利用するものであるべきだ。

このアプローチの理論的基盤は、「イメージャリー・トランスファー」効果と呼ばれ、(*10) ラジオ広告とテレビ・コマーシャルが似ている場合、ラジオ広告の音が消費者の心のなかでテレビ画像を再生する引き金となることが実証されている。ラジオ広告はクロスメディア・キャンペーンにおいて有効ではあるが、マーケターは音を使って意味を伝える方法を考えなければならない。

ラジオ広告とテレビ・コマーシャルが似ている場合、ラジオ広告の音が消費者の心のなかでテレビ画像の再生する引き金となることが実証されている。

たとえば、我々のクライアントのなかには、視覚的手段を使わずにブランドのコア・アイディアを伝えようとする企業もある。ラジオ広告にテレビ・コマーシャルを結びつける試みとして、テレビ・コマーシャルに画面外ナレーションを使い、両者の関連を知らせる手法もある。

だが、単にテレビ・コマーシャルとラジオ広告に同じボイス・メッセージを使うだけで、消費者にとって重要な動機づけとなる主要要因を伝えることができなければ、ラジオ広告の効果は望めない。ラジオ広告の成功は、マーケターの主張に耳を傾けさせ、製品購入をもたらす消費者のコア・モチベーションを引き出せるかどうかにかかっている。

成否はメッセージが機能しているかどうかを知ることによって決まる。だからこそ、マーケターは、テレビ・コマーシャルの事前テストを行ない、消費者のモチベーションを引き出す要素という観点から広告効果を検討し、その成果をラジオ広告に活かすべきだ。重要なのは、画面外ナレーションの内容ではなくイメージだろう。つまり、ラジオ広告の成功の鍵は、いかにして音を伴ったイメージを届けるかという点にある。

◉——ブランドにメッセージを明確に結びつける

歯磨きのコルゲート・オキシジェンとその競合ブランドであるアクアフレッシュ・エクストリーム・クリーンを例に考えてみよう。アクアフレッシュ・エクストリーム・クリーンは、イギリス市場に初めて登場した、ブラッシングすると口の中にミクロの泡が広がり、歯の間の汚れを落とし「エクストリーム・クリーン（究極の清涼感）」を与える製品だった。

一方のコルゲートには「感覚的な商品特性」（こう製品に書かれている）を持つコルゲート・オキシジェンがあった。小さな酸素の泡が歯の間の汚れを落とし、弾ける泡が口の中に清涼感と清潔感をもたらすという製品だ。

消費者の観点から見れば、コルゲートもアクアフレッシュも同じような画期的な歯磨きだった。コルゲートにとって不運だったのは、アクアフレッシュのほうが先に発売されたという点だ。このため、コルゲートが参入したことによって、ライバルのアクアフレッシュに対する認知度が高まった。コルゲートが望んでいた結果ではなかったことは明らかだ。

この現象はマーケティング用語で「ハロー効果」と呼ばれる。ハロー効果が生まれる原因は、消費者がマーケティング・メッセージに十分な注意を払わず、ときによってはその製品の長所を他の自社製品、あるいは他社製品に結びつけることにある。ここでこの問題に触れたのは、メッセージとブランドを確実に結びつけてほしいからだ。自社製品が他社製品と酷似していたり、自社広告に似たような視覚的イメージを使うと、他社製品に波及効果、すなわちハロー効果が生じ、自社ブランドは広告経費に見合った恩恵をこうむることができなくなる。

他社製品を宣伝してしまうハロー効果を最小限に留めるには、ブランドに結びつくメッセージ作りと、しかるべきメディア・プランの支えが必要だ。これこそコルゲートがやったことだ。

コルゲート・オキシジェンの場合、キャンペーンがさまざまなメディアで展開されるにつれて、消費者がコルゲートのメッセージとアクアフレッシュ製品を結びつける可能性は減っていった。ブランドに結びついたメッセージをさまざまなメディアを通じて送り出したおかげで、時が経つにつれてコルゲートに広告効果が現れてきたのだ。

多様なタッチポイントを駆使することで、コルゲートは類似製品になりうる可能性を克服し、酸素の泡という「感覚的な商品特性」の所有権をライバル製品から奪取することができた。

要するに、成功にとってメッセージがいかに重要かということだ。メッセージによって成否を分けるキャンペーンも多い。今日のマーケティングの世界では、直感と才能だけに頼っているわけにはいかない。自動車レースと同じように、マーケターも科学とデータを駆使して才能を補っていかなければならないのだ。何が効果的かを知り、その知識をテストに裏づけられたマーケティングに活かすことが不可欠である。広告効果は、メッセージ効果を分離するA／Bスプリット・テストのような手法を使って、科学的に分析しなければならない。

この科学的アプローチは、全体的な成功確率を向上させる。そしてマーケターが、ブランド認知の構築、ブランド・イメージの向上、購買意欲や売上の向上といったゴール達成に必要な経費を正確に示すことができれば、CFOたちも満足するに違いない。

次章では、消費者とのあらゆるタッチポイント（接点）に一貫したメッセージを送ることで、シナジー効果を得る、つまり、メッセージ効果が倍増する理想的なマーケティングの実践で売上への貢献がもたらされるという話をしよう。そして、さまざまなタッチポイントにメッセージを届けることの重要性や、COPを使ってメッセージ効果とマーケティングROI全体を向上する方法について考察する。

第12章 タッチポイントへのメッセージ

マーケターが理解しておくべきメッセージの最後の要点は、ブランドが消費者と接触するさまざまな地点で、メッセージを統合し強化するというコンセプトだ。これはしばしば「タッチポイント・インテグレーション（タッチポイントの統合）」と呼ばれる。トーン、メッセージング、視覚表現などに見られる一貫性は、スターバックスやマクドナルド、ジェットブルー（アメリカの航空会社）といった多くの優れたブランドに顕著な特質である。

タッチポイントとは、雑誌広告、テレビ・コマーシャル、ウェブサイト、店内ディスプレー、製品輸送用トラック等々、消費者がそのブランドに遭遇するあらゆる場所を指す。タッチポイントが正しければシナジー効果が生まれるが、間違っていれば成功を損ない、せっかくの努力が台無しになる可能性がある。

本章では、タッチポイントの統合の重要性を検証する。そして、「コミュニケーション最適化プロセス（COP）」を使って正しいメッセージを発し、ROIを向上させる方法を示すことで、これまで述べてきたメッセージ・コンセプトをつなぎ合わせていく。タッチポイントの効果的な統合が十分に機能するマーケティング・メッセージの成功例だとすれば、タッチポイントの衝突は失敗例である。

●――タッチポイントが大事な理由

まずは最低点、つまり、タッチポイントの衝突という側面から考えてみよう。メッセージに協調性がなく、互いに衝突する場合だ。付随サービスを通じてブランドについて伝えようとするメッセージは何かと自問してみる。

「製品やサービス体験とともに伝えようとしているメッセージと、消費者の耳に届いていることが同じであり、それが消費者に聞いてもらいたいメッセージであることを確認するにはどうすればいいか？」。その答えはＣＯＰにある。

❖コルゲート・オキシジェン歯磨きの事例

では、コルゲート・オキシジェン歯磨きのイギリスでの広告効果を見ていこう（図12―1）。注目してもらいたいのは、三〇秒テレビ・コマーシャルで増加した購買意欲が二〇秒コマーシャルを流した期間に下落し、二〇〇五年五月二八日には回復した点だ。なぜだろう？

図12-1　キャンペーン全体の結果

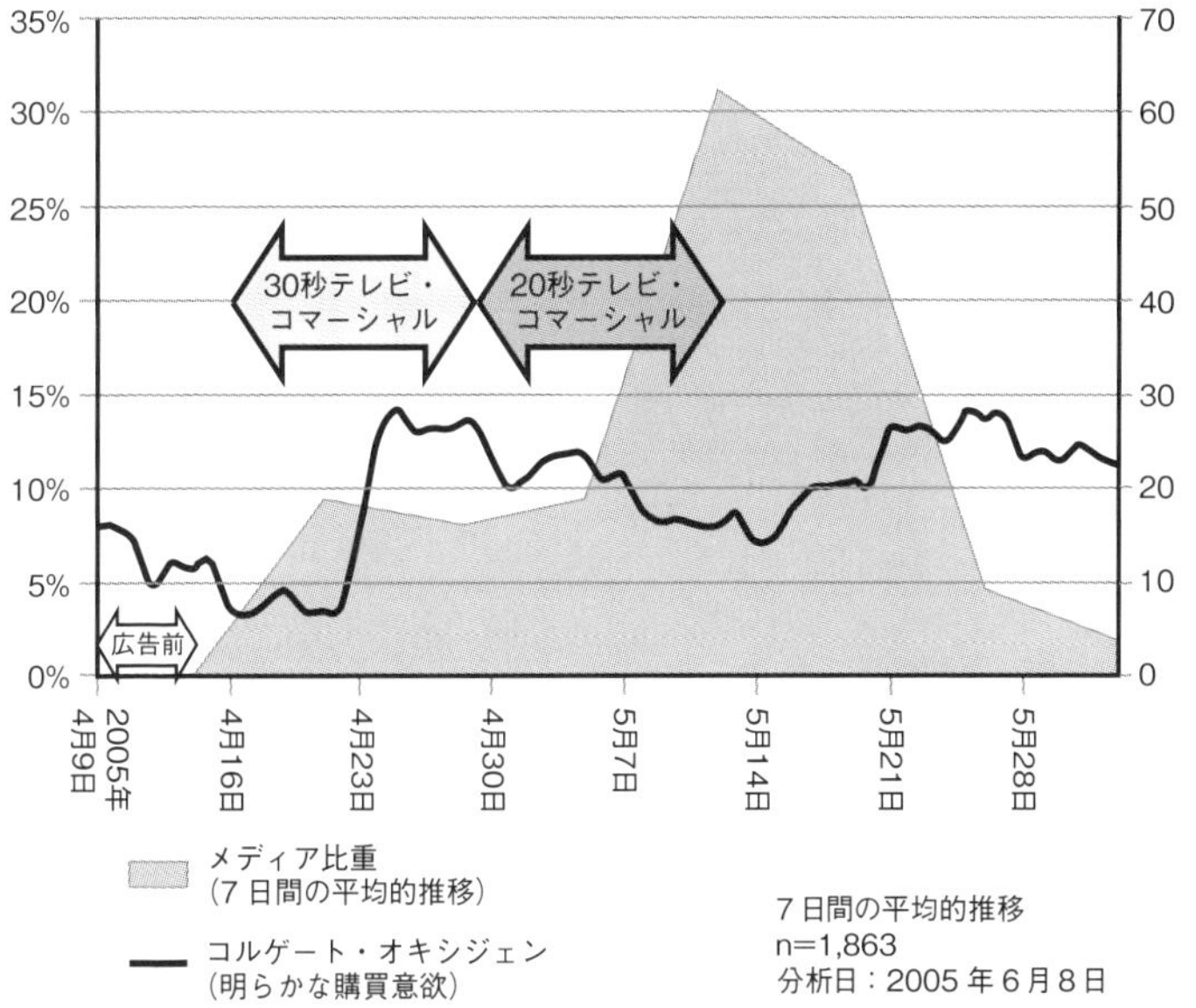

出所：MARKETING EVOLUTION Test Learn Evolve

消費者は三〇秒コマーシャルで何を聞いて、認識と購買意欲が高まり、売上が一気に伸びたのだろう？　二〇秒コマーシャルがどのように働いて、消費者の購買意欲が下落したのだろう？

実は、コルゲートは経費節約のために、歯磨きのコマーシャルを三〇秒から二〇秒に短縮し、その分、コルゲート・パルモリーブというデオドラント製品の一〇秒広告を流していたのである。汗まみれのテニス選手が登場するデオドラント製品の一〇秒コマーシャルと、口の中で弾け今までにない爽快感をもたらす酸素の泡に焦点を当てた歯磨きの二〇秒コマーシャルのコンビネーションは、まったく相容れなかった。

コルゲートは、文字通り消費者に雑

多なメッセージを送り、意味の混乱を招いたわけだ。消費者は二つのメッセージを別個のものと考えることができず、間違ったメッセージを受け取ってしまった。

オキシジェン歯磨きとデオドラントのメッセージが相互に機能するかどうかを事前にチェックしようと考える人はいなかった。コルゲートの目的は単なる経費節約で、メッセージの互換性を検証するプロセスはなかったからだ。だが、幸いにもコルゲートは優れた企業だった。マーケターたちは二〇秒コマーシャルのデータを見て、何が間違っていたのかを悟ったのだ。

しかし、キャンペーンが失敗した原因を「病理解剖」するだけでは不十分だ。似たような問題が発生する（あるいは同じ問題が再び発生する）可能性を極力減らすためのシステムが欠かせない。必要なのは、検視官ではなくCOPだ。

コルゲートのような広告効果に悪影響を与える「メッセージの混乱」現象は、我々が検証したブランドの一割以上に見られた。このため、我々はCOP議論の一環として、積極的にタッチポイントの検討を行なう。

> キャンペーンが失敗した原因を「病理解剖」するだけでは不十分だ。似たような問題が発生する（あるいは再び発生する）可能性を極力減らすためのシステムが欠かせない。

❖大手スーパーTARGETの事例

メッセージの混乱は、あるものから別のものへ焦点を移すときにも生じる。我々が調査したTA

図12-2　TARGETの広告効果に関するグラフ

自分や家族のために衣服を買うとき、どの店が最初に頭に浮かぶか？
（TARGETと答えた人の推移）

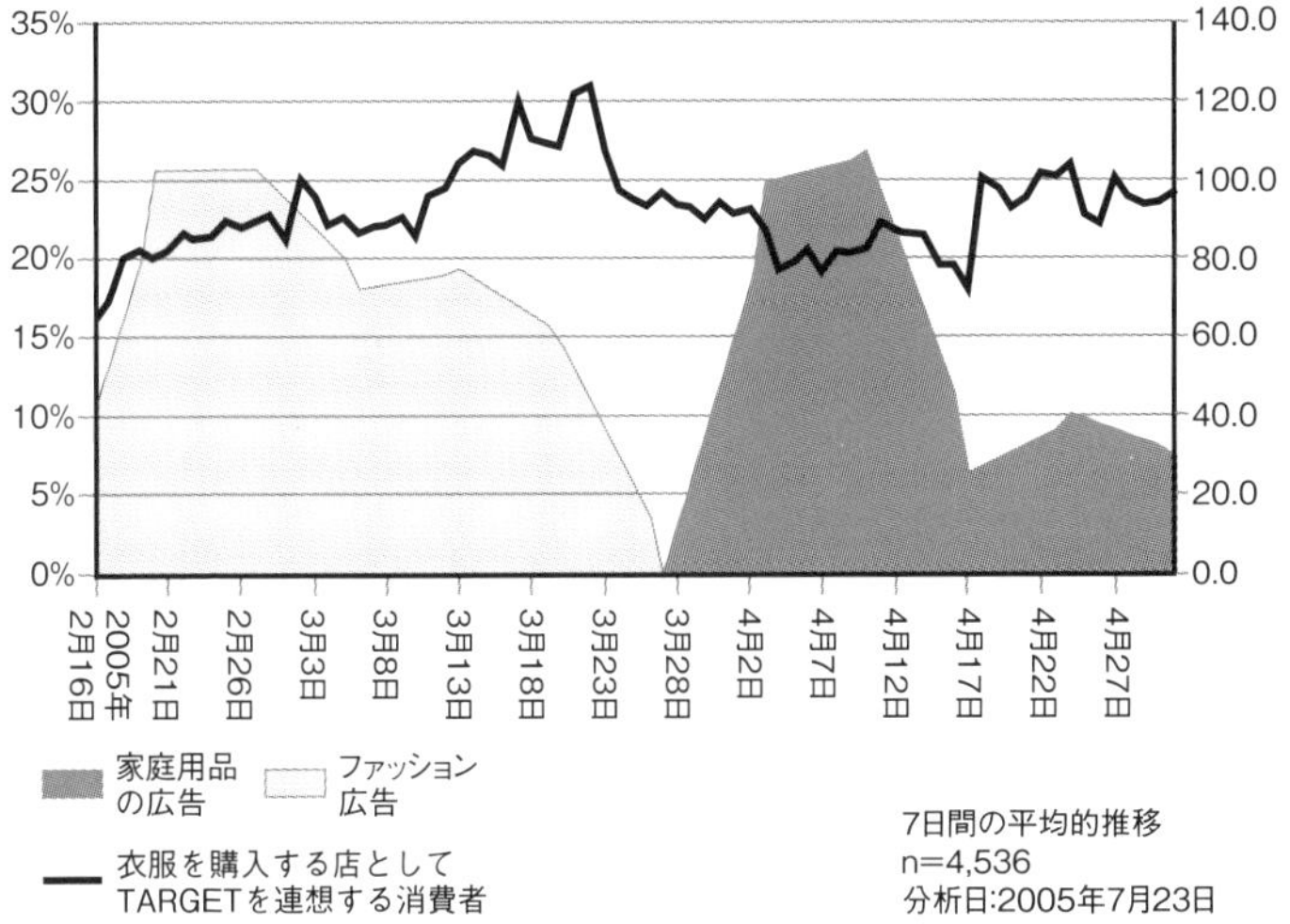

出所：MARKETING EVOLUTION Test Learn Evolve

RGETの「すべての人にファッションを」キャンペーンもその一例だった。このキャンペーンには焦点が二つあった。アパレルと家庭用品だ。キャンペーンでは、テレビ、雑誌、新聞、インターネットを駆使し、売上と利益に対するROIはめざましいものだった。

アパレルの広告と家庭用品のキャンペーンはほぼ同じ回数だった。図12－2のデータを見てほしい。このグラフは、衣服を購入する店としてTARGETを連想する消費者数がアパレル・キャンペーン中は増加したが、家庭用品の広告期間中に急減したことを物語っている。家庭用品のメッセージが流れるたびに、アパレルの認知度が下がっていった。その原因はどこにあるのだろう？

認知度の「減少」が生じたのは、TA

RGETが何を提供していて何を提供していないのかを意識的に理解しようとするほど消費者は暇ではないからだ。広告は消費者の視野の中心にはいないことを忘れてはならない。彼らが聞いているのは伝言ゲームの囁き声だ。家庭用品の広告を聞けば「TARGETと言えば家庭用品」というメッセージを再生し、その結果「TARGETと言えばアパレル」というメッセージは目減りするわけだ。

メッセージの意味は、「低注意」状態で処理する消費者によって歪曲されやすい。このため、マーケターは消費者が簡単に意味とブランドを結びつけられるようにしなければならない。消費者は自分の周りの持てる情報のなかにある魅力あるもの、惹きつけられるものに対して関心を寄せるので、マーケターは、そのブランドを採用するモチベーションに応じて、消費者が得られる利益に関し、一貫してわかりやすく消費者に提示しなければならない。これは、さまざまなメディアを通じたメッセージに、一貫した見方と内容を含ませることで達成できる。

TARGETの非常に優れたブランド・デザインと情熱はそのメッセージに力を与えるが、メッセージ間の衝突は克服できなかった。

消費者は自分の周りの持てる情報のなかにある魅力あるもの、惹きつけられるものに対して関心を寄せるので、マーケターは、そのブランドを採用するモチベーションに応じて、消費者が得られる利益に関し、一貫してわかりやすく提示しなければならない。

すべてのタッチポイントをブランド構築に活かす

メッセージには広告以上の意味合いがある。このため、マーケターはタッチポイントの統合について深く考えなければならない。販売員の言葉とダイレクトメールや広告などのメッセージが一貫しているかどうか考えてみよう。あまりにもさまざまな製品を扱っているために、その意味や長所が混乱していないだろうか？　店舗の外観と感触、デザインと色、製品のもたらす香りと嗅覚以外の感覚は調和しているだろうか？

消費者の体験するすべてのことが、ブランドの持つメリットを伝えるものでなければならない。マーケターは従来の個々のマーケティング素材（広告やカタログなど）以上に、パッケージ・デザイン、販売場所、販売員についても考える必要がある。

❖スターバックスの事例

スターバックスのカップのふたは、スターバックスがコーヒーというカテゴリーを再創造する前のコーヒーカップにかぶせてあったものとはまったく異なる。つまり、スターバックスのカップのふたは何かを物語っていることになる。それはスターバックスのメッセージの一環であり、我々消費者はそのカップを抱えて四ドル五〇セントのカフェ・ラテをすするとき、当たり前のように、このふたはスターバックスにふさわしいと思う。

スターバックスが直接サプライヤーに働きかけ、ふたを変える前、コーヒーカップのふたはどのようなものだったかを思い出してみよう。薄いプラスチック製で、タブを引き上げて外し、飲み口を作ったものだ。スターバックスは、「ふたの感触は品質を伝えるものでなければならない」と言った。製品にともなう体験はメッセージである。スターバックスはまさにこれを地で行ったわけだ。

スターバックスはふたのサプライヤーであるSOLOと共同で現在のふたを開発した。現在のふたは、ここのコーヒーにプレミアム価格を払うのは当然だと消費者に思わせる役割を果たしている。たしかにこのふたは従来のものに比べて三倍の経費がかかるが、スターバックスは経費をかけるに値し、プレミアム価格との一貫性もあると考え、採用に踏み切った。こうして、スターバックスは高価なふたを開発し、カップには発泡スチロールに変えて厚手の紙を使うようになった。スターバックスは、製品が「プレミアムな品質」というメッセージを消費者に伝えることを望んだ。そして、このメッセージを見事に広めている。(*1)

スターバックスを見ていると、こんな思いに駆られる。自社ブランドそのものが与える影響について考えたことがあるだろうか？　異なるパッケージングの効果をテストしたり、評価してみたことがあるだろうか？　店舗のレイアウト効果、販売員の服装の効果、製品とともに提供するサービスの効果を考えてみたことがあるだろうか？　はたしてすべてのタッチポイントがこちらが意図する意味の伝達に貢献しているだろうか？　次に挙げるいくつかの例を参考に、自分の企業にも応用できるかどうか考えてみよう。

自社ブランドそのものが与える影響について考えたことがあるだろうか？

大手スーパーのTARGETは、店舗内の薬局で販売する薬に新しいパッケージを適用した。これは、TARGETが「デザイン」に長《た》けた企業であること、そして、消費者が使いやすいように、瓶に入っているのが誰の薬かひと目でわかるようにした（老眼鏡が必要な多くの高齢者にとって、小さな字を読むのは一苦労だった）ことを伝えるためだった。(＊2)

クレオラは自社のクレヨンに香りをつけている。香りはクレオラのメッセージの一環だ。ロールスロイスも「年代を感じさせる」革の匂いをアピールすることで新車の売れ行きが伸びることを発見した。この匂いは、実際にはただの革の匂いではなく、はるかに複雑な香りである。伝えられるところでは、一九六五年のロールスロイスの匂いを再現するために、八〇〇種を超える香りの成分を調合したという。この匂いは工場で吹き付けられる。(＊3)

五感すべてを利用したブランド体験もある。シンガポール航空がそうだ。フライト・アテンダントたちは航空機と同じ色使いの制服に身を包み、香水の香りも統一している。実際、シンガポール航空はタッチポイントに対して細かすぎるほど気を配っており、色使いについて言えば、フライト・アテンダントのアイシャドーの色まで管理している。(＊4)

音もメッセージの一環だ。ユナイテッド航空は、飛行前のアナウンスやすべての広告に同じテーマ音楽を使っている。日本のある自動車ブランド（アキュラＲＳＸ）は、車のドアを閉める音が、消費者が車の品質を判断する指標となっていることに気づき、重いドアが閉まるような音が出るシステムを開発した。すべてのタッチポイントがメッセージを伝える。カリフォルニア州バーバンクのディズニーのビルのエレベーターは、ドアが閉まるときにディズニーランドの汽車と同じ音がする。インテルは、コンピュータ・メーカー（デルなど）が製品にインテルが使われていることを示すトレードマークの音を使用した場合、広告費の一部を負担している。

製品と同様にサービスも、メッセージを伝える。自分の荷物が配送プロセスのどこにあるかを追跡できる追跡コードを提供して、フェデックスが伝えたのは「信頼性」だった。電話やウェブサイトなどでのサービスを提供するブランドは、タッチポイントで消費者が出会うメッセージを最適化する努力を怠ってはならない(＊5)。

また、コカ・コーラがwww.coke.comでやっているアイコーク（iCoke）のように、さまざまなサービスを通じてブランド・イメージを広げるためにはどうするかと考えるべきだ。コークは人々を結びつけることがブランド・ベネフィットのひとつだと考え、アイコークは共通の関心を持つ人々を集める役割を果たしている。共通の関心とは、サッカー（コークはＦＩＦＡの大手スポンサー）や音楽（自分の音を作れるミキシングルームがある）だ。コカ・コーラのアイコークはコミュニティを通したウェブ体験の場である。コークはこのウェブサイトを活用して、ブランドの意味を拡大している。

●──ＣＯＰをタッチポイントの統合に役立てる方法

サラウンド・サウンド・マーケティングの力を活かすには、ＣＯＰが有用である。サラウンド・サウンド・マーケティングとは、タッチポイントの統合を考えるひとつの方法だ。マーケティング・プログラムの要素にとって理想的な状況とは、各メッセージが一つひとつのスピーカーの役割を果たすサラウンド・ステレオ・システムのように機能することだ。いっしょに機能しても一つひとつはどこか違う。だが、いっせいに音を出すと、システム全体が消費者に対してより力強い経験をもたらし、より良い成果が達成できる。

マーケティング・プログラムの要素は、サラウンド・ステレオ・システムのように機能すべきだ。

我々のリサーチから二例紹介しよう。一つはタッチポイントの統合を誤まったケース、もう一つは成功例だ。

❖キンバリー・クラークの事例

二つのテレビ・コマーシャルがあった。一つ目は、男女の意味ありげな出会いを描いたもので、土ぼこりをあげて走ってきた若い魅力的な女性が運転するオープンカーが、通り過ぎざまに青年に水溜りの水を跳ね上げ、女性がクリネックス・ソフト・パックを差し出すというものだ。

二つ目は、かわいらしい子供が車の後部座席に座っていて、助手席に乗った犬が頭を窓の外に出している。風を受けた犬の口にはよだれが溜まっていて、いまにも後部座席に飛んできそうだ。子供はクリネックス・ソフト・パックをつかんで防御するというものだ。いかにも微笑ましい映像だったが、最初のコマーシャルとの一貫性はない。

雑誌広告のアプローチは、まったく異なっていた。使われたのは、家族旅行とおぼしき写真だった。田舎のいかにも俗っぽい観光地に立つ伝説の巨人ポール・バンヤンの巨大な彫像の足元に家族が佇んでいる。これは見た目もイメージも、テレビ・コマーシャルとはまったく違う。

オンライン広告もテレビや雑誌広告とはまったく違っていた。真っ白な背景にブリーフケースが映っていて、中にクリネックスが入っているというものだった。

キンバリー・クラークには、残念ながら、この統一感の欠如を広告の承認プロセスの期間中に察知するCOPはなかった。そして、キャンペーン評価でおもわしい成果を得られなかったことが判明し、同社はようやくサラウンド・サウンド・マーケティングの重要性に気づいたのである。

❖ユニリーバのダヴ・ニュートリウム・バーの事例

ユニリーバの場合は、「肌を整え栄養を提供する固形石鹸」が商品の強みであると理解していたので、製品名はニュートリウムがふさわしいと判断した。この石鹸が約束のものを提供できると信じる根拠は、その二色のストライプにあった。ピンクの部分は保湿と栄養（ビタミンE配合）を、洗剤を含んだ白い部分は清潔な肌を約束した。この二つがいっしょになって完璧なスキンケア製品が誕生したわけだ。

ユニリーバは、テレビ・コマーシャルでこのピンクと白のストライプを非常に効果的に演出した。二色のストライプが混じり合い、一つになり、またピンクと白に分かれるというものだった。

このアイディアは雑誌広告にも使われた。紙面には二色の石鹸を大きく写し出し、ボディ・コピーではビタミンE配合で肌に栄養を与えると説明していた。図12－3に示したように、オンライン広告も同様に視覚に訴えるもので、大きな特色であるピンクと白の石鹸を登場させた。

すべてのタッチポイントで意味が十分に統合され、シナジー効果（全体的な効果は各要素の合算より大きい）が得られて初めて「タッチポイントの統合」と言える。これが十分に統合されていないと、実際、成功を損なう可能性がある。

では、効果的なサラウンド・サウンド・メッセージを作るにはどうすればいいか？　それは、マーケターなら誰でも知っている簡単なコンセプト、つまり「広告がメッセージをどのように伝えているか」という一点に戦略を絞りこむことだ。しかし、これでは販売員、DM、広報活動、イベントといった広告以外のコミュニケーション媒体（伝達者）の価値を見過ごしかねない。

図12-3　ダヴ・ニュートリウム・バーのテレビ、雑誌、オンライン広告

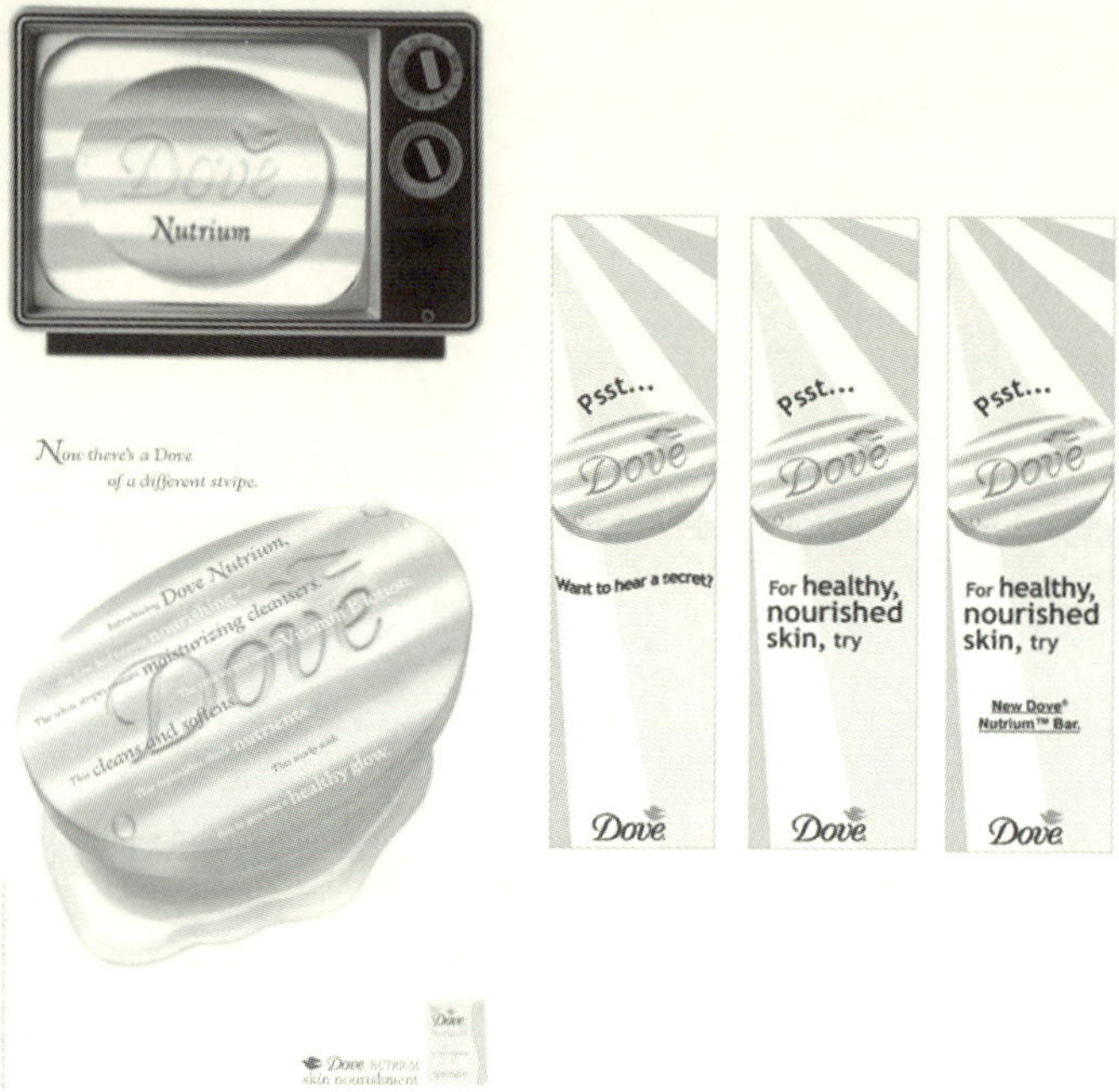

撮影：ロビン・ブロードベント（転載許可済）

統合的なコミュニケーション・プランへと移行する企業が増えているが、マーケティング部門が管理するすべてのタッチポイントで、接触する消費者に一貫した「声」を届ける戦略が求められている。しかし、従来の広告手法に使われたコンセプトは、イベント、販売員によるコミュニケーションといった広告以外の活動に、必ずしも簡単に適用できるものではない。

マーケターには「声」（トーンやスタイル、メッセージングなど）の一貫性に焦点を絞るよう勧めたい。「声」の統一作業は、必ずしも広告活動から着手しなければならないものではなく、販売戦略やイベントから着手し広告へ持ち込むこともできる。「声」はマーケティングのさまざまな場面で姿を現す。このため、すべてのマーケティング手段（と代理店）を同じ「声」で統合するために、マーケティング・プロセスの初期の段階で、より概念的なCOPとチャネル・プランニング・アプローチに着手しなければならない。

リサーチの結果、広告をコマーシャルで三回見るより、異なるメディアで目にするほうが消費者への影響力が強いことがわかった。なぜ、ひとつのメディアでメッセージを繰り返すよりも、サラウンド・サウンド・マーケティングのほうが有効なのだろう？　それは消費者が無意識のうちにパターンを読み取るからだ。

さまざまなメディアに現れるメッセージの外観や感触が一貫していれば、コア・メッセージは強化される。同じ意味が身体のすべての感覚（視覚、味覚、触覚、嗅覚、聴覚）で強化されれば、よりよいタッチポイントの統合を達成できる。

広告をコマーシャルで三回見るより、異なるメディアで目にするほうが消費者への影響力が強いことがわかった。

実際に効力を発揮するメッセージ、有効性が確証できるメッセージ、さまざまなタッチポイントでメッセージを強化できるメッセージ発信が可能であれば、正しいモチベーションを獲得できる。これが成功の方程式だ。

ＣＯＰではすべてのタッチポイントを網羅し、一貫したコミュニケーション方針を作り上げなければならない。ＣＯＰを使えば、販売員は的確なメッセージを伝え、カタログなどの視覚的アプローチ（広告を含む）は一貫したブランド・イメージを提供し、香りや音がブランドの一体感を醸しだすことができる。これができなければ、例にも挙げたように、せっかくの機会は失われ、ブランドの衰退をも招きかねない。

第13章 メディア配分の「物理的法則」

メディア・プランナーとは、クライアントに広告費のメディア配分方法を提言する役割を果たす。一流広告代理店のメディア・プランニングの世界で働く人たちにとって、P&Gを担当することはこのうえない栄誉だ。P&Gのブランド・マネジャーやメディア・マネジャーは、この世界では最も優秀で仕事ができると言われている。この世界でキャリアを積みたいと真剣に考えている人の大半は、最低でも二年、P&Gの仕事を担当し、その第一級のアプローチに学びたいと願っている。

P&Gの年間予算計画の作成プロセスは過酷なことで知られていた。翌年度のブランド全体のマーケティング・プランと広告メディア・プランを決定するこの作業は、代理店上層部や経理チーム、メディア・チームを含む広告代理店担当者らとブランド・マネジャーらが力を合わせ、四、五カ月にわたって、週末返上、昼夜ぶっ通しで働く厳しいものだった。ここでは、小さな疑問点ひとつ残さず、すべてに論理的根拠が求められた。多くの代理店のメディア担当者たちは、自分のキャリアの土台となるこの徹底した厳格さを高く評価した。

何年も前の話だが、ニューヨークのある優れた中規模代理店のメディア担当者は、P&Gのアプローチと、可能な限り最善のマーケティング・プランを作成するために用いたプロセスに非常に感銘を受けたという。だが、この仕事をしている間、常にどこか腑に落ちない釈然としない思いを抱えていた。代理店側がP&Gに提示したメディア資金の配分が間違っているような気がしてならなかったからだ。彼の上司たちは、メディア畑で一五年から二五年の錚々たるキャリアを積んだベテランで、明確な指針となる「原則」を持っていた。P&G（およびの数々の一流企業）のメディア・プランは、次のような一連の原則に基づいたものだった。

- 「メディア・プランを最大化するよう努力し、三回以上の露出を確保すること」（上司たちはこう言った。「誰でも知ってることだが、どんな広告でも、露出が三回以下では効果がない」）
- 「ターゲットとなる消費者へのリーチの最低ラインは七五％だ」
- 「第二媒体への配分は、第一媒体で『十分な』結果を出してから考えること」
- 「雑誌広告は年間最低でも六回行なうこと」等々。

こうした原則は、実証済みガイドラインとして、メディア・プラン作成時に必ず適用された。件のメディア担当者は、ベテラン・マネジャーたちがP&Gなどのクライアントに、この原則を声高に説明し、クライアントたちがなるほどとうなずくのを見ていた。そして、時折、こうした原則はどこから来たのかと上司たちに尋ねた。すると、いつも「長年の経験から」といった答えが返ってきた。

やがて彼は昇進し、クライアントとのミーティングで上司たちと同じことを繰り返す自分を発見した。クライアントもうなずいてくれる。だが、それでも釈然としない思いは消えなかった。この将来を嘱望される男は時折こう自問した。「いったい、この手の原則はどこから来たのだろう?」。そして「僕の長い経験から……」と自分が無意識のうちに答えていることに気づいた。


この将来を嘱望される男は時折こう自問した。「いったい、この手の原則はどこから来たのだろう?」


実はこの男こそ、本書の著者のひとりである。そして、我々が本書の土台となるリサーチを行なってから初めて、長年抱えてきたどこか変だという思いが間違っていなかったこと、そして、我々が受け継いできたこと、教えられてきたことが、悪く言えば嘘、ひいき目に言っても「胡散《うさん》臭い」域を出ないことに気づいたのだ。

これはまさに、未検証の根拠のない「一般通念」の陰謀で、その大半は入念に綿密なリサーチをして検証すれば化けの皮がはがれるものだった。つまり、件の男は一〇年以上にもわたって、世界的な一流ブランドの仕事を担当して莫大な広告費のメディア配分を決定し、そのアドバイスの大半は、あろうことかただの無駄遣いで、完全な間違いだったというわけだ。(*1)

ほとんどのマーケターは、広告代理店にメディア配分を完全に委ね、自分から積極的に関わろうとはしない。関わるべきだと考え、丸投げではなく代理店と一緒にことにあたる企業は一部にすぎない。

ロンドンで開催された、広告リサーチ業界の関係者が集った二〇〇六年アドマップ・マーケティング・アカウンタビリティ会議の席で、ソニー・ヨーロッパの会計監査役は、CFOの広告に対する見方について興味深いスピーチを行ない、最後を即興の質問で締めくくった。「マーケターたちが本当にROIを重視しているというなら、なぜこの場にいないのでしょう？」(*2)。会議場には広告代理店やマーケティング・リサーチの専門家が集っていたが、彼女が指摘したように、出席していたマーケターの数は情けないほど少なかった。

アドマップ会議の主催者は、これは釈明が必要だと考え、昼食後に演台に立って説明した。八方手を尽くしてマーケターたちの出席を要請したが、大半は「その種の事柄はうちの代理店がやってくれているので、我々はあえて口を出さないようにしている」と返答してきたというのだ。

広告代理店には、たしかにクライアントに代わって真摯に取り組む優秀な人材がいるが、会議に出席していた代理店の人々は、自分たちだけに責任を押しつけるマーケターの姿勢は間違っているという意見に賛意を示した。マーケターは責任を持ってメディアやマーケティングROIについて理解し、代理店や外部のROIリサーチ会社と一緒にこの仕事に携わるべきだ。

マーケターやメディア関係者にとって問題なのは、「メディアにまつわる神話」があまりにも多く、事実とフィクションを選別するリサーチが、ごく最近までほとんど行なわれなかったことだ。

本章では、優れたメディア・プランニングにおける重要な原則をいくつか説明していく。本章で学んだことを応用するだけでも、確実にマーケティングから生じる売上と利益を大幅に増やすことができる。

先に述べたダヴの例では、消費者の購買意欲は一四％高まり、フォードの例では、我々の試算だと売上が五億ドル増えた。また、映画『E・T』のDVDでは、メディア・ミックスを修正したことが成否の分かれ目であった。メディアも、モチベーションやメッセージと同様に成功への大きな要素となる。

メディア・プランニングは「経験」に頼らず測定評価を行なうこと

広告の世界で、今までとは異なる、あるいは新しい方向性を目指す余地があるとすれば、それはメディア・プランニングとメディア・バイイング（購買）分野だ。そもそも我々がリサーチに着手したのも、この分野に着目したからだ。

我々は現実的なクロスメディア分析を行なうために、異なるメディアの相対的な効果やコスト効率を調べたいと思った。効果のない広告では、広告全体の新しいアプローチに不可欠な最適なメディア・ミックス・ソリューションを見出すのはきわめてむずかしい（不可能と言えるだろう）ことに気づいたからだ。

４Mの三番目にあたる「メディア」も、最初の二つと同じ浪費という問題を抱えていることがわかった。実際、我々のリサーチによると、メディアの分野で無駄になっている額は年間一九八億ドルにのぼる。さながらペーパー・シュレッダーで現金を切り刻み、ゴミ箱に捨てているようなものだ。しかし、ほとんどの場合、同じ予算でより良い結果が得られることもわかっている。我々の試算では、簡単に特定できる活用されていないメディア・ミックスの額だけでもさらに一六九億ドルに達した。

多くの代理店やマーケターたちは、メディアの複雑さに恐怖感を募らせるだけで、メディアを投資と考えて、効果を最大化するための方法論を持っていないため、メディアの購買や管理を実施するにあたっての方向性も持たない——これが我々の見解だ。本章の内容や本書のテーマは、「同じ予算でより良い成果」である。メディアに莫大な資金を投入する企業であれ、できるだけ予算を削りたいと思っている企業であれ、本章で展開するコンセプトとその成果はマーケティングＲＯＩの向上に役立つはずだ。

多くの代理店やマーケターたちは、メディアの複雑さに恐怖感を募らせるだけで、メディアを投資と考えて効果を最大化するための方法論を持っていない。

まずは一番大事な問いから始めよう。読者は個々のマーケティング経費の額を知っているだろうか？　オスカー・ワイルドはかつてこんな言葉を残した。「昨今、人はあらゆるものの値段を知っているが、その価値はまったく知らない」。この言葉は、『ピープル』誌の一ページ当たりの広告費、テレビ視聴率一％当たりのコスト、スーパーボウルの三〇秒コマーシャルのコスト（現在はおよそ二四〇万ドル）(*3)は答えられても、売上、ブランド認知や認識といった個々のマーケティング目標に関連する広告経費の額を明確に示せと言われたら、おそらく途方に暮れるマーケターたちに、警鐘を鳴らすものだ。

だが、マーケターたちがお金を注ぎこむのはブランディングや売上目標を達成するためであって、折り込み広告のためではない。ここで、この一番大事な問いに関連する、必ず知っておかなければならないことを尋ねておこう。

- ブランド・マネジャーやメディア・プランニング代理店がテレビ広告を行なった場合、その見返りは何か？　テレビ広告予算を半分にした場合、あるいは倍にした場合の見返りはどうか？
- 雑誌広告の予算を増やした場合、「友達に勧めたいブランド」といったブランド認知や売上にどのような影響を与えるか？
- DMキャンペーンやウェブサイトのスポンサー、カンファレンス、インターネット検索キーワードの購入などの経費に対する見返りはどうか？
- 資金に余裕がある場合、どの分野に投入すれば最も効果的か、あるいは最も効果的ではないか？（この問題もビジネスやマーケティングの目標と関連してくる）
- 広告経費を削減しなければならない場合、どのメディア分野を削減すべきか？　その影響はどのようなものか？

これらの質問に対して自信がない、あるいは単にわからないと答えた人は、安心してほしい。そう答えるのは一人や二人ではないはずだ。我々のリサーチに従事したマーケターもそうだった。その答えを知りたかったからこそリサーチに参加したのだ。彼らには、自分たちのキャンペーンを評価し、その結果を踏まえてできるだけ早急に調整することがこうした問いに答える唯一の道だとわかっていた。その結果、より良いメディア・ミックス配分と、消費者、ブランド、広告の力学と、売上および利益を最適化する方法への理解を深めることができた。

本章だけで、一〇億ドルを超す経費がかかったと言っても過言ではないだろう。この額は我々にリサーチを依頼したマーケターたちの広告経費の総額だからだ。本章では、広告経費の額を特定し、その効果を分析し、予算の額にかかわらずその予算からより良い成果を得るための教訓を引き出す。

一番問題なのは、目標に対する本当の影響を知ることができる実験に基づいた結果ではなく、推測に基づいてメディア・ミックスを配分するマーケターたちだ。一部のマーケターたちは深く考えず、前年度の予算をベースに、ほとんど手直しもせず新たな予算計画を立てる。だが、前年予算は何に基づいて組まれたのか？　十分に調査し、最適化したメディア・ミックスだったのか、あるいはさらに前の年の予算を微調整しただけだったのか？

インターネット、ダウンロード可能なテレビ番組、サーチ広告、屋外広告のデジタル化、モバイル機器、一般家庭で受信可能な一五〇チャンネルを超えるテレビ、ますます加速するゲリラ・マーケティング等々、この一〇年でメディアの世界は急激な変貌を遂げてきた。メディア・ミックス評価の重要性もさらに高まっている。

一部のマーケターたちは、前年度の予算をベースに、ほとんど手直しもせず新たな予算計画を立てる。だが、前年予算は何に基づいて組まれたのか？　十分に調査し、最適化したメディア・ミックスだったのか、あるいはさらに前の年の予算を微調整しただけだったのか？

適切な時期に適切な消費者にメッセージを届け、購買意欲や購買行動において最もコスト効率の高い変化をもたらすために、マーケターに何ができるのかを見ていこう。そのために、これからメディア力学、すなわち、範囲、頻度、速度、そして収穫逓減を網羅するプロセスを検証していく。

本章を応用すれば、マーケティングＲＯＩを大幅に改善することができる。第14章では、モチベーション、メッセージ、メディア・ミックスの総まとめとして、メディア・ミックス最適化の具体的なケーススタディを行なう。まずはワイン・テイスティングのたとえ話から始めよう。

メディア力学、ワイン・テイスティング、収穫逓減の法則、五分位分析

あなたはエコノミストと一緒にワイン・テイスティングをしている。エコノミストは、一連の

「効用」体験の逓減をワイン・テイスティングで教えようとしている。「効用」とは「価値の単位」を表す経済学用語だ。

彼女はあなたにグラスを手渡す。だが、グラスは空だ。そして味はどうかと尋ねる。グラスには何も入っていない。あなたは戸惑いながら彼女を見つめ、「何も入ってないじゃないか」と反論する。すると、彼女は笑いながらこう言う。「その通りよ」。味わうものが何も入っていないので、テイスティングから生じる「効用」はゼロだ。二人はバーへ向かう。ソムリエがワインを注いでくれる。あなたは満足そうに微笑み、こう言う。「なるほど、効用の味だ」。ソムリエはもう一杯注いでくれる。

お代わりを飲み始めたある時点から、そのワインは酔いを醸しだす。おそらく心地よい酔いだ。そして、それ以降のある時点で、今度は悪酔いをもたらす。肝臓がむかつき、翌日には二日酔いで頭がガンガンし、あなたは鳴り響く電話のベルに悪態をつく。電話に出てみると、相手は昨日のエコノミストだ。彼女はテイスティングは一口飲むだけなのに度が過ぎたわねと嫌味を言い、レッスンの仕上げにかかる。

つまり、ワインを一口飲むたびに生じた「価値」が、ある時点から「効用」の減少を生み出すというわけだ。この減少に転じる点を「収穫逓減」のポイントと呼ぶ。ここを過ぎてしまうと二日酔いに襲われる。彼女は笑いながら説明し、あなたはうめき声をあげる。これが教訓だ。

マーケティングは集団二日酔い状態にある。メディア・ミックスのいずれかの部分で「一口の度が過ぎる」マーケターは多い。マーケティング・ミックスにも、全体的なROIの向上に貢献する領域がある。ここで威力を発揮するのがメディア力学だ。次に挙げる五つの原則に従って、読者のメディア・ミックスを見直してみよう。

①見えない、聞こえない＝効果ゼロ
②二つの収穫逓減に気をつけろ
③一部の消費者は他の人より多くの取り分にあずかる
④リーチは真のリーチではない
⑤重要なのはプロセス内指標ではなく成果

このメディア力学の五原則を使えば、実質的にマーケティングROIを向上させることができる。

●――メディア力学の原則①：「見えない、聞こえない＝効果ゼロ」

ダヴ・ニュートリウム・バーのテレビ・コマーシャルのリーチは、およそ八五％だった（「リーチ」とはブランド・メッセージを目にした視聴者数。延べ人数ではない）。だが、このコマーシャルを見ていなかった一五％への影響はと言えば、ゼロだ。

つまり、テレビ・コマーシャルが届かなかった人々に対するコマーシャル効果は、ゼロということになる。空のグラスを手渡し、味はどうと尋ねたエコノミストの話と同じことで、何もなければ価値は生じない。

ここがメディア力学の最初の要点だ。すなわち、重要なのはカバレッジ（カバー率）である。練りに練ったメッセージであっても、消費者の目に映し、耳に届け、体験させることができなければ、微々たる変化も生み出すことはできない。これは、広告のみならず、イベントやＤＭ、宣伝活動、ブログ等々にも言えることだ。

見えない、聞こえない＝効果ゼロ。なぜこれが大事かと言うと、ほとんどのメディアは総人口のある一定の割合にしか到達できないからだ。世の中にはテレビをほとんど見ない、あるいはまったく見ない巨大なグループが存在する。彼らにはテレビというメディアでは到達できないため、他のメディアを考えなければならない。

テレビをほとんど見ない、あるいはまったく見ない巨大なグループが存在する。彼らにはテレビというメディアでは到達できない。

メディアを調整し、可能な限りのターゲットに到達しようとする努力を怠るマーケターは多い。とりわけ、オンライン・メディアを使うマーケターに多い。だが、リーチを広げる努力はそれほどむずかしいことではない。あえて繰り返すが、マーケティング・プランが到達しない人々がいるとしたら、彼らはメッセージを受け取ることはできない（そして、当然反応することもない）。

メディア力学の原則②：二つの収穫逓減に気をつけろ

収穫逓減の法則は、経済学の重要なコンセプトのひとつだ。ワインの最初の一口はすばらしく美味しい。だが、杯を重ねるにつれて、価値は少しずつ下がっていく。同じ予算でよりよい成果を得る際に、重要かつ高度に予測可能な力学的役割を果たす収穫逓減が二つある。我々はこれを二つの収穫逓減と呼ぶ。

❖第一の収穫逓減：広告効果vs頻度

一つ目の収穫逓減は「効果vs頻度」だ。図13－1は、ダヴ・ニュートリウム・バーのテレビ・コマーシャルの頻度と購買意欲の関係を表す重要なグラフである。最初にコマーシャルが流れた時点で購買意欲は上昇し、放映頻度が増えるにつれて緩やかに上昇する。これが大多数の広告キャンペーンに見られる、予測可能なパターンである。

他のブランドにも言えることだが、ダヴの場合、放映回数が増えるごとに収穫逓減が生じている。広告代理店の報告によると、ダヴのコマーシャルのリーチは頻度六・〇で八五％だった。さらにコマーシャル枠を購入するのは、ワインの杯を重ねるのと同じである。最初の一杯がおいしかっ

図13-1　テレビ・コマーシャルのみの場合の収穫逓減グラフ

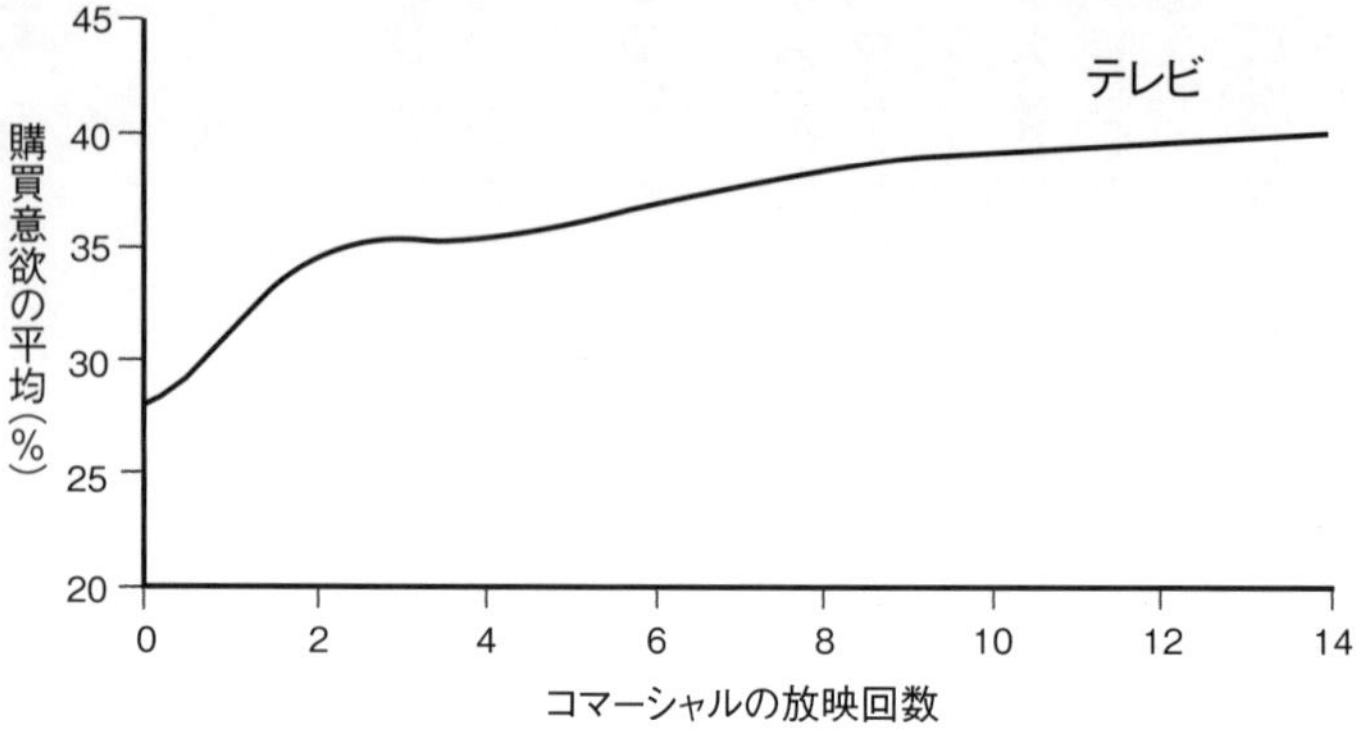

たのでお代わりを注文し、六杯まで杯を重ねたということだ。支払う代金は、一杯目も二杯目もそれ以降も同じだが、二杯目以降の「効用」は少しずつ減っていく（収穫逓減の法則）。

放映一回当たりのコストがすべて同じであることがわかっていれば、四週間にわたって六回流した場合のＲＯＩは五回よりも低くなることがすぐにわかるはずだ。どの程度減るのかを正確に知るには、コマーシャル効果を測定しなければならない。広告予算の再配分を考えるには、ダヴの広告を行なった他のメディアの経費および効果を明らかにする必要がある（実際にそうしたわけだが、その話は次の最適化に関する章で取り上げる）。

❖Ｐ＆Ｇのオレイにおける収穫逓減

Ｐ＆Ｇは、オレイのマーケティングを行なった際に、この収穫逓減曲線のパターンについてさらなる洞察を得た。

当初、我々はオンライン広告の最適頻度が何回なのか見当がつかなかった。このため、オンライン広告に着手したとき、P&Gは我々の忠告に従って、「高頻度から始め、その効果を見る」ことにした。さらに、将来のキャンペーンを最適化できるように、頻度を変えて収穫逓減曲線の変化を観察することにした。そこで、まず週当たり五回から始めた。ちなみに、テレビ広告の頻度は週当たり一・五回程度だったので、週五という回数は明らかに多かった。広告期間八週間で、広告を見た消費者は一人当たり平均四〇回見たことになる。

このリサーチに基づいて収穫逓減（あるいは頻度に応じた影響）を検討したところ、最適レベルは約八回（八週間で）、週当たりに換算すれば一回と判明した。つまり、最初の八回以降の三二回は、限られた増分利益しか得られなかったということになる。

だが、読者にはこの収穫逓減を否定的に捉えないでほしい。一回目の広告以降は、どんな経費であれ収穫逓減を辿ることになるからだ。収穫逓減とはそういうものだ。収穫逓減はビジネスのさまざまな局面に現れる。問題は、マーケターがマーケティングROIを最適化できる各メディアの収穫逓減曲線を知っているかどうかだ。P&Gは知っている。そして、マーケティング費の効率をさらに高める再配分を明確に行なうことができる。マジックナンバーなどに頼ってはならない。そんな数字はないのだから。収穫逓減曲線を測定して観察し、P&Gがやったようにその結果に従って調整していかなければならない。

マーケティングROIを最適化できる各メディアの収穫逓減曲線を知っているか？

図13-2　テレビ・コマーシャルとオンライン広告の収穫逓減グラフ

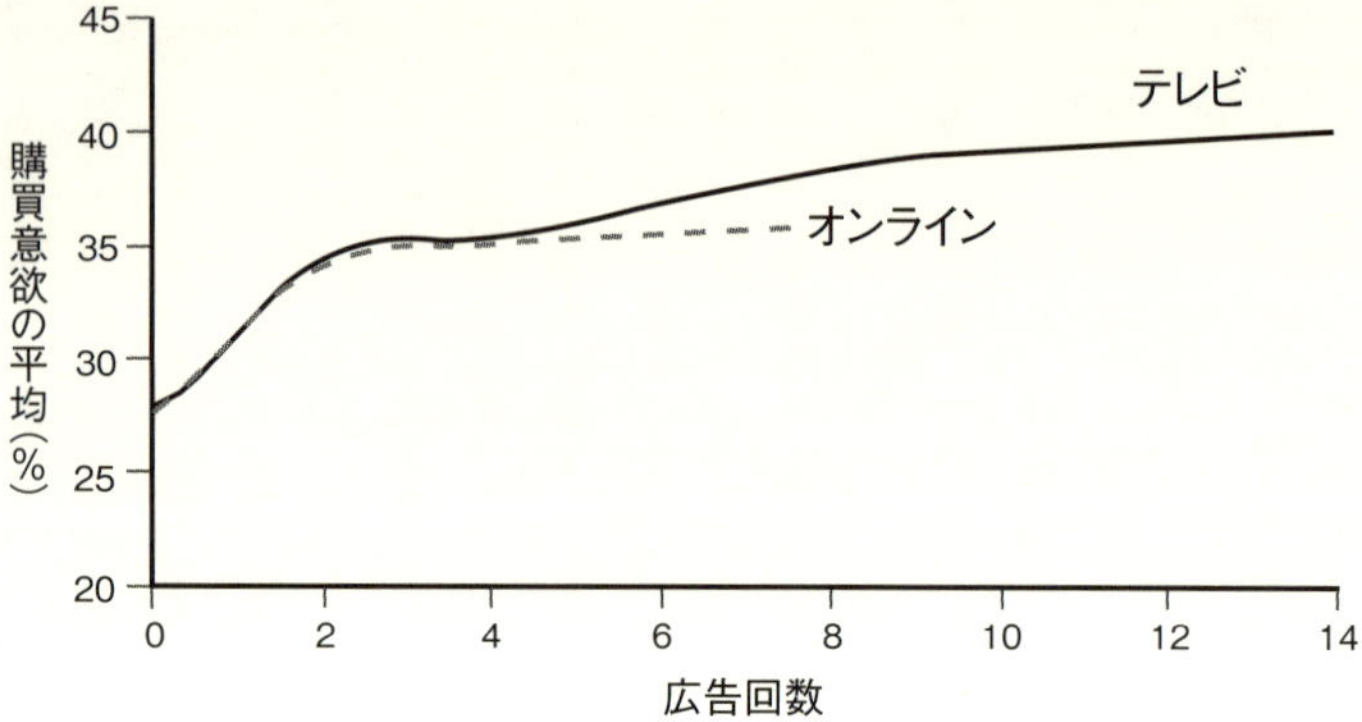

たとえば週一・五回といった普遍的なマジックナンバーはないが、ブランドはメディアに対して一貫したパターンを持っている。この「効果vs頻度」収穫逓減コンセプトは、核となる成功基準（ブランド・イメージ、購買意欲、売上など）は異なるが、マクドナルド、レクサス、コルゲート、ダヴ、ＩＮＧ、フォードといった、我々が調査したほとんどすべてのマーケターに共通するパターンである。

この法則に例外はほとんどないと言っても過言ではない。我々のリサーチ手法ではより正確にこのパターンを捉えることができる。だが、このパターンを発見したのはもちろん我々が初めてではない。我々が携わったブランドの経験から言えば、このパターンを認識し、調整することで、ＲＯＩを五%から一〇%改善することができる。

❖第二の収穫逓減：リーチvs頻度

メディアにおける二つ目の収穫逓減曲線は、「リーチと頻度」によって生み出される。マーケティング・リサーチの第一人者アーウィン・エフロンは、マーケターは可能な限りリーチを高めようとすると述べた(*4)。原則①「見えない、聞こえない＝効果ゼロ」を考えると、こうした目標を立てるのももっともだが、残念ながら、実際に高いリーチを達成するには経費がかかる。なぜなら、リーチの増加速度が大幅に落ちる自然なパターンが存在し、このためマーケターはリーチを増やそうと無闇に頻度を上げるからだ。

アーウィンはより優れた戦略を提示した。彼の対抗策は、図13－2で示したように、二次的なメディアを追加し、メディア・プランを多様化することだった。

我々はアーウィンの理論をムービーアドで実験し、機能することがわかった。たとえば、ムービーアドの場合、テレビとオンラインは、封切りの週末の直前にリーチを確保するという意味で自然に補完し合う。表面的に見ても、多様化したメディア・プランは、カバレッジの拡大と、頻度に対する収穫逓減によって生じる無駄な経費の削減を可能にする。だが、次の原則③で触れるように、多様化したメディア・プランは、適切な消費者にメッセージを届けるという意味でより重要な戦略となる。

メディア力学の原則③：一部の消費者は他の人より多くの取り分にあずかる

ここで先ほどのワインバーに戻ろう。バーのカウンターあたりは人で混雑している。カウンターから離れたところでも人々が歩き回っている。ちょうど、オープン・バー、つまり、気前のいい誰かのおごりで、タダで飲める時間帯だ。お代わりにあずかれるのは、カウンター付近をうろついている人だろうか、はたまた人ごみをかき分けてカウンターにやってくる離れたところにいる人だろうか？

メディアや広告の消費も同じように考えることができる。このたとえ話で言えば、メディアがバーだ。年がら年中メディアの前に陣取ってる消費者は、普段はメディア（またはバー）から離れたところにいて時折しかメディアの前にやってこない消費者に比べて、より多くの広告を目にすることになる。

年がら年中メディアの前に陣取ってる消費者は、普段はメディア（またはバー）から離れたところにいて時折しかメディアの前にやってこない消費者に比べて、より多くの広告を目にすることになる。

この原理を別のたとえで説明しよう。メディア専門家たちはしばしば、広告を目にした回数に応じて均等な五つのグループに分け、広告頻度の分析を行なう。これを専門用語で「五分位分析」と呼ぶ。

アメリカのどこかの都市の郊外を思い浮かべてほしい。通りに面して五軒の家が並んでいる。それぞれの家の中を覗いてみよう。右端の家から始めて、一軒ずつ左へ移ることにする。一軒目のリビングの窓から一週間覗いてみたところ、テレビはほとんどつけっ放しだった。住んでいるのは典型的なカウチポテト族で、おそらく仕事は（まったくあるいはほとんど）していないのだろう。テレビ番組を除いて、外部への関心はほとんどなさそうだ。彼がテレビの友達で、テレビが彼の友達というわけだ。

他の家は、最初の家に比べるとテレビを見る時間は少なく、一番左側の家は最も視聴時間が短い。この家の人は、仕事が忙しく、収入が多く、大量の雑誌を読み、インターネットを閲覧し、余暇は活動的に過ごすのだろう。この家の窓から一週間覗いてみると、彼らもテレビは見るが、最初の「テレビが僕を離さない」家に比べるとその時間はほんのわずかだ。この五番目の住人はテレビを見るときでも、ネットサーフィンや電子メールの返信などいろいろな雑用をこなしている。実際のところ、彼らはそれほどテレビを見ないので、広告キャンペーンが彼らのもとに届くのは一カ月に一回といったところだろう。

では、メッセージを届けるためにテレビ・コマーシャル枠を大量に購入した場合、どのようなことが起きるのか考えてみよう。図13－3はクリネックス・ソフト・パックの調査結果である。広告のほぼ半数は、ヘビーユーザーに消費される（ただし、これは総ターゲット人口の二〇％にすぎない）。

この五軒がキャンペーンを見た全世帯を代表すると考えると、広告費の半分以上がカウチポテトの家に投入されたことになる。もちろん意図的ではないが、左端のテレビをよく見るとは言えない家に比べて、見る時間がずっと長く、結果的に広告を見る回数も多いからだ。

図13-3　クリネックス・ソフト・パックの広告キャンペーンの結果

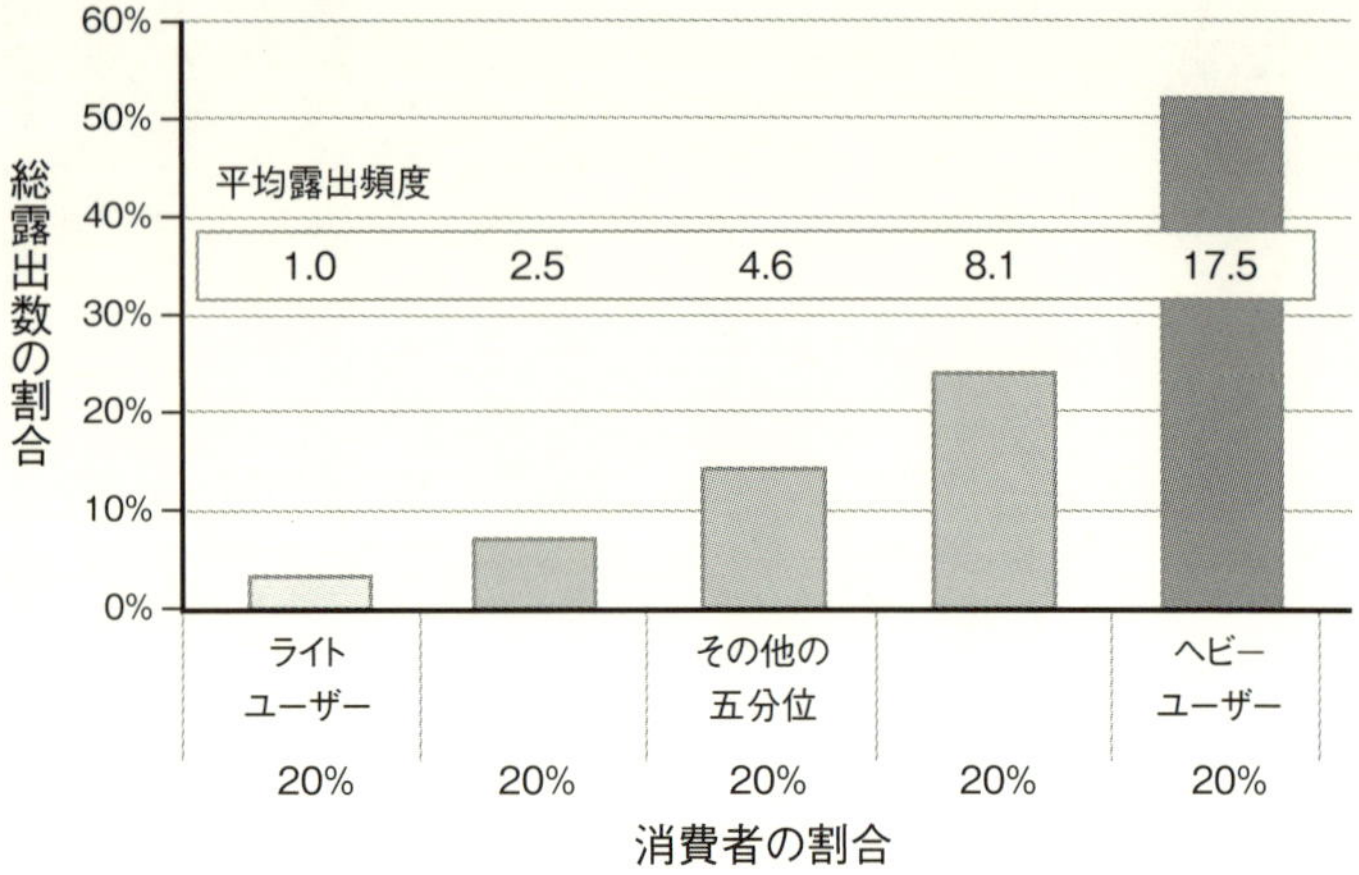

実際にはこの五軒の他に、少なくとももう一軒、ほとんどテレビを見ない、どの企業のコマーシャルも目にしない家があるはずだ。この家に対する広告効果はゼロである。住人は広告を見ないからだ。このパターンは、テレビ・コマーシャルに限ったことではない。雑誌、ラジオ、新聞、インターネット（インターネットの場合、頻度は個人単位で管理できるが）、そして、個人に向けて発信されるものではなく、消費者レベルで受け取りを管理できないさまざまなメディアにも見られるパターンだ。

広告を伝達する際に、一軒だけがすべての広告を独占し、もう一軒にはまったく届かないというのはたいへんな問題だ。独占した家が広告主のテレビ広告予算を吸い上げてしまうからだ（回数が増えても一回当たりのコマーシャル料は同じ）。

つまり、予算の半分が消費者の二〇％に費やされるわけだ。そして、広告頻度がヘビーユーザーに吸い上げられ、広告効果が収穫逓減を辿るとなると、警鐘を鳴らさざるをえない。テレビを長時間見る層をターゲットに設定するというならともかく、長時間見るグループがそうではないグループより製品を購入する可能性が高いとは言えないのだ。

しかし、個別に配信できるメディアを除けば、この問題の解決策はない。リーチを最大化するメディア購入を目指せば幾分緩和することはできるが、「リーチ＝効果」という図式が自動的に成立するわけではない。リーチの話が出たところで、四番目の原則に話を進めよう。

メディア力学の原則④：リーチは真のリーチではない

消費者へのリーチを確保したからといって、広告がマーケターの思惑通りに消費者に影響を及ぼすということにはならない。リーチとは、いわば工場へ出勤するようなものだ。出勤したからといって、その日一日有意義な仕事を達成したことにはならない。とはいえ、まずは出勤しなければ何も始まらないので、出勤は大事な一歩ではある。

リーチはプロセス内指標にすぎない。つまり、それだけでは不十分であり、売上向上をもたらすものではないということだ。だが、リーチがなければスタートラインに立つことはできない。欠勤すれば、どんな仕事であれ成し遂げることはできない。これは一〇〇％明白だ（原則①「見えない、聞こえない＝効果ゼロ」の話に関連する）。

メディア・プランニングにおいて看過できないのは、すべての広告露出が均等に効果を生むわけではないという点だ。マクドナルドのグリルド・チキン・フラットブレッド・サンドイッチの広告を例に説明しよう。

早朝四時にテレビ・コマーシャルを流し、一定のリーチを達成したとする。では、朝四時にコマーシャルを目にする消費者は、ランチタイム前後に見る消費者と同じような反応を示すだろうか？我々のデータによると、答えは明らかに「ノー」だ。朝四時の広告の価値は、昼前後の広告に比べて五〇％低い。マクドナルドの広告はある時間帯、あるウェブサイトでは著しい効果を示す。つまり、リーチと効果はイコールではないということだ。

マクドナルドが実施したような優れたＲＯＩリサーチは非常に重要である。「リーチ≠効果」となると、マーケターはメディア予算を組む際に、リーチだけに経費を注ぎこむのではなく、広告効果を厳密に測定した結果を反映しなければならない。

メディア・プランニングにおいて看過できないのは、すべての広告露出が均等に効果を生むわけではないという点だ。

リーチと効果はイコールではないという事実はさほど衝撃を与えないだろうが、リーチが真の「リーチ」ではないという事実は、メディアに一ドルでも注ぎこんできた人にとっては衝撃だろう。マーケティング分野で使われるリーチという言葉は、つかみどころのない言葉だ。実際のところ、マーケターたちもその曖昧さに気づいていないことが多い。そこで、リーチについて考察してみよう。

消費者へのリーチを達成したとリサーチ・データが示していても、広告が本当に到達したことにはならない。一部の非常に洗練された巨大企業は、広告代理店の協力の下でメディアの測定に英知と膨大な資金を注ぎこんでいる。だが、我々は、この種のデータを活用する人々が、必ずしも測定対象を明確に把握しているわけではないことに気づいた。

これはデータを収集する業界なり企業がどこか間違っているという意味ではない。多くの優秀な人材が長い年月をかけて、テレビやその他のメディアの視聴動向の測定方法を開発してきたからだ。問題は、「データをマーケティングROI向上に活かす方法」だ。

メディア業界はこの測定方法を「見る機会（OTS）」と呼ぶ。次に挙げるのは、一部のメディアのデータ収集方法だ。

●【テレビ広告の測定方法】基本的にテレビ番組の視聴率測定には、テレビをつけている際にどの番組にチャンネルを合わせているかを電子機器を使って一五分刻みで測定するピープル・メーターが使われる。ピープル・メーターの導入に同意した世帯は、装置のボタンを押して、室内に誰がいて誰がいないかを記録する。リサーチによると、指示通り忠実にボタンを押してくれる世帯はある程度限られていることが判明した。また、ピープル・メーターでは、室内にいる人々が他に気をそらさず実際にテレビを見ているかどうかまでは判断できない。これでは、アメリカ一国で年間六〇〇億ドルのテレビ広告費を集める業界にとって、あまりにもお粗末と言えないだろうか。だが、これでも以前の測定方法に比べればかなり改良された。現在でも一部の地方市場で使われているこの以前の測定方法とは、一五分ごとに消費者が見た番組を書き記す日誌形式だ。

●【ラジオ広告の測定方法】ラジオ聴取率は、以前のテレビ視聴率と同じ方法で測定される。なぜなら、消費者の記憶に頼って一五分刻みで記録してもらうしかないからだ。だが、車の運転中にラジオを聴いていても、普通はコマーシャルが入るたびに局を変える。これでは、測定方法としての正確さに疑問が残る。

●【雑誌広告の測定方法】雑誌の場合はまったく異なるアプローチが使われる。世論調査係が雑誌のロゴの入った一連のフラッシュカードを持って、消費者にその雑誌を読んだか尋ねる。「イエス」と答えれば、その人は読者の一人に加えられるというわけだ。この方法では、広告を見たかどうかではなく、その雑誌を読んだことを消費者が覚えているかどうかを尋ねるにすぎない。

●【インターネット広告の測定方法】インターネットの測定も独特だ。他のメディアとは異なり、インターネットの場合は、広告が消費者に届いたことを実際に測定することができる。インターネット業界は一丸となって、消費者が実際にいつ広告を受け取ったかを特定する一貫した測定方法の開発に尽力してきた。消費者が実際に画面を見ているかどうかについては目をつぶって信じるしかないが、インターネットの場合はかなりその確率は高い。たしかにインターネットは、驚異的な数の広告を届けることができるが、リーチした視聴者の正確な割合は知ることができない。なぜなら、現在の広告提供技術は、一定期間に広告を見た人全員を網羅する「範囲」の指標にはならないからだ。このためインターネットの測定方法も完璧とは言えないが、この問題を解決する努力は続いており、改善は大いに進んでいる。我々はこのアプローチが他のデジタル・メディアにも応用されるよう願っている。

❖こうした測定方法の意味するもの

異なるメディアのリーチについて検討する際は、リーチとはゴム製の物差しのようなものだと考えるといいだろう。リーチは、テレビ・コマーシャルが流れている番組に目もくれない人々にまで到達したものとしてしまう。リーチはメディア全体を網羅する測定基準ではない(*5)。

ダヴのニュートリウム石鹸を担当したメディア代理店マインドシェア(メディア・バイイング代理店の最大手)は、テレビによるリーチは八五%と報告している。だが、これは正確に言えば、ニールセンの視聴率調査に協力する世帯の八五%が、ダヴのコマーシャルが流れた一五分間にその番組にチャンネルを合わせていたことを意味するにすぎない。コマーシャルの間、席を外していた人やコマーシャルに注意を払わなかった人がいたかもしれない。あるいは、その間別のチャンネルに合わせて、コマーシャルが終わると元の番組に戻った可能性もある。この場合でも八五%の一人に数えられるわけだ。

リーチとはゴム製の物差しのようなものだと考えるといいだろう。リーチは、テレビ・コマーシャルが流れている番組に目もくれない人々にまで到達したものとしてしまう。

以上のように、リーチは消費者が実際に広告を見たことを示す一〇〇%正確な物差しではないが、方向指示器としては役に立つ。

たとえば、テレビ広告で五〇%のリーチしか達成できなかったキャンペーンは、七五%のキャンペーンより、獲得できる消費者の数は明らかに少ない。だが、測定方法が異なるメディア同士を比較するのはむずかしい。また、広告効果を測定する手段がリーチだけだとしたら、キャンペーンのROIを最適化するのはきわめて困難だ。

リーチは広告効果を測定する唯一の方法ではない。マーケターは広告予算で可能な限り多くのリーチを購入したと確信するかもしれない。だが、さまざまなメディアにおいてリーチとはゴム製の伸びる物差しでしかないことと、広告露出の価値に格差があることを考えれば、こうしたマーケターは、核となる成功基準への効果を踏まえてメディアを買うマーケターに比べて明らかに不利である。

我々のリサーチは、利益、売上、購買意欲の変化(等々のマーケターが設定した目標)といった実際の成果へ影響を与えるメディアに広告費を注ぎこんだ。このため、個々のメディアにおけるリーチの定義の不一致を回避することができた。また、ビジネスの成功への影響という観点から広告費や達成した目標を具体的に測定することによって、リーチの真の意味に関する曖昧さも回避することができた。

●―メディア力学の原則⑤：重要なのはプロセス内指標ではなく成果

二〇〇五年のある会議の席で、P&Gのジョン・スティヒヴェはすばらしい演説を行なった。彼は、ある日シンシナティの本社を訪ねてきた杖をついた小柄な老女の話をした。

彼女は年金生活者でP&Gの株に投資していた。P&Gはマーケティング主導型企業だ。彼女は、株価を保証するためにどのようなマーケティング努力をしているのか知りたがった。ジョンは老女とのやり取りを一人二役で演じ、部屋の中にいたマーケターを杖で指して老女の声色で尋ねた。「坊や、今の株価のためにマーケティングが何をしてくれているのか、説明してちょうだい」

彼女が気がかりだったのは、リーチや頻度や五分位分析の意味だったろうか？ とんでもない、とジョンは言った。「その手の『プロセス内指標』などどうでもよかった」。彼女が知りたがっていたのは、マーケティング活動がどのような売上と利益をもたらしているか、だった。「彼女が知りたいのは、成果の指標だ」

彼は、P&Gの給与体系には自社株も含まれており、自分もいつの日か年金生活者になると指摘した。そして、将来のP&Gのマーケターたちがプロセス内指標ではなく成果を重視してくれることを願っていると語った。

プロセス内指標とは、リーチや頻度といった指標を指す。リーチと頻度を確保するだけのためにそれらを買うマーケターはいない。メッセージは消費者に意味を伝え、消費者が製品を買いたくなるような方法で消費者と結びつき、マーケティングから利益を生み出さなければならない。マーケターはこの点を理解したうえで、消費者にメッセージを届けるためにリーチと頻度を購入する。

ジョンの話の要点はこうだ——分析で重要なのは、広告にいくら注ぎこんだか、その投資からどれだけの利益や売上、購買意欲、ブランド認知（等々マーケターが設定した目標）が生まれたかだ。

リーチ、収穫逓減、メディアの複合的活用のプロセスにおける力学を理解することによって、成果を向上させることができる。だが、プロセス内指標だけに囚われてはならない。リーチと頻度の測定は、成果や大事な利益の測定ではなく、購入した原料の量や労働者の数を測定するのと同じことだ。この問題については、第14章のケーススタディで詳しく説明する。

ケーススタディでは、メディア力学を応用したメディア・ミックスの最適化の仕方や、余分な経費を使わず成果を最大化する方法を検討していく。

第14章 メディアの最適化でマーケティングROIを向上する

経験的に言って、リサーチの適切さがマーケティングの成否を分ける。マーケターなら、フォードのあの不幸なエドセルのような完全な失敗例に見覚えがあるはずだ。フォードがエドセルに費やした経費は、今日の貨幣価値で二〇億ドルと言われている(*1)。

エドセルの大失態に関する文献は多い。『ニューヨーカー』誌にエドセル失敗の歴史を連載したジョン・ブルックスは、その原因を科学の軽視と消費者の声に耳を傾けない企業エゴにあるとして、次のように記した。

科学はいよいよというときに無情にも切り捨てられ、エドセルの名は社長の父親の名前に由来した……デザインについて言えば、消費者の声に耳を傾けるふりさえもせず、フォードの長年のやり方にのっとって決められた。長年のやり方とは単に数人の上層部の直感に頼るというものだった……市場に耳を傾け、市場調査に何百万ドルも費やす代わりに、フォードは独断的に開発した製品のキャンペーンに莫大な資金を投入した。この意味で、エドセル物語は自己中心的な企業がしばしば道を誤まる典型である。つまり、組織とエゴが正しい意思決定の行く手を塞いだのである。(*2)

マーケターにとって、エドセルは消費者の声を聞けという戒めである。今日、エドセルのような完全な失敗はまず見られないだろう。現在のフォードは、消費者の声を拾うために膨大な時間と労力を注ぎこんでいる。フォードのリサーチ活動は大規模かつ高度に専門的だ。今のフォードに再びエドセル規模の失敗が訪れるとは考えにくい。

だが、経験的に見て、成功と失敗の間には狭間がある。この狭間は思っているよりずっと広い。勝利宣言をするほど十分成功したかのように見えるが、実際には最適ではなく、莫大な経費ばかりかかるキャンペーンは、ちょうどこの狭間に入る。この手のキャンペーンの生産性は低い。毎年、生産性を欠いた何十億ドルもの経費が、この成功と失敗の狭間に吸い込まれている。

勝利宣言をするほど十分成功したかのように見えるが、実際には最適ではなく、莫大な経費ばかりかかるキャンペーンは、成功と失敗の狭間に入る。

この狭間にあるキャンペーンは、十分成功したように見え、業界誌でも称賛される。だが、生産性に着目すれば、ＲＯＩを大幅に向上させる余地があるのだ。これはサプライチェーン・マネジメントにおいて生産性に着目するのと何ら変わりはない。

サプライチェーンにおける成功の定義が単に顧客に届けることだとすれば、とっくの昔に勝利宣言しているに違いない。だが、サプライチェーンに携わる人は、生産性が失われることで成功と失敗の狭間に何十億ドルも吸い込まれることを知っていた。彼らはこの狭間を埋めるべく努力した。配送のコスト効率を測定し、サプライチェーンの生産性を改善し、効率を高める努力を重ねてきた。彼らは生産性向上というゴールをできるだけコスト効率の高い方法で達成しようとしたのだ。

マーケティングは明らかに生産性向上の次なる前線になるだろう。デザイン、エンジニアリング、製造、サプライチェーン分野では悪戦苦闘の末、すでに生産性向上を達成した。こうした分野での二〇年にわたる努力が実を結び、生産性は大幅に向上したが、今でも経費削減や向上の余地を模索する取り組みが続いている。マーケティング分野でも著しい進歩が期待できるはずだ。

企業の収益と成長の目標を考えてみると、少なくともその半分はマーケティングの生産性向上によって達成できる。経営陣がより良いマーケティングROIを求めることによって、マーケティングの生産性向上に携わる人々のなかからヒーローが誕生するだろう。マーケティングの生産性向上に報酬を与える企業もある。たとえば、フィリップスだ。

同社のマーケティング担当副社長エルウィン・デ・ファルクは電気シェーバーのノレルコ・ブランドを担当している。彼と専属リサーチャーのジョン・カーターはマーケティング・モデルを変更した。旧モデルは次のようなものだった。

①キャンペーンを企画する。
②キャンペーンを実施する。
③結果を待ち、それを翌年度のプランに役立てる。結果が出るのは第1四半期で、キャンペーン終了後かなり時間が経ってからだ。

ノレルコが大量に売れるのは第4四半期のホリデー・シーズンだ。このため、マーケティング生産性を上げるには、キャンペーン中に最適化しなければならない。そこで、フィリップスは、我々の「コミュニケーション最適化プロセス（COP）」とマーケティング測定方法を使って、キャンペーン期間中の大事な節目ごとに、主要な成功指標を特定し、測定して、データや知識を収集し、その結果に応じて適用した。我々は迅速にフィードバックできるよう手助けした。このため、フィリップスはキャンペーン期間中にその成果を検証し、修正が利く間に調整することができた。

デ・ファルクはこう考えていた。消費者のメディア消費量は変化しており、メディアの選択肢が増えたことでマーケティング・プランの細分化が進んでいる。昔は、ノレルコの第4四半期ホリデー・キャンペーンの要といえばテレビに決まっていたが、テレビだけではもはやその任は担えない。つまり、彼と彼のチームはマーケティング・コミュニケーション統合のエキスパートとなり、効果的なサラウンド・サウンド・コミュニケーションを達成し、売上に貢献しなければならなかったのだ。そして、リサーチのフィードバックが彼らの学習を加速させ、彼らを迅速にその道のエキスパートへと押し上げたのである。

フィリップスは、リアルタイムの評価を踏まえ、キャンペーン期間中に自信を持って一〇〇万ドルの使い道を転換し、メッセージ内容を媒体に合わせるメッセージ・ミックスの導入やターゲットの再検討、その他の調整を行なった。

デ・ファルクは、二〇〇六年の米国広告調査財団（ARF）年次総会で次のように報告した。フィリップスは「第4四半期に市場シェア五％増という劇的な成長を遂げ」、同時期に「市場は四年の減退期を経て三％拡大し、劇的に成長した[*3]」

我々が市場規模と利幅に基づいて試算したところでは、フィリップスが行なった調整全体の価値は、増分純利益に変換すると二七〇〇万ドルを超えた。デ・ファルクはこの新しいアプローチを「適応可能なマーケティング（adaptive marketing）」と名づけ、我々は「成功に向けた最適化」と呼んでいる。

フィリップスは、リアルタイムの評価を踏まえ、キャンペーン期間中に自信を持って一〇〇万ドルの使い道を転換し、メッセージ内容を媒体に合わせるメッセージ・ミックスの導入やターゲットの再検討、その他の調整を行なった。

デ・ファルク、カーター、フィリップスのチーム、そして、彼らを支えたメディア代理店キャラットは、マーケティングの進むべき新しい道を定めたヒーローだ。その後デ・ファルクは、フィリップスDAP（イギリスの家電部門）のトップに登用され、我々のCOPとこれに関連するリサーチは世界中のパイロット・マーケット（テスト・マーケット）に広がっている。フィリップスはマーケティング生産性向上の最先端にいる。

では、最適化はどのように行なわれるのだろう？　これから、廉価で消費者がそれほど真剣に選択肢を検討するわけではない製品、ダヴ・ニュートリウム・バーと、高価で真剣に選ぶ製品、フォードF150を例に、最適化のプロセスを詳しく見ていこう。この二例から、さまざまな原則とマーケティングの生産性の改善方法を学ぶことができる。

●――メディア最適化のケーススタディ：ダヴのニュートリウム・バー

ユニリーバは優秀なマーケターを擁する偉大な企業である。とりわけ、イノベーションに積極的なチームが支えるダヴ・ブランドは優れている。ユニリーバがマーケティング・ミックスの改善を目指し、メディア・ミックス（テレビ、雑誌を含む）のなかでもオンライン広告が効果的なブランドを特定しようとしたとき、真っ先に名乗りをあげたのがダヴ・チームだった。

ダヴ・チームは、まずCOPを使って成功を明確に定義することから始め、成功の指標を購買意欲に決定した。ユニリーバは、購買意欲は売上の予測因子として非常に優れており、広告が消費者の製品購入願望を高めるかどうかを見極めることができると考えた。COPにしたがって成功の定義を終えると、次は4Mの検討に入った。四つのMは互いに連関している。このため、モチベーシ

図14-1　ダヴのメディア・ミックス

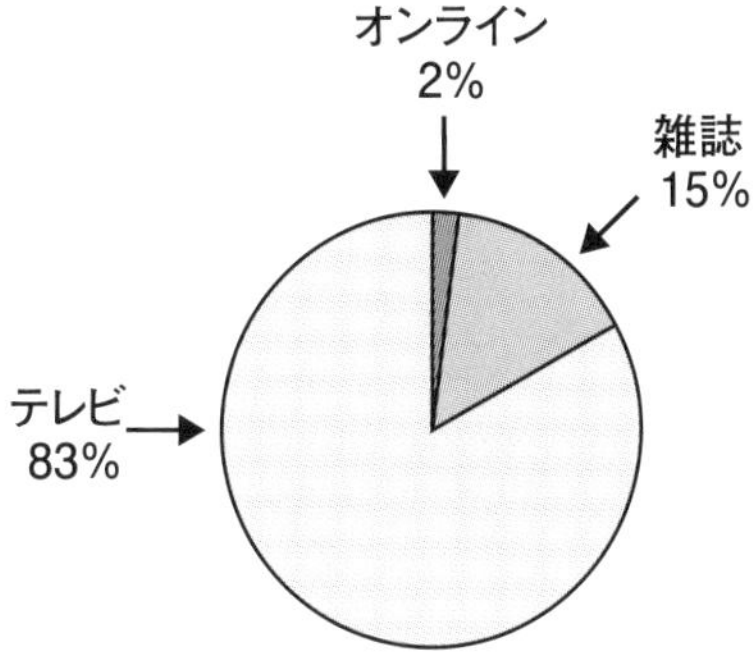

ョンを特定できれば効果的なメッセージが可能になり、効果的なメッセージが効果的なメディア・ミックスへとつながっていく。ユニリーバがこのプロセスをどのように辿ったのか、検証していこう。

まず、モチベーションは的確に把握することができた。メッセージについては、サラウンド・サウンド・マーケティングの長所を活かすことにした。ピンクと白のストライプが混ざり合う広告は、ダヴ・ニュートリウムが洗顔効果と肌に栄養を与えるローション効果を併せ持つことを印象づけた。テレビ・雑誌広告とオンライン広告を別の代理店に依頼したとしても、すべての広告に同じクリエイティブ・コンセプトが使われた。各メディアに対するメッセージと代理店を統合したダヴ・チームの手腕は称賛に値する。

テレビと雑誌のメッセージは非常に効果的だった。オンライン・メッセージも十分効果的だったが、我々のリサーチで、オンライン動画広告の各フレームに一貫して大きなフォントで「Nutrium」の文字を加えればさらに効果的だったことがわかった。オンライン広告では、ダヴのロゴと、ピンクと白の石鹸の画像は常時見せていたが、「Nutrium」の文字を表示したのは最後のフレームだけだったからだ。

実験群とコントロール群を比較するリサーチでは、ダヴの認知度は上がったが、「ニュートリウム」の認知度は横這いだった。総体的に見て、オンライン広告は、特にテレビや雑誌広告と抱き合わせると効果が高まり、成功と呼べる域に達することがわかった。次に来るのはメディア・ミックスとマキシマイゼーション（最大化）だ。図14－1はダヴのメディア・ミックスを示したものだ。

最後のM、マキシマイゼーションについて、ダヴ・チームはメディア・ミックスにおけるオンライン広告の役割、とりわけ購買意欲の向上にどの程度貢献するのかを調査した。ダヴ・ブランドに最適なメディア・ミックス（テレビ、雑誌、オンライン）は何かという問題だ。

我々はメディア・ミックスの最適化を考えるとき、メディア力学と心理学を駆使し、同じ予算でよりよい成果を得るための能力を数値で測定する。突きつめれば、最適化とはより高いＲＯＩを達成することだ。このため、我々はメディア力学や心理学の原則を財務分析と最適化に利用する。まずはメディア心理学の原則に照らして、ダヴのメディア戦略を検証してみよう。


突きつめれば、最適化とはより高いＲＯＩを達成することだ。

メディアはメッセージの一部である――これはメディア心理学の第一原則だ。ダヴが目指すのは、石鹸の新たなイノベーション、高級石鹸だ。つまり、広告メディアにふさわしいのは、美容やファッション、ライフスタイルに焦点を当てた高級雑誌ということになる。ユニリーバは、『グラモア』『イン・スタイル』といった美容・ファッション分野の雑誌や、『セルフ』『シェイプ』といった健康・ライフスタイル分野の雑誌をはじめ、ターゲットとなるその他の雑誌広告も大量に購入した。オンライン広告の主眼は、MSNの「ウーマン・セントラル」その他の女性向きコンテンツを提供するウェブサイトだった。

メディア心理学の第二原則は、各メディアの広告効果の最適化だ。つまり、メディアはスイス・アーミーのナイフのごとく多様で、メディア・ミックスにおいてはそれぞれのメディアを最適化しなければならないということだ。ダヴの場合、雑誌広告の利点を大いに利用した。『ピープル』で女性全般へのリーチを確保し、『アルーア』ではさらに絞りこんだターゲットへのリーチを確保した。

だが、オンライン広告の場合は、心理学の第二原則の恩恵を十分に活かしたとは言えなかった。ダヴのオンライン広告は、かなりターゲットを絞り込んだ女性向きコンテンツを提供するサイトに限定されており、ターゲットとなる二五歳から四九歳の女性層への広いリーチを確保できるサイトには展開していなかったからだ。オンライン広告をリーチの広いサイトに拡張すれば、さらに効果が期待できたかもしれない。

ドキュメンタリー・ドラマ『コップス』『NYPDブルー』や『Xファイル』から昼メロまで、幅広い層に向けた番組にテレビ広告を行なうように、オンライン広告も多様化するべきではないか？　ウェブサイトにおけるリーチの拡大は効果的で、高いコスト効率を期待できるのではないか？　ユニリーバは最大化戦略の一環として、その効果をテストすることにした。そして、大手ポ

図14-2　ダヴのテレビ広告の収穫逓減曲線

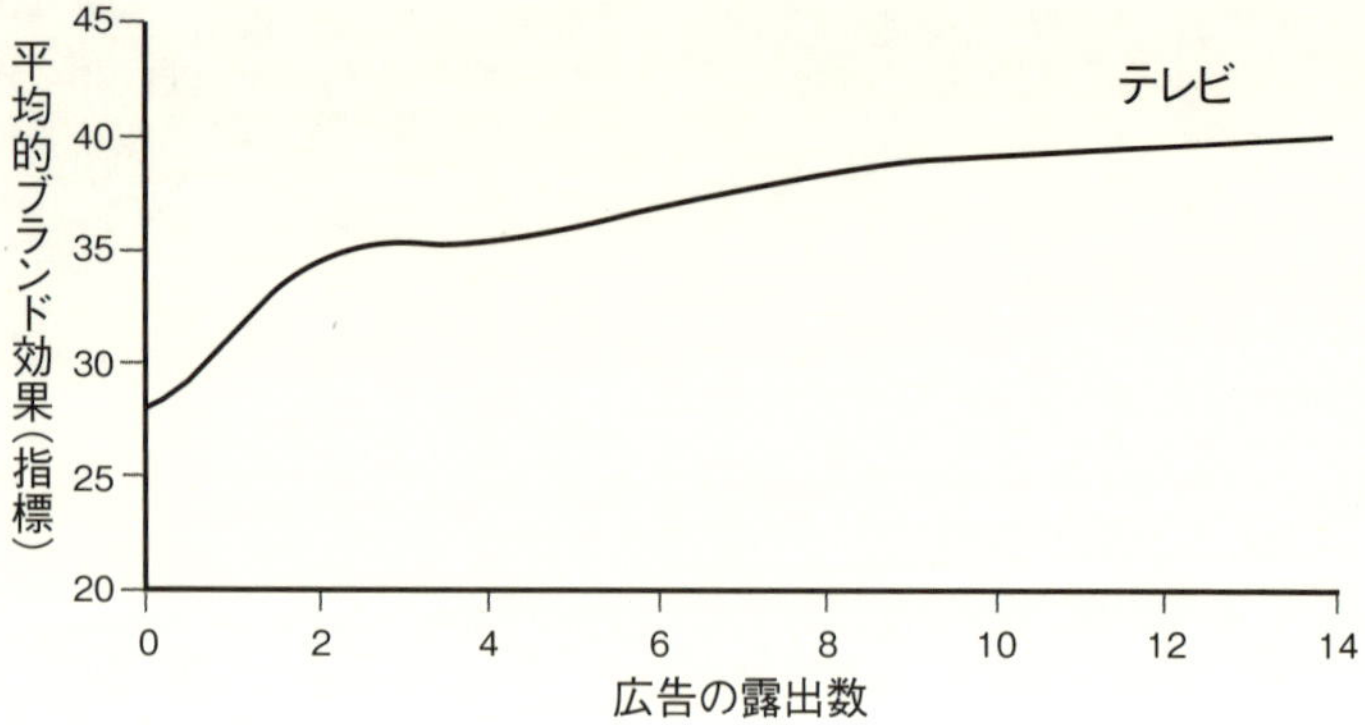

n=12,990
分析日:2002年3月25日
出所：MARKETING EVOLUTION Test Learn Evolve

ータルサイトのひとつ、MSNのフロントページに広告を出した。

メディア心理学の第三原則は、メディア・シナジーを活かしてより良い結果を生み出すサラウンド・サウンド・マーケティングだ。ダヴの場合は、雑誌とテレビ広告が可能な『オプラ』や『ロージー』といった人気トーク番組の広告枠を購入した。テレビ広告と雑誌広告は同時期に行なわれ、二つのメディアを通じて、協調的な視覚メッセージが届けられた。総合的に見て、ユニリーバと同社のメディア・バイイング代理店は、三つの心理学的原則を非常にうまく活用した。次は、メディア力学に照らして検証してみよう。

メディア力学の第一原則は「見えない、聞こえない＝効果ゼロ」だ。ダヴはテレビ・コマーシャルで幅広いリーチを確保した。また、『ピープル』誌をはじめ、最高の購読者数を誇る雑誌も活用した。ユニリーバのメディア力学第一原則に照らした実績は、かなり評価できる。テレビや雑誌といった従来メディアを活用し

図14-3　ダヴの収穫逓減曲線：テレビ、雑誌、オンライン

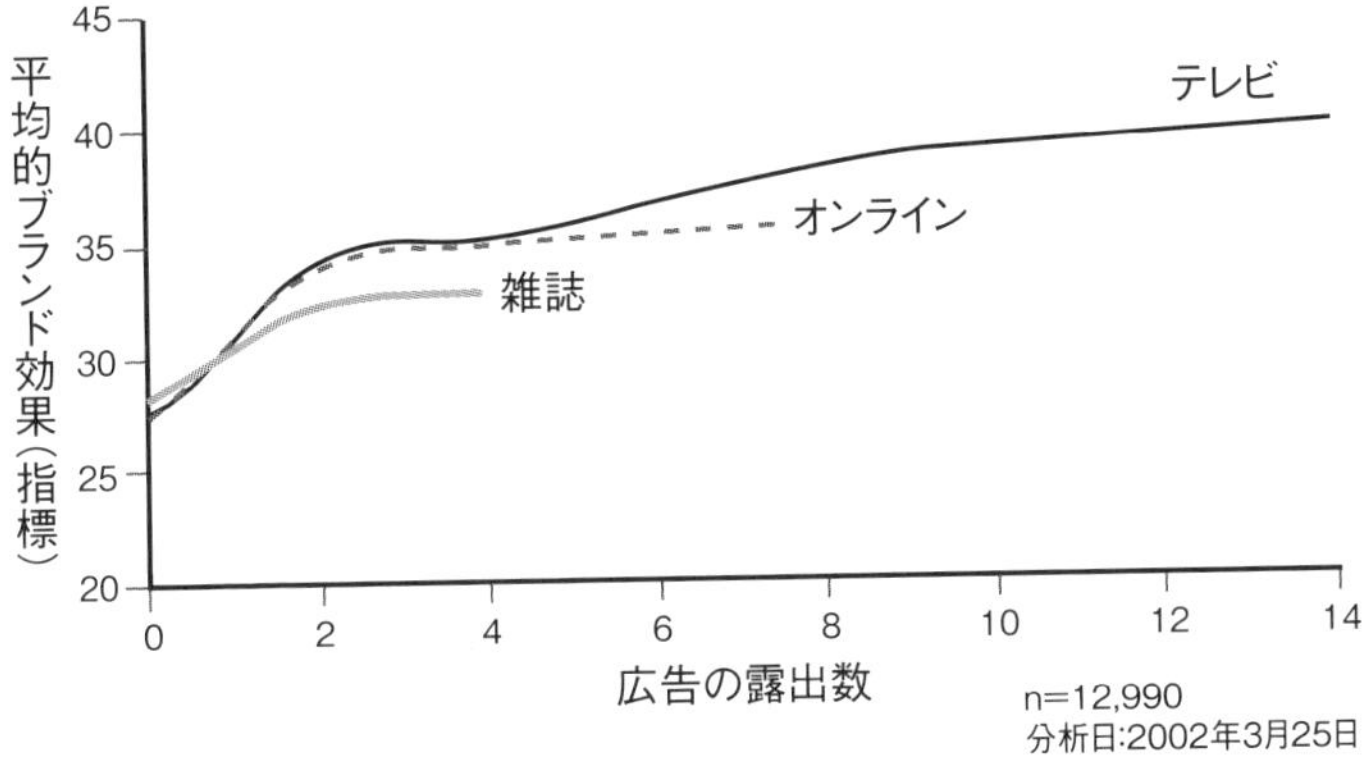

出所：MARKETING EVOLUTION Test Learn Evolve

たメッセージの伝達は明らかに成功した。

メディア力学の第二原則「収穫逓減に気をつけろ」と第五原則「重要なのはプロセス内指標ではなく成果」は、成果の指標（ダヴの場合は購買意欲）に焦点を絞るよう促すものだ。では、この指標に照らして収穫逓減を見ていこう。

まずは、予算のなかで最も大きな割合を占めるテレビ広告から始めよう（図14－2参照）。このグラフの収穫逓減曲線を見れば、六回以上コマーシャルを目にするグループがどのような曲線を辿るかがわかる。七回、八回以上になるとほとんど横這いだ。

収穫逓減を考えると、テレビ広告をさらに増やすメリットは限られる。テレビに比べると、雑誌広告の広告経費全体に占める割合はずっと小さかった。図14－3では、テレビに加えて雑誌とオンラインの収穫逓減曲線を示した。これを見ると、雑誌の曲線は、テレビよりも早く横這いになっていることがわかる。つまり、六週間のキャンペーンで、雑誌広告の影響は、消

図14-4　ダウの費用対効果

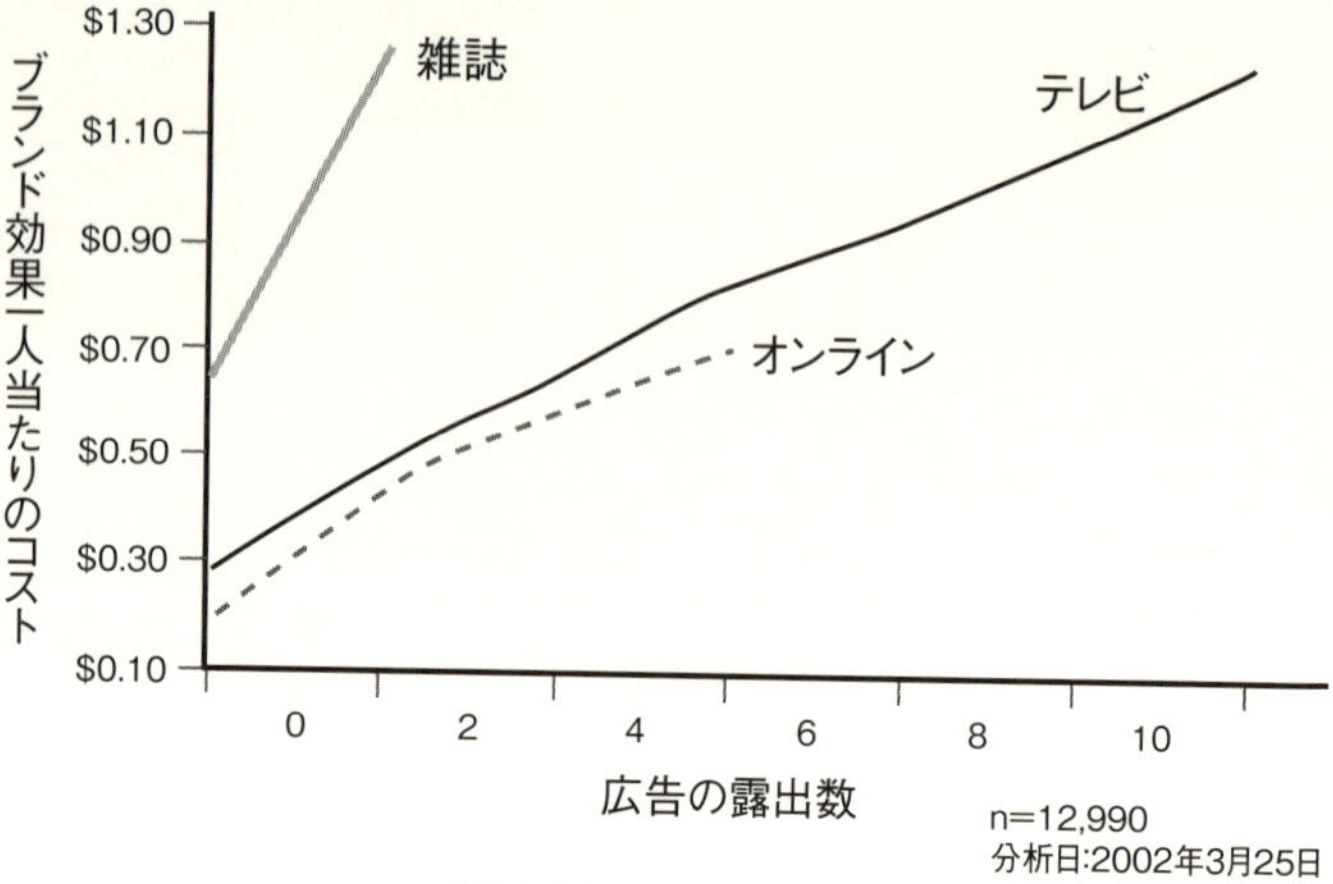

出所：MARKETING EVOLUTION Test Learn Evolve

費者が初めて広告を目にした時点で生じたことになり、広告を繰り返しても全体的な広告効果は上がらない。この時点での雑誌広告の平均頻度は二・六回である。オンライン広告の場合は、テレビとほとんど同じ曲線を辿るが、横這いになるのは早い。図14－3は収穫逓減がどのような曲線を描くのかを明確に示している。この時点でのオンライン広告の平均頻度は一・六回だ。

メディア力学の原則を活かして最適化を進めるには、コスト面も考慮しなければならない。各メディアのコストを考えたうえで、メディア配分を決定する必要がある。そこで、まったく同じデータを使って、グラフの縦軸に、ブランド効果の代わりにブランド効果一人当たりのコストを当てはめてみよう。

ダウの場合は図14－4のように、一人当たりのコストは露出回数が増えるに従って上昇する。たとえば、テレビの場合は、購買意欲に影響を与える一人当たりのコストは、平均三〇セントから始まる。雑誌の場合は、収穫逓減曲線が他のメディアより早く横ばい状態に入るため、ブランド効果一人当たりのコストも急激に上昇する。言い換えれば、頻度を増やしたところで、コストが増えるだけで価値の増分には貢献しないということだ。ダヴのマーケティングにおける雑誌広告は明らかに意義があるが、高い頻度で使う必要はないだろう。つまり、平均頻度二・六回は、現状どおりで最適ということになる。

広告頻度を増やしたところで、コストが増えるだけで価値の増分には貢献しない。

このグラフを使って、ブランド効果一人当たりのコストをこの額までなら無理なく出せるというところに線を引いてみよう。それが五〇セントなら、この線より下にくるメディアは購買意欲の増分をもたらし、投資に値すると判断することができる。(＊4) また、このグラフがあれば、収穫逓減による過剰なコストが生じる寸前の最大頻度を見極めることができる。

自社ブランドの実際のコスト効率がメディアによって異なるのを知ることは非常に大切だ。各メディアのデータがなければマーケティング・プランの最適化は望めない。本章を通じて実証してきた（まだ終わってはいないが）ように、最適化とはそれなりに優れたマーケティングを最高のマーケティングに高める手段である。

図14-5　同じ予算での最適化

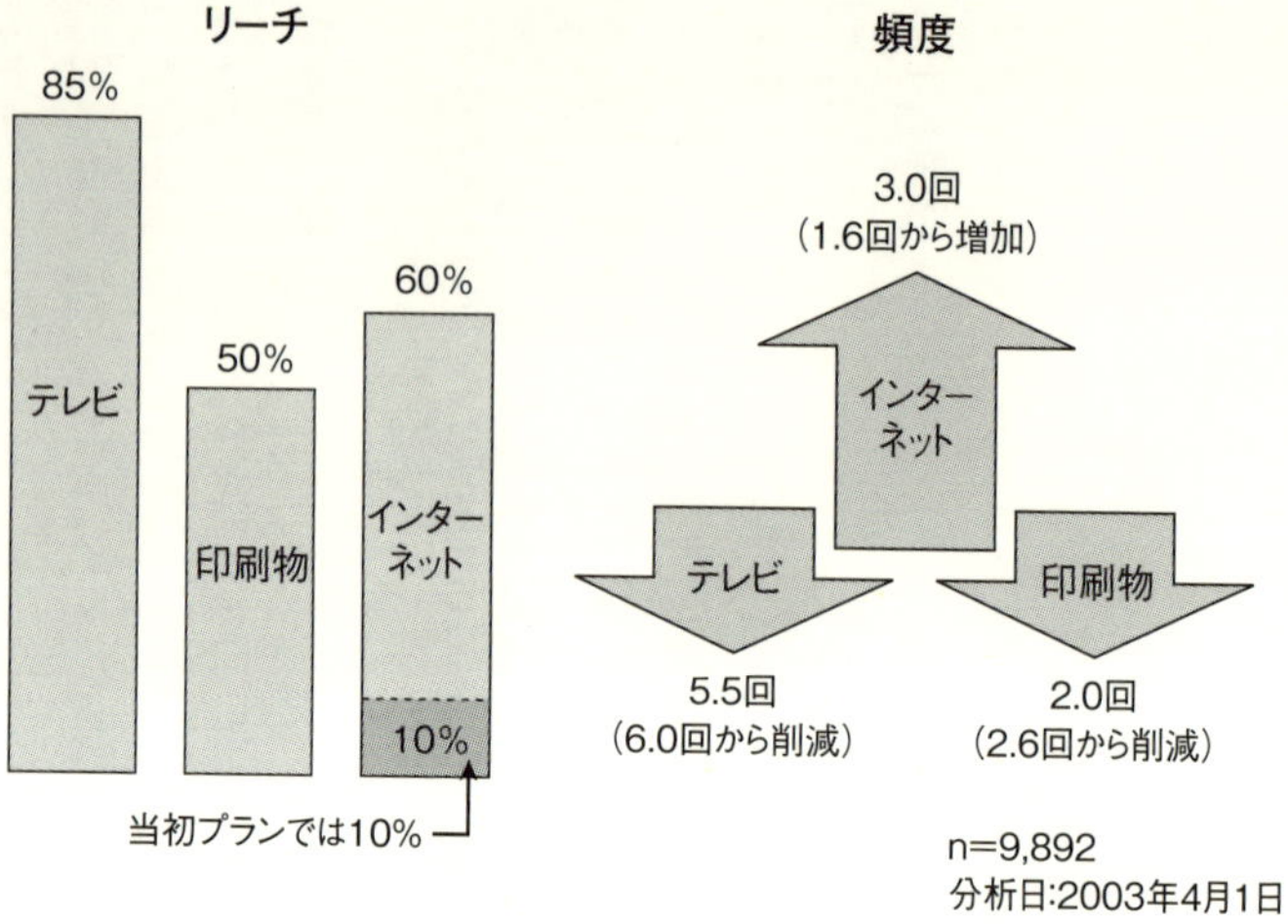

出所：MARKETING EVOLUTION Test Learn Evolve

❖メディア最適化の役割

ダヴの成果は、最適化こそしていなかったが、それなりに優れていた。購買意欲は八・七%から一一・五%に増加した。これを成功と呼ぶ人は多い。だが、まだ最適化の余地が残されていた。ユニリーバは最適化の道を模索した。

効果当たりのコストと収穫逓減を検証すると、雑誌広告は最適レベルで、テレビは投資過剰であることがわかる。このテレビ広告の平均頻度六回を五・五回に若干減らし、雑誌広告の頻度もほんのわずか減らせば、その分の予算をオンラインに投入し、リーチを一〇%から六〇%へ、頻度を一・六から三・〇回に増やすことができる。その結果、ダヴの全体的な購買意欲は、予算を一銭も増やさず一四%増えるだろう（図14－5参照）。まさに、同じ予算でより良い成果だ！

たいした経費がかからないことを思えば（ダ

ヴの場合はコストのリサーチだけで、たしか二五万ドルもかからなかったはずだ）、広告効果を上げるこの種の努力を怠るマーケターがいること自体信じ難いと言える。

●――メディア最適化のケーススタディ：フォードＦ１５０

二〇〇三年秋、フォードの会長ビル・フォードは、Ｆ１５０がフォード一〇〇年の歴史で最も重要な車種となると語った。(＊5) マーケティング・チームには、すべてを成功させなければならないという大きなプレッシャーがかかっただろう。

フォードは、半年に及ぶＦ１５０のキャンペーンに数千万ドルを投入する計画を立てた。この予算を担当したのはリッチ・ストダートと、フォードの広告代理店であるデトロイトのＪ・ウォルター・トンプソン（ＪＷＴ）だった。彼らは何かいい方法はないかと探し、我々のメディア・ミックス最適化のアプローチが広告経費に対して最大のＲＯＩを生み出す早道だと考えた。

ＣＯＰの出発点は成功を明確に定義することだ。フォード・チームはこれを「購買意欲」に設定した。「売上ではないのか？　我々は売上に至るすべての道を測定できるが」と尋ねると、彼らはこう答えた。「広告効果の売上への影響を知りたいのはもちろんだが、広告の役割は、今日にも購入を決断しようとしている消費者に、買うならＦ１５０だと思わせることだ」

インセンティブや販売員の質なども売上の要因になる。彼らはまた、広告は購入プロセスのさまざまな時期（数日後に買う人や何年か先に買う人）にいる消費者に影響を与えなければならないと指摘した。つまり、メディアごとに異なる目標を設定し、それに合わせて最適化しなければならないということだ。

我々は目標を検討し、優先順位を決定した。経験的に言って、フォードのような複雑な目標設定は、高価で消費者がじっくり選ぶ製品に共通して見られる傾向である。こうした目標にはより複雑な最適化が求められる。

成功を定義し、メディアごとの副次的な目標の優先順位を決定すると、今度は4Mに取りかかった。当然、モチベーションを特定できなければ効果的なメッセージングもできない。効果的なメッセージングができなければ、効果的なメディア・ミックスのチャンスも消える。フォードのモチベーションとメッセージングは、上々だった。ここではメディア・ミックスとマキシマイゼーション（最大化）について検証してみよう。

広告キャンペーンは、二〇〇四年九月の最初の週末、NFL（アメリカン・フットボールのリーグ）の開幕戦が行なわれる週末に始まった。JWTは、その日曜の開幕戦だけで膨大な量のメディアを購入した。F150がターゲットとする二五歳から四九歳の男性が観戦している可能性が非常に高かったからだ。

さらにJWTは、自動車専門雑誌（『カー&ドライバー』『モーター・トレンド』など）からスポーツトラック専門誌『トラッキン』などのマニアックな雑誌、『ウエスタン・ホースマン』などのアウトドア雑誌まで、五〇種を超える雑誌に広告を出した。

オンラインも固有の役割を果たした。ＪＷＴは、オンライン・キャンペーンの開始をＮＦＬが開幕する週末の土曜日に決定し、ＡＯＬ／ネットスケープ、ＭＳＮ、ヤフーのホームページの広告を購入した。インターネット上の広告は「ロードブロック（障害物）」と呼ばれている。消費者にとって、ポータルサイトは情報スーパーハイウェイの入口ランプに相当し、ここに入ってくる消費者は広告をまるでロードブロックのように避けて通る。

だが、これは自動車ブランドにとってじつに効果的な戦略だった。というのも、オンライン広告をテレビ広告と同じように、市場内購買者に限定せず、広範なリーチ獲得のために活用したからだ（市場内購買者に限定する場合は、一般にautos.msn、cars.com、yahoo autosといったサイトに広告を出す）。なんといっても我々を驚かせたのは、フォードのオンライン・ポータル・ロードブロック広告が二五歳から五四歳の男性ターゲット層に対して、四三％を超えるリーチを獲得したことだ。オンラインがこれほど広範なリーチを確保できるメディアだとは、ほとんどの人は思っていなかった。

なんといっても我々を驚かせたのは、フォードのオンライン・ポータル・ロードブロック広告がターゲット層に対して、四三％を超えるリーチを獲得したことだ。

メディア・ミックスのなかで最善のＲＯＩを達成できる分野はどこか？　すべてのマーケターが直面するこの問題にフォードも直面した。フォードの場合は、次のように言い換えることができきる。

●ロデオ会場にF150を展示するより雑誌広告に投資すべきか？

●MSNのホームページの広告を購入するよりフォックスのテレビ番組『24』の初回の広告に投資すべきか？

●オンラインのロードブロック広告はテレビよりはるかに安い。だが、テレビ広告のほうが効果的だ。どちらのROIが優れているか？

F150の売り出しがフォードの一大事業だったことを考えれば、これらの問題に答えを出せるかどうかが決定的な鍵を握っていた。そこで、フォードはクロスメディア最適化分析を行なった。我々は、一万人を超える消費者調査（毎日異なる消費者を調査した）に基づいてF150キャンペーンを測定した。そして、我々独自の実験計画法にのっとって消費者をグループに分け、メディアごとの効果を分析した。また、売上データをブランド態度指標の分析に結びつけた。つまり、雑誌広告やオンライン・バナーの購買意欲と売上効果をテレビ広告のものと分離した。こうした要素を分離することで、主要な成功指標への個々の影響と全体的な影響を知ることができる。

広告効果の分析は、マーケティング生産性の向上に役立つ重要な分析への序章にすぎない。その分析とは、各メディアのコスト効率の比較である。我々は「マーケティング目標に対する収益率（ROMO：Return on Marketing Objectives）」を算出した。これは、ブランド認知やブランド・

図14-6　ブランディング指標の購買ファネル

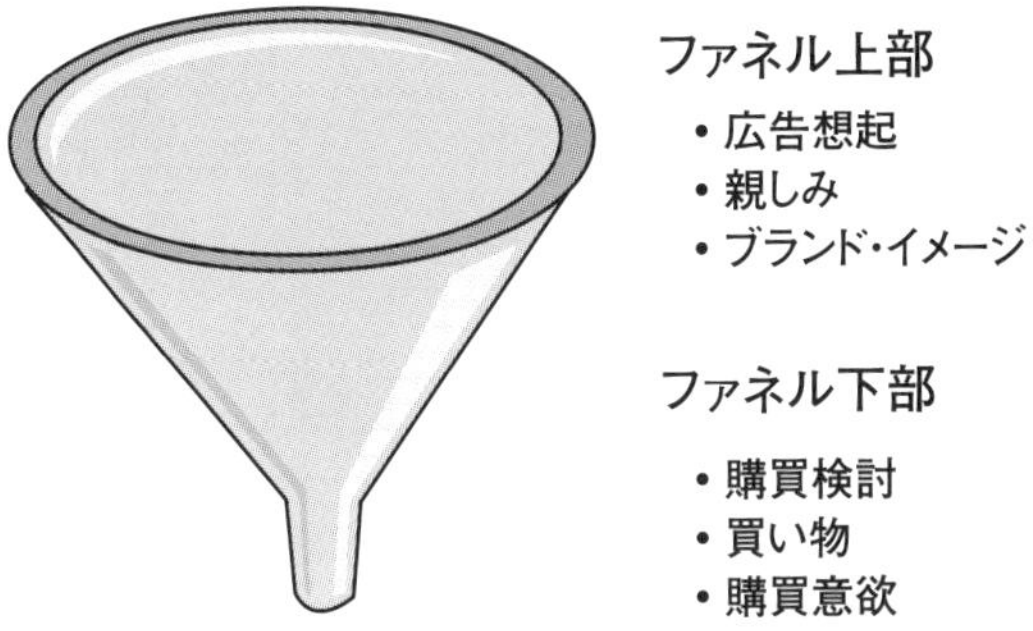

イメージ、売上といった主要な広告目標に対する、各マーケティング要素の相対的なコスト効率を示すものである。インプレッション当たりのコストやレイティング・ポイントでメディアを比較するマーケターが多いが、我々のアプローチはさらに一歩進んで、経費に対する効果を明らかにするものである。

❖フォードF150キャンペーンの分析結果

我々は「購買ファネル（購買に至るじょうご）」のすべての部分を測定した。購買ファネル（図14－6）は、自動車ブランドのマーケティングにおける標準的な考え方である。

ファネルの上端でブランドに必要なのは、何カ月か何年か先に自動車購入を考える人々に気づいてもらうことだ。この部分では、助成認知と非助成認知が主要な指標となる。ファネルの下部で、市場の買い物客は顧客に変わる。ここでは、たとえば、購買検討の増加や購買行動の発生が成功指標となる。

図14－7はメディア別の結果を示したものだ。この結果

図14-7　メディア別効果

	全体	テレビ	雑誌	ロード ブロック	オンライン
親しみ	+9	+3	+11	僅差	+10
平均的ブランド・イメージ属性	+13	+12	+8	僅差	+9
購買検討	+17	+6	+6	+4	+6
買い物	+12	僅差	+4	+6	+6
購買意欲（助成）	+4	+2	+3	+5	+12

＊数字はオンラインのオーバー・サンプリングに基づいたもの。
最後の広告露出から調査終了までの平均的時差が発生する。
ウェブ上サンプルのキャンペーンのオンライン露出間の平均時間は24時間以下。

n=9,892
分析日：2003年4月1日

出所：MARKETING EVOLUTION Test Learn Evolve

は、個々のメディアのブランド指標に対する広告効果にばらつきがあることを示している。インターネットと雑誌広告には、テレビ広告と同様のブランド指標の改善が見られるが、テレビのリーチを考えると、多くの人々、とりわけ「ファネル上部」の指標に関連する人々に最も大きな影響を与えるのは依然としてテレビである。

では、量を増やせば効果が上がるか？　そのコスト効率はどうか？　サラウンド・サウンド・システムの各要素のバランスを確保する方法はあるか？

リサーチ結果を見ると、最初の質問については、メディア・ミックスの各要素は効果的だったことがわかった。次の質問については、テレビ広告は雑誌やインターネットに比べて著しくコスト効率が低いことがわかった。三つ目の質問についてだが、フォードははたして、ダヴなどの他のブランドのように、テレビの量を減らして結果を最適化することができるだろうか？

答えは明らかに「ノー」だ。自動車業界の厳しい競争を考えると、テレビ広告の大幅削減が購買意欲の低下をもたらすことはわかっていたからだ。フォードのあるエグゼクティブはこの結果を見て次のように語った――テレビ広告の経費は雄牛の綱をずっと握っているようなもので、できれば手を放したいが、何が起きるかわからないという恐怖で手放すこともできない。(*6)

テレビ広告の経費は雄牛の綱をずっと握っているようなもので、できれば手を放したいが、何が起きるかわからないという恐怖で手放すこともできない。

しかし、もう少し詳しく見ていくと、テレビ広告のなかで最適化の余地があることがわかった。フォードが購入したテレビ広告は非常に割高で、テレビ広告のなかでも最も高価なスポーツ・イベントの枠だった。この戦略は非常に効果的だったが、もう少し安いケーブルテレビの広告枠と併用すれば、結果がさらに向上する可能性はかなり高かっただろう。ここで、ROIを最大化するマーケティング・ミックスは何かという問題が出てくる。

❖マーケティング目標に対する収益率(ROMO)

F150のキャンペーンは、標準的なブランド指標に照らせば成功したように見える。だがフォードは、マーケティングの生産性を明らかにし、異なるメディアの相対的な価値を知ることができる新しい指標を求めていた。この分析のポイントは、キャンペーンが成功したか否かではない。それは物語の一部にすぎない。もっと重要なのはコスト効率、つまり、フォードはいかにしてマーケ

図14-8　フォードF150の「マーケティング目標に対する収益率（ROMO）」

ブランド指標：購買検討（トップ2）	影響	相対的なコスト指標
テレビ	6.1	1104
雑誌	6.1	456
オンライン・ポータルサイトのロードブロック	3.8	100
オンライン	6.2	135

影響＝ブランディング後のレベルを測定し、キャンペーン前のレベルを差し引いた結果、ベースラインを超えるポイントが得られた。影響を受けた1人当たりのコストはキャンペーン全体の指標となった。

指標＝キャンペーン全体の相対的なコスト効率（影響当たりのコスト）。

n=9,892
分析日：2003年4月1日

出所：MARKETING EVOLUTION Test Learn Evolve

ティングROIを最大化できるか、だった。

図14－8はフォードが使用した主要なメディアの個々の「マーケティング目標に対する収益率（ROMO）」を示したものだ。ROMOは効果に対するコストを分析するもので、特定のブランド指標において、一人に影響を与えるために必要なコストを割り出すことができる。

予算のほぼ九〇％はテレビ広告に費やされたが、雑誌やオンライン広告のROMOは明らかに優れていた。また、ROMO分析は、全体的なブランドの影響だけで分析すると道を誤まる理由も教えてくれる。テレビと雑誌広告の影響はいずれも約六ポイント増で同じだったが、雑誌の影響を受けた一人当たりのコストは半分以下だった。また、オンライン・ロードブロックは絶対評価では効果が低いが、影響を受けた一人当たりのコストは他よりも優れている。

❖フォード広告費の再配分

先に述べたように、テレビは、とりわけファネル上部の指標に非常に効果的である。だが、他の三つのメディア（雑誌、オンライン・ポータルサイトのロードブロック、オンライン）と比べると、コスト効率がいいとは言えない。この結果はマーケティング・ミックスの再考を促すものだ。

フォードは、一新した二〇〇四年製F１５０の売上に対するオンライン広告の影響にもこのブランド分析手法を使った。我々は、キャンペーンの最初の三カ月の購入者リストに対するコントロール群と実験群を比較することによって、オンライン広告（ロードブロックとディスプレイ広告）の増分効果を検証した。その結果、実験群の購入者はコントロール群より二〇％多いことがわかった。サラウンド・サウンド・マーケティングによるシナジー効果が働いたからだ。仮にフォードがテレビ広告のみを使ったとしたら、テレビ、雑誌、オンラインが互いに強化し合い、消費者により強力な体験をもたらすパワーは生まれなかっただろう。

要するに、オンライン広告によって生じたこの増分効果は、売上全体の六％に貢献したことになる。実験計画法を応用したことによって、我々はオンライン広告の影響を正確に数値化することができた。ＲＯＭＯの売上分析はブランディング分析を裏づけるものだった。そして、フォードがメディアを再配分することによって売上全体を五％向上できることがわかった。

では、金額にするといくらぐらいになるだろう？　我々の計算では、余分な出費はいっさいせずに、増分売上は六億二五〇〇万ドル、増分利益はおよそ九〇〇〇万ドルに達する。これは非常に強力な最適化である。

フォードのメディア・ミックスの意味

我々の分析によって、テレビ広告の価格と価値の比率を改善するためのテレビ広告購入戦略を追求し、メディア・ミックスを入念に多様化し、メディア比重を雑誌とオンラインに同時に移さなければならないことも判明した。

雑誌の見開き広告の料金はテレビの三〇秒コマーシャルに匹敵し、巻頭広告になるともっと金額がかさむとして、雑誌広告の価値を疑問視するマネジャーは多い。彼らは、消費者が飛行機や汽車、バスルームなどで雑誌を読むとき、全面広告を見る時間は平均二秒だと指摘する。だが、フォードのキャンペーンの分析結果は違った。フォードF150の雑誌広告は並外れて効果的だったのである。

実際、その効果は全般的に、かなり効果的といえるテレビ広告よりも大きかった。フォードの雑誌広告は、背景が白で、トラックの興味深い写真の周囲の十分な余白には力強い明確なコピー（賢明にも言葉数を抑えたコピー）が記されており、いずれも雑誌のROMOに大いに貢献した。

雑誌広告の価値を疑問視するマネジャーは多い。だが、フォードのキャンペーンの分析結果は違った。フォードF150の雑誌広告は並外れて効果的だったのだ。

このキャンペーン結果は、実際新しい広告モデルのクリエイティブな実験の価値を実証するものだった。フォードはフォックスのテレビ番組『24』の広告枠を買い占めた。高価な買い物だったが、結果は効果があったことを物語っていた。現在のフォードは、この種の番組のROIについての知識をさらに深めている。

オンライン・ロードブロックも経費に値する有意義なメディアだった。ズビ・アドバタイジング社の制作したスペイン語の広告も非常に効果的だったことがリサーチによって判明した。

いずれのメディアに対しても、フォードは広告効果とコスト効率を明確に理解しており、ROIを最大化する方法も知っている。現在のフォードにはライバル企業にないツールがある。フォードはさらに、テレビ広告の効果と効率をいっそう高める方法を探究し、実験する価値があると考えている。

こうした結果に基づいて、フォードはF150キャンペーン全体が成功裏に終わったことを認識できただけではなく、マーケティングの生産性を高める方法をも学ぶことができた。自動車のような競争の激しい業界では、こうした優位性が物を言う。

企業はこれまで、製造、サプライチェーン、サービスなどの分野でROI改善にめざましい進化を遂げてきた。だが、マーケティング生産性の検討は長い間見過ごされてきた。このため、マーケティングはいつでも削減できる、とりわけ資金繰りが苦しいときに削減できる分野だと考える企業も多い。メディアなどのマーケティング支出に対するROIを算出することで、マーケターには次のような利点がもたらされる。

- 限られた資源を最も収益性の高い分野に配分することができる。
- マーケティングおよびメディアに関する意思決定の根拠を示すことができる。
- より大きな予算を獲得できる可能性がある。

マーケティング生産性の検討は長い間見過ごされてきた。このため、マーケティングはいつでも削減できる、とりわけ資金繰りが苦しいときに真っ先に削減できる分野だと認識する企業も多い。

本章で取り上げたフィリップス、ダヴ、フォードは、ROMOのクロスメディア分析を使って、予算配分を改善し、生産性を最大化した。

マーケティングは、効果の不透明性を受け入れざるをえない金食い虫ではなく、収益ジェネレーターになる可能性がある。我々にはCFOの舌なめずりが聞こえてくる。そして、マーケティング生産性を向上させたマーケターは必ず報われることを、我々は知っている。

原注

はじめに

＊1 *www.thearf.org/about/index.html*

＊2 Advertising spending is $450 billion worldwide and nearly $300 billion in the United States alone, Robert Cohen's Insider's Report on Advertising Expenditure 12/05.

＊3 *Untold Millions*, Lukenbill, Grant; Harper Business, New York, NY 1995; *The Advertising Business: Operations, Creativity, Media Planning, Integrated Communications*, edited by John Philip Jones, Sage Publishing, Inc. "Net Results," Bruner, Rick, Hayden Book Company, Excellence in International Research 2002, ESOMAR Publications, etc.

＊4 これはリサーチ結果の公表を承諾してくれた企業の一部である。

第1章

＊1 Universal McCann, Advertising spending is $450 billion worldwide and nearly $300 billion in the United States alone, Robert Cohen's Insider's Report on Advertising Expenditure 12/05.

＊2 David C. Court, Jonathan W. Gordon, and Jesko Perrey, "Boosting Returns on Marketing Investment," *The McKinsey Quarterly*. McKinsey and Company, Dusseldorf 2005, vol.2.

＊3 Jim Stengel, AAAA Media Conference and Trade Show, Universal, Orlando, FL, 11 February 2004.

＊4 ANA Conference. "Survey Finds Senior-Level Marketers Not Focusing on Important Aspects of Return-On-Investments," New York, NY, 6 July 2006.

＊5 Barbara Bacci-Mirque, Marketing Evolution Client Conference, Napa, CA, 2-4 November 2005.

＊6 Deutsch allocates $3 billion in advertisers' money and hosts the CNBC show *Big Idea*.

＊7 Donny Deutsch, Video-taped presentation, Redmond, WA, 3 March 2005.

＊8 *Wall Street Journal*, "Putting a Value on Marketing Dollars," 27 July 2005; *Wall Street Journal*, Econometrics Buzzes Ad World As a Way of Measuring Results, 16 August 2005.

＊9 Rex Briggs, "How the Internet Is Reshaping Advertising," *Admap*, April 2005, Issue 460, 59-61.

＊10 Meta analysis of each study totaling $1 billion in advertising spent across 30 top marketers, projected to the $250 billion spent annually in the United States on advertising.

＊11 Richard Grammier, Marketing Evolution Client Conference, Napa, CA, 2-4 November 2005.

第2章

＊1 iMedia Brand Summit, Park City, UT, Fall 2004.

＊2 Jim Nail, "Dove Cleans Up Online Advertising's Image," Forrester Tech Strategy Brief, 15 February 2002.

＊3 ESOMAR's Best International Research Paper Award, The John & Mary Goodyear Award.

第3章

＊1 *dictionary.com*

＊2 Jim Nail, "Dove Cleans Up Online Advertising's Image," Forrester Tech Strategy Brief, 15 February 2002.

＊3 Patti Wakeling, Unilever and Brian Murphy, Information Resources, Inc., "e-AdWorks Internet Advertising Effectiveness Consortium," ARF Proceedings, 2002.

＊4 Robert Heath, "The Hidden Power of Advertising," *Admap*, Monograph No.7, August 2001.

＊5 Erwin Ephron, "Gotterdammerung, Baby," p.2, *www.eppronomedia.com*, 2 January 1999.

＊6 Jon Howard-Spink, "Does Invisible Mean Ineffective?" *Admap*, December 2005, No. 467, 41-43.

＊7 Greg Welch "CMO Tenure: Slowing Down the Revolving Door," Spencer Stuart Blue Paper, July 2004.

第4章

＊1 Donny Deutsch, Video-taped presentation, Redmond, WA, 3 March 2005.

＊2 Rex Briggs, Marketing as a Supply Chain, Working Paper, *www.marketingrevolution.com*, 2005.

＊3 Author interview with Dawn Jacobs and David Adelman, Johnson & Johnson,12 April 2006.

第5章

＊1 *Business Week*, Interbrand 2004 Brand Value Scorecard.

＊2 Chad Terhane, "Recharging Coke," *Wall Street Journal*, 17 April 2006.

＊3 Mike Hess and Gregg Ambach, "Short-and Long-Term Effects of Advertising and Promotion," AAAA series on Value Advertising, 2002.

＊4 Rex Briggs, "Integrated Multichannel Communication Strategies: Evaluating the Return on Marketing Objectives—The Case of the 2004 Ford F-150 Launch," *Journal of Interactive*

Marketing, Volume 19, Number 3, Summer 2005.

第6章

＊1 Clayton Christensen and Taddy Hall, "Marketing Malpractice," *Harvard Business Review*, December 2005.（邦訳『ダイヤモンド・ハーバード・ビジネス・レビュー』二〇〇六年六月号所収「セグメンテーションという悪弊」）

＊2 Gerald Zaltman. *How Customers Think: Essential Insights into the Mind of the Market*. Harvard Business School Press, 2003, 9.（邦訳『心脳マーケティング』二〇〇五年、藤川佳則・阿久津聡訳、ダイヤモンド社）

第7章

＊1 Barbara Bacci-Mirque, ANA, Interview in New York, NY, 9 March 2006.

第8章

＊1 *Cockeyed.com*の簡単な分析によると、二〇製品を対象にした調査では、TARGETの価格は四%高いだけだった。

＊2 Don Gher, an analyst with Coldstream Capital Management in Associated Press as Reported on MSNBC, "Wal-Mart Turns Attention to Upscale Shoppers," 23 March 2006.

＊3 Christine Bittar, "Getting Totaled," *Brandweek*, 12 October 1998, 36.

＊4 Ibid, 37-38.

＊5 Kim Cleland, "The Marketing 100," *Advertising Age*, 29 June 1998.

＊6 George Peterson, president of AutoPacific Inc., "Minivan or SUV: Which Is Right for Your

Family?" Reported by Carol Traeger in *Parenthood.com.*

第9章

＊1　Garth Hallberg, *All Consumers Are Not Created Equal*, New York/London, John Wiley & Sons, 1995.

＊2　Don Peppers and Martha Rogers, *The One to One Future*, New York, Currency Doubleday, 1996.（邦訳『ＯＮＥ ｔｏ ＯＮＥマーケティング』一九九五年、ベルシステム24訳、ダイヤモンド社）

＊3　*www.imdb.com*

＊4　Max Southerland, *Advertising and the Mind of the Consumer*, Allen & Unwin, 2000.

＊5　Mintel, The Hair Styling Products Market, U.S. Consumer Intelligence, *www.marketresearch.com*, November 2002.

＊6　Rex Briggs, "Integrated Multichannel Communication Strategies: Evaluating the Return on Marketing Objectives, The case of the 2004 Ford F-150 Launch," *Journal of Interactive Marketing*, Volume 19, Number 3, Summer 2005.

第10章

＊1　Rex Briggs, "The Role of Creative Execution in Online Advertising Success," Volume 1, No.4, Interactive Advertising Bureau monthly newsletter, *www.iab.net*, New York, NY, 2002.

＊2　WGBH Educational Foundation, 2000-2001, *www.pbs.org/wgbh/buildingbig/wonder/structure/citicorp.html.*

＊3　セント・ルイスの理論は、一八九〇年代における自身の対面販売の経験から誕生したものだ。

彼はこの理論を広告に応用した。当時の広告は印刷広告だったが、現在のものに比べてかなり文字が多い。印刷広告は、購買行動へ導くために、まず消費者の注意を引きつけ、関心を抱かせ、欲しいという欲求を引き出さなければならない、と彼は主張した。この理論は、意識(awareness)、関心（interest)、欲求（desire)、行動（action）を組み合わせて「ＡＩＤＡ」と呼ばれる。彼の理論には、当時は存在しなかったラジオやテレビなどのメディアに対する、消費者の低注意処理に対応するプロセスは含まれていない。

＊４　Jon Howard-Spink, "Does Invisible Mean Ineffective?" *Admap*, Issue 467, December 2005, 41-43.

＊５　Ibid, 41-43.

＊６　Robert Heath, "The Hidden Power of Advertising," *Admap*, Monograph No.7, August 2001.

＊７　Gerald Zaltman, *How Customers Think: Essential Insights into the Mind of the Mark*. Harvard Business School Publishing, Boston, Mass., 2003, 9.（邦訳『心脳マーケティング』二〇〇五年、藤川佳則・阿久津聡訳、ダイヤモンド社）

＊８　George Lowenstein, "The Creative Destruction of Decision Research," University of Chicago Press, Volume 28(3), 503, December.

＊９　Rex Briggs, "Quantifying Marketing ROI: The Philips Journey,"*Admap*, Februry 2006, 18-22.

第11章

＊１　Robert M. Lee quoted in, "Behind the Headlight," Ferrari Barchetta, SpeedTV. Matt Stone, executive editor, *Motor Trend* Magazine as quoted in "Behind the Headlights," Ferrari Barchetta, SpeedTV.

＊２　Ibid, 41-43.

＊3　このような人工的な実験室ではなく、現実の世界、またはエコノミストならフィールドと呼ぶ世界で消費者を測定するやり方は、フィールド実験と呼ばれている。

＊4　Claude C. Hopkins, *Scientific Advertising*, NTC/Contemporary Publishing Company, Chicago, IL, 1923.（邦訳『科学的広告法』一九六六年、坂本登訳、誠文堂新光社）

＊5　Rex Briggs and Horst Stipp, "Excellence in International Research," *How Internet Advertising Works*, 2000, 217.

＊6　Rex Briggs, "The Role of Creative Execution in Online Advertising Success," *Measuring Success*, Volume 1, No.4, *www.iab.net or www.marketingevolution.com.*

＊7　IAB New Formats Study 2001. *See www.iab.net.*

＊8　Rex Briggs, Sullivan and Webster, Hong Kong Online Advertising Effectiveness Study, 2001.

＊9　Artie Bulgrin, *Measuring Effectiveness When Sales Aren't the Goal: ESPN's Dream Job*, 19 July 2004. New York.

＊10　Tuchman Coffin, "TV without Pix." *Mediascope*, February, 1968. See also Statisitical Research, Inc. "Imagery Transfer Study," a presentation to Radio and Television Research Council, 18 October 1993.

第12章

＊1　Anne Saunders, CMO, Starbucks, Boston Globe's 2nd Annual Ad Club Symposium, Boston, Mass., Brand Now, 10 March 2005.

＊2　Mixx Conference and Awards Expo, New York, NY, 26-27 September 2005.

＊3　"Smelling the Brand Opportunity," *Adweek*, 14 March 2005.

＊4　Martin Lindstrom, The 51st Annual Research Foundation Convention, New York, NY, 17-19

April 2005.

＊5 Rex Briggs, "How the Internet Is Reshaping Advertising," *Admap*, April 2005, p.2-4.

第13章

＊1 著者のグレッグ・スチュアートは、一〇年にわたって誤ったメディア配分をアドバイスしてきた次のブランドに謝意を表明したい。AT&T、アメリカン・エキスプレス、ロックポート、フリト・レイ、イーサン・アレン、ミノルタ、ナビスコ、アップル・コンピュータ、カーズ・ドットコム、ソニー・オンライン・ベンチャーズ、クラフト、ルーセント、クェーカーオーツ、シアーズ、プロディジー、USポスタル・サービス、バイアコム、ウェルチ。もちろん、企業側や企業を全力で支えた代理店チームの落ち度ではない。我々が今の測定手段を持たなかったのが原因だ。過去の過ちの償いとして、当時関わった企業と本書の知識を共有できれば幸甚である。

＊2 Monitoring Advertising Performance Conference, London, United Kingdom, 25 January 2006.

＊3 Krysten Crawford, "A Sneak Peak at Super Bowl Ads," *cnnmoney.com*, Feb. 4, 2005.

＊4 Erwin Ephron, "Gotterdammerung, Baby," p.2, *www.epprononmedia.com*, 2 January 1999.

＊5 ほとんどのヨーロッパ諸国のテレビ視聴率の測定方法は、アメリカより優れており、コマーシャルの間にどの番組にチャンネルを合わせているかまでわかると言われている。

第14章

＊1 *www.hi.is/~joner/eaps/cq_strp2.htm.*

＊2 John Brooks, The Edsel, Rubic Annals of Business, New Yorker Magazine, Part I, Nov. 26, 1960 & Part II, Dec. 23, 1960.

＊3 The 52nd Annual ARF Convention, Re:think!2006- March 20-22, New York, NY.

*4　Rex Briggs, Excellence in International Research 2003, Cross Media Measurement, ESOMAR, Amsterdam, The Netherlands, 2003.
*5　Rex Briggs, "Integrated Multichannel Communication Strategies: Evaluating the Return on Marketing Objectives, The case of the 2004 Ford F-150 Launch," *Journal of Interactive Marketing*, Volume 19, Number 3, Summer 2005.
*6　Tom Greene, AHAA Conference, Miami, FL, 21-23 April 2004.

監訳者あとがき

慶應義塾大学大学院経営管理研究科教授　井上哲浩

本書は、レックス・ブリッグスとグレッグ・スチュアートにより二〇〇六年にKaplan Businessから出版された“*What Sticks: Why Most Advertising Fails and How to Guarantee Yours Succeeds*”の翻訳である。

この書に深く触れるきっかけをくださったのが、もう一人の監訳者であるCMOワールドワイド株式会社の代表取締役社長・加茂純氏である。加茂氏との出会いは、二〇〇六年一二月一五～一六日に東京の大塚にある筑波大学で開催されたあるマーケティング・シンポジウムである。小生のクロスメディアに関する研究報告に対して、加茂氏から非常に有益なコメントを頂戴した。お互いに、マーケティング活動、特にコミュニケーション活動の効果に対して、ある種の使命や課題を感じていた。それはまさに、マーケティングＲＯＩやマーケティング目標に対する収益率（ＲＯＭＯ）であった。そして、レックスが書いた“*What Sticks*”に筆者が遭遇し、一つのブレークスルーを目のあたりにすることになる。

電通などの資料によれば、現在、日本の広告市場は約七兆円でありＧＤＰは約五〇〇兆円である。戦後の混乱期を脱却した約六〇年前の広告市場は約一七〇億円でありＧＤＰは約七兆円であった。これらの統計に基づけば、ＧＤＰの成長率が約七〇倍であるのに対して、広告市場の成長率は約四〇〇倍である。日本経済のサービス化が進展していることを勘案しても、広告ビジネスの成長は驚異的である。マーケティング部門に関わる予算のなかで、人件費を除いて、マーケティング・コミュニケーションの予算は群を抜いて大きいと概して言えよう。したがって、本源的に頑強に管理される必要がある職能である。

しかしながら、直近の二〇年間で問題視され重要視されていながら、依然として明確な拠り所がなかった側面がある。アカウンタビリティ、つまり説明責任である。アカウンタビリティは事前のものとして、議論されることが多い。事前に投資対効果や期待成果に対する説明を求めることが多い。そして事後のアカウンタビリティが、統制であり、期待や予測された効果を実際に測定し、意思決定過程にフィードバックすることである。特に事後に関して、日本企業のマーケターの多くは、余裕がないのか、意識が低いのか、統制を行なない次の意思決定に反映させて、マーケティングの効果や効率を改善する試みに着手する程度が弱い印象がある。

日本企業の国際競争環境下での競争優位の源泉の一つは、Ｒ＆Ｄ（研究開発）力であると断言して問題ないと言える。しかしこのＲ＆Ｄ力は、ものづくりや生産の側面に特に強く表れており、マーケティングに関して言えば、疑念が指摘されても仕方がない。マーケティング・コミュニケーション予算を例にすると、前年度の金額あるいは対売上比率をベースにした、競合の広告宣伝費をベースにした、あるいは割り当てられた事業部予算の一定比率をベースに決定した、というケースも少なくないと思われる。あげくのはてには、広告代理店に言われるがままに……というケースも否定できないのではないだろうか。

加茂氏を介して本書の著者、レックスと会った第一印象は、明晰の一言に尽きるものであった。分析能力が高く、諸現象を精緻に分解する稀有なCEO、という感を抱いた。このレックスの長所は、本書の随所で見られ、大局的側面にも局所的側面にもあふれている。局所の詳細には立ち入る紙面の余裕がないため、大局的側面に焦点を当てれば、まず問題の構造が明確にされている点を挙げることができる。それは、第一にマーケティング・コミュニケーション戦略を管理する知識基盤の希少性、第二に伝統的なマーケティング文化による科学的管理への展開の阻害、そして第三に組織構造それ自体の問題である。これらの構造的問題は、ほとんどの日本企業にとって胸に突き刺さる指摘と言えるのではなかろうか。

この問題に対応すべく活用されている方法は、シンプルである。すなわち、実験計画法と継続的追跡法である。実験計画法は、二〇世紀前半にカール・ピアソンらによって開発された統計的実験に端を発する伝統的方法である。しかし、広告AとBのスプリットテストなどを例として、本書で用いられている実験計画法は、その伝統の範疇に収まるものではなく、近年、特に経済政策などで注目を集めている社会実験と呼ばれる新たな手法の類である。そして継続的追跡法は、科学の健全な発展の本質である、妥当性と信頼性の両側面を把握するのに適した方法であり、またクロスメディア時代において追跡可能なトレーサブルなメディアがさらに台頭し飛躍することが予測されている現状において、非常に有用な方法でもある。

これら二つのパワフルな手法を適用する枠組みは、明瞭な4Mである。第一のMは、モチベーションであり、なぜ消費者が自社の製品やサービスを購入するのか、というステップである。具体的には、消費者ニーズ、ポジショニング、そしてセグメンテーションが検討されることになる。第二のMは、メッセージであり、消費者のモチベーションにのっとってマーケターの言葉を消費者の耳にいかに届けるか、というステップである。ここでは、メッセージの伝達やタッチポイント（顧客接点）の統合が議論される。そして第三のMのメディアは、メッセージを媒介する、成功に貢献するメディア・ミックスそれぞれの役割は何かを、メディア力学や心理学アプローチから考察することである。最後のMは、最大化＝マキシマイゼーションである。これは、マーケティング効果を最大化するというワンショット的な思想ではなく、方法の一つである継続的追跡法に表される継続性に留意したものであり、マーケティングROIを継続的に改善するという哲学を反映したものである。具体的には、メディアの最適化そしてメディア以外の最適化が検討される。

これらの方法と枠組みにより、COPと略されるコミュニケーション最適化プロセスが提唱され、マーケティング・プランを成功の定義と合致させ、マーケティングの最良のやり方を開発し適用し、具体的なマーケティング行動、行動基準に合致させることで、4Mの改善が試みられる。

レックスの明快な枠組みとアプローチの理解を助長するのが、これまで彼が関わってきた多くの事例である。多様な業界の多様な事例ではあるが、一貫してロジカルであり、それは、メディア力学の五原則に収束される。すなわち、見えない・聞こえない＝効果ゼロ、二つの収穫逓減に気をつけろ、一部の消費者は他の人より多くの取り分にあずかる、リーチは真のリーチではない、重要なのはプロセス内指標ではなく成果、という五原則である。多くの事例を通じて読者は、このメディア力学の五原則を使えば、実質的にマーケティングROIを向上させるロードマップを想像することができるのではなかろうか。

私もメディア・プランニングの研究を少なからず行なっている。非線型最適化問題、整数計画法、DEAなどさまざまな工学的、統計的、数学的アプローチを試みている。しかしながら、メディア・プランニングのモデルを構築し、実際の問題に適用するたびに、組織の問題を痛感する。この問題は、組織間の外部的問題のみならず、組織内での問題も包含されるものである。

日本企業のマーケティングR&D、マーケティング力が向上するには、コミュニケーション戦略が最適化されるプロセスが実践されねばならない。日本企業のマーケティング革新には、マーケティング部門がより強いリーダーシップを発揮することが必要であり、そのためには組織改革などの思い切った改革をすることが望まれよう。クロスメディアといった表現でメディアの多様化に直面する時代のマーケティング・コミュニケーション戦略の鍵は、広告主であるクライアント・サイドにあると言っても過言ではなかろう。

本書が、マーケティング・コミュニケーション戦略を管理するうえで、日本企業の規範そして起点となることを祈念し、投資効率の改善、マーケティング・コミュニケーションの妥当性の改善そして疑念性の払拭、コミュニケーション戦略意思決定の改善、さらには取引関係の改善、そして何より組織の改善が導かれることを願っている。

二〇〇八年九月

解説

CMOワールドワイド株式会社　代表取締役社長　加茂　純

本書は二〇〇六年にアメリカで、最も読むべきマーケティング関連書の第一位（『アドバタイジング・エイジ』誌）に選ばれるほど大きな話題を呼んだ“*What Sticks*”を邦訳したものである。

私と著者の一人であるレックス・ブリッグスとの出会いは、二〇〇五年一〇月にさかのぼる。ただし彼の名前は、私が設立に参加したシリコンバレーのベンチャーであるハーモニック・コミュニケーションズというインターネット広告効果測定の会社にいた二〇〇二年当時より聞いていた。その後、二〇〇五年にアメリカの友人から紹介を受け、電子メールでのやり取りを始めたが、お互いに世界各地への出張が多くなかなか会えずにいた。

実際に会えたのは、私がベリングポイント（アンダーセンのビジネス・コンサルティング部門とKPMGコンサルティングが統合された会社）で戦略部門のディレクターをしていた二〇〇七年一月、サクラメント空港のスターバックスでのことである。レックスはニューヨークでの国際会議の帰り、私はロサンゼルスのクライアントへのプレゼンから帰る途中だった。夜一一時頃から明け方まで、マーケティングの進化と最適化、新しい組織やプロセスなどについて興奮して語り明かした。このレックスとの出会いが、その後の私の方向を定めたと言っても過言ではない。

私は広告代理店でキャリアをスタートさせたこともあり、さまざまな企業のマーケティング活動に関与してきた。そのなかで感じたのは、非常に多額の資金を投資しているにもかかわらず、効果のとらえ方がきわめて曖昧だということである。その結果、せっかくキャンペーンを実施しても、そこで得た知見を事後に生かすことができず、うまくいったりいかなかったりが繰り返される姿を何度も見てきた。

そうした状況を打破する解決策として登場したのが、本書で取り上げられている「コミュニケーション最適化プロセス（ＣＯＰ）」を含むＲＯＭＯ（Return on Marketing Objectives）という手法である。この手法の最大の特徴は、日本の生産現場などではお馴染みの「カイゼン」をマーケティングに取り入れた点である。

マーケティング活動は、生産などと比較すると活動と効果の関係性が見えにくく、カイゼンが遅れている分野であった。また、担当者や監督するはずの経営層もブラックボックスとみなしがちで、積極的にマーケティングのカイゼンに取り組む企業は少なかった。しかし、本書刊行を機に、欧米では多くの企業がマーケティングの「カイゼン」を当然のこととして実行し始めている。

本書で取り上げられているマーケティング改革は、日本でもすでに始まっている。その先駆けとなったのが、日本コカ・コーラである。

二〇〇七年よりROMOによるマーケティング活動のカイゼンをスタートさせた同社は、二〇〇七年一〜九月に一六〜二四歳の愛飲者を増やすという一つの目標を立てた。そして、一〇代の週一回以上の愛飲者を一三五万人増やすことに成功したのである（全体では四二六万人の愛飲者を増やすことに成功。この結果、コカ・コーラ・ブランド全体の売上は、同年一〜九月で対前年比一三％増となった。『日経ビジネス』二〇〇七年一二月一〇日号参照）。

この成果を生んだ要因として、クリエイティブおよびメディア配分の見直しが挙げられる。同社は、それまでマーケティング予算の大部分をテレビCMに投入していたが、ROMOによる実験・調査・分析の結果、実は屋外広告が非常に高い効果を持つことが判明したのである。従来の予算配分ではコカ・コーラを飲む頻度が変化する人はほとんどおらず、テレビCMでイメージが向上しただけであった。この結果を受けて同社はメディア配分の見直しを実施し、屋外広告の予算を増やした。広告宣伝費のなかで交通広告と屋外広告の合計を二番目に多くしたのである。テレビを中心とした従来の手法をカイゼンし、複数のメディアと効果的なクリエイティブを有効活用したサラウンド・サウンド・マーケティングを実施したことで、より効率的かつ強力に消費者の心に刺さる広告活動が実現できたのだ。

そしていま、同社ではコカ・コーラ以外のブランドでもROMOの考え方を導入し、マーケティング予算の最適化を進めている。ここで大事なのは、同社が二〇〇七年に得られた結果を絶対的な最適解として使用しているわけではないという点である。商品に応じてさまざまに応用している。むしろ同社はROMOを通じて「常にマーケティングのカイゼンを実施する」ことを重要視しているのだ。常に変化し続ける市場情勢や消費者の意識を考えれば、それは当然のことである。カイゼンのための手法としてROMOという手法を用い、クリエイティブやメディア・ミックスに関して、常に自分たちの目標に沿ったより良いものを作り出そうとしているのである。

残念ながら、現在、日本企業のグローバルでの存在感は以前に比べて弱くなっているように感じる。一例として、二〇〇七年の『ビジネスウィーク』誌によるブランド価値評価において、ソニーやパナソニックはサムソンに、日産はヒュンダイにそれぞれ負けてしまっている。マーケティングにおいては、日本企業はまだまだ海外企業に学ぶべき点が多いのが現状である。

しかし、本書で述べられている通り、マーケティングの向上に必要なのは、すばらしいアイディアを持つ全知全能のマーケティング担当者やクリエイターを見つけだすことではない。日本企業の得意としているカイゼンをマーケティングに応用し、地道にマーケティングを革新することなのである。ビジネスの目標に基づいたマーケティングの効果測定を実施し、その結果に基づいて継続的に活動内容の見直しを実施していくことである。

こうした活動を実施し、マーケティングを向上させていけば、日本企業は再び世界でリーダーシップを取り戻すことができると私は信じている。過去にとらわれない戦略的な思考を用いて、柔軟に世界の諸問題、さまざまな環境や消費者の変化に適応する企業、さらにはシナリオ・プランニングを用いた予測に基づいて企業戦略・マーケティング戦略を構築し、グローバルに対処し、ローカルにて具体化していく企業が、今後の世界をリードしていく。

もちろん、そのためには各企業のCEOおよび、マーケティング戦略実施のリーダーであるCMOがマーケティングのカイゼンに強力なリーダーシップをもって対応しなくてはいけない。そうしたリーダーシップの発揮や、カイゼンを実施するためのマーケティング組織・プロセスの変革、CMOの設置、ステークホルダー間のファシリテーション、戦略の策定や分析の実施をサポートするパートナーとして私が設立したのが、CMOワールドワイド株式会社である。

CMOワールドワイド株式会社は、二〇〇七年に、ベリングポイントの戦略チームのマーケティング・グループが独立して設立された。本書を執筆し、日本コカ・コーラにおけるマーケティングのカイゼンをサポートしたレックス・ブリッグス率いるマーケティング・エボリューション社のROMOに関して、日本における唯一のサービス提供企業である。

サービス領域としては、マーケティングの投資対効果最大化を目的としたROMOだけでなく、ROMOを実施するにあたっての前提となるマーケティング戦略・プロセス・グローバルオペレーションの分野におけるカイゼンを実現するためのコンサルティングとしてCMOトータル調査診断&ホリスティック・ソリューションがある。ROMOのようなマーケティング部門が強力なイニシアティブを持つ必要がある活動の実施にあたっては、その組織形態や責任・権限のあり方が非常に重要であり、その改善に向けたコンサルテーションも提示している。

二〇〇六年に我々は、P&GのGMO（グローバル・マーケティング・オフィサー）であるジム・ステンゲル氏をはじめトップブランド企業のCMOの方々に話を伺い、その組織や権限のあり方について深い知見を得ることができた（詳細については拙著『CMOマーケティング最高責任者』をご一読いただきたい）。その知見をもとに、今後よりいっそう重要性を増すマーケティング活動全体に対して、改善すべき点を洗い出し解決するためのコンサルティングを提供している。

また、単にマーケティングの実施に関するコンサルティングにとどまらず、近年企業ブランドに大きな影響を与えるCSRプロセス・マーケティング・コンサルティングとして、BSRサプライチェーン&コミュニケーション・ソリューションなども提供している。さらに、マーケティングのリーダーに向けたトレーニングとしてCMOトレーニング・ソリューションも行なっている。本書をお読みいただいた後、収益アップのためにマーケティングのカイゼンを実施されたいと考えた方は、ぜひ我々にコンタクトしていただきたい（http://www.cmoworldwide.com/）。

最後に、本書にも関わる効率的なマーケティングの組織・プロセス、CMO設置などについて、常日頃から貴重な助言をいただいている一橋大学商学部の神岡太郎教授にあらためて御礼を申し上げたい。

二〇〇八年九月

[監訳者]

井上哲浩（いのうえ・あきひろ）

慶應義塾大学大学院経営管理研究科教授。1987年関西学院大学商学部卒業。1996年カリフォルニア大学ロサンゼルス校経営学博士（Ph.D.)。関西学院大学商学部専任講師、助教授、教授を経て、2006年より現職。主な著書に『戦略的データマイニング』（共著、日経BP社、2008年)、『Webマーケティングの科学』（編著、千倉書房、2007年)、『消費者・コミュニケーション戦略』（共著、有斐閣、2006年）などがある。

加茂 純（かも・じゅん）

CMOワールドワイド㈱代表取締役社長。東京大学理学部卒業後、電通に入社。日米にて、大手自動車・食品飲料・IT企業のマーケティング・ブランド戦略、顧客戦略などに担当責任者として従事。1994年イリノイ大学大学院コンピュータ・サイエンス学科修士課程入学。修士獲得。1999年電通退社後、サンフランシスコにてITベンチャーである米ハーモニック・コミュニケーションズ社の設立に参加。アジア・パシフィック担当VPおよび日本支社長。2004年コロムビア・ミュージック・エンタテインメント入社。企業再生・戦略事業に従事。2005年戦略コンサルティング会社であるベリングポイント（元アンダーセン）に戦略部門ディレクターとして入社。マーケティング・エクセレンス・グループ代表。2007年CMOワールドワイド㈱を設立し現職。主な著書に『CMOマーケティング最高責任者』（共著、ダイヤモンド社、2006年）がある。

[CMOワールドワイド㈱について]

2007年にベリングポイントの戦略部門のマーケティング・グループが独立して設立された。主な業務として、企業のマーケティングにおけるカイゼンを目指し、マーケティング投資最適化のアドバイス、ファシリテーション、コンサルテーションを行なっている。また、企業ブランドに貢献するための戦略CSRに関するソリューションも提供している。本書の原書である“*What Sticks*”を執筆したレックス・ブリッグス率いるマーケティング・エボリューション社が展開するROMO（Return on Marketing Objectives）に関して、日本における唯一のサービス提供企業である。

URL：http://www.cmoworldwide.com/

[訳者]

髙橋 至（たかはし・いたる）

CMOワールドワイド㈱コンサルティング部門マネージャー。1999年東京大学経済学部卒業後、三菱自動車工業に入社。インド、中国、ASEAN諸国における販売・マーケティング戦略構築に従事。2004年ベリングポイントの戦略プロセス部門に入社。大手飲料会社、テレビ局などに対する、中長期戦略策定、プロセス構築担当といったコンサルティングに従事。マーケティング・エクセレンス・グループ所属。2008年より現職。主な著書に『CMOマーケティング最高責任者』（共著、ダイヤモンド社、2006年）がある。

［著者］

レックス・ブリッグス (Rex Briggs)

20カ国を超える国々にクライアントを持つ、マーケティング効果リサーチおよびコンサルティング会社「マーケティング・エボリューション社」の創設者。マーケティング・リサーチ会社、ヤンケロヴィッチ・パートナーズを皮切りに、WPPグループをはじめアメリカ有数の企業でシニア・エグゼクティブなどを歴任。『アドウィーク』誌が選ぶ、メディアとテクノロジー分野における「ベスト・アンド・ブライテスト」のひとりに挙げられ、CRM、ブランディング、ダイレクト・マーケティング、インターネット・マーケティング、広告評価リサーチなどの分野で数々の賞を受賞している。

グレッグ・スチュアート (Greg Stuart)

ニューヨークを拠点とし、Google、MSN、NYTimes.com、Yahoo!など、300社を超えるインターネット関連のリーディング企業が加入する「インタラクティブ広告協議会（IAB）」のCEO。過去4年間のCEO就任期間中に、アメリカのインタラクティブ広告業界は60億ドルから160億ドルに成長した。20年にわたって広告畑を歩み、数々の大手企業や広告代理店、世界中の新しいメディア企業で活躍してきた。

費用対効果が23%アップする
刺さる広告
——コミュニケーション最適化のマーケティング戦略

2008年10月17日　第1刷発行

著　者——レックス・ブリッグス／グレッグ・スチュアート
監訳者——井上哲浩／加茂 純
訳　者——髙橋 至
発行所——ダイヤモンド社
〒150-8409　東京都渋谷区神宮前6-12-17
http://www.diamond.co.jp/
電話／03·5778·7232(編集)　03·5778·7240(販売)
カバー装丁——折原カズヒロ
製作進行——ダイヤモンド·グラフィック社
印刷————信毎書籍印刷(本文)・慶昌堂印刷(カバー)
製本————ブックアート
編集担当——今泉憲志

ISBN 978-4-478-00718-1